Annette Schätzle

Rucksackreisen für Fortgeschrittene

mit 10 Kilo um die Welt

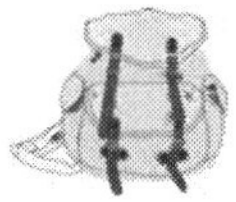

VERRAI-VERLAG
STUTTGART

widmung

Für meinen Enkel Maui

inhalt

vorwort

Viele meiner Träume haben mit einer Prise Exotik zu tun. Als Lehrerin in den 70er Jahren kochte ich meinen Schülern im Unterricht Ceylon Tee, als Sri Lanka noch weit weg war. In der 80er Jahren, als Afrikaner noch nicht zum Straßenbild in Deutschland gehörten, lud ich meinen Patensohn aus Kenia ein und nahm ihn mit in die Schule. Auf der Höhe der Friedensbewegung kamen „zottelige" Langhaarige in selbstgewebter Kleidung zu Besuch. Und während der Projekttage vor den großen Ferien gab es bei mir afrikanische Spiele und Essen aus Eritrea. Meine Unterrichtsfächer waren Deutsch, Englisch und Kunst und natürlich haben sie meine Interessen geprägt.

Dann kam die große Zäsur, Krankheit und existenzielle Probleme. In einem ersten Schritt rate ich jedem, sich professionelle Hilfe zu suchen. Das können Ärzte, Psychologen, Rechtsanwälte oder Beratungsstellen sein. Schließlich sollte man sich Zeit lassen und nachdenken. Ja und man kann sich neu erfinden. Das kann Jahre dauern, aber Schritt für Schritt wird etwas Neues entstehen.

Der 700 km lange Jakobsweg von Pamplona nach Santiago de Compostela gehörte für mich zu diesen Schritten. Und ein Umzug in eine neue Umgebung. Wenige Freunde blieben, neue kamen hinzu. Und dann war die Exotik wieder an der Reihe … Rucksackreisen in alle Welt, leicht zu packen hatte ich ja schon gelernt. Und mit Südamerika sollte es losgehen. Potenziell gefährlich? Sprachbarriere? Als Frau allein? Ein bisschen Bammel hatte ich schon, aber solange meine Abenteuerlust meine Ängste übersteigt, werde ich wohl immer wieder losziehen. Erfahrung, Umsicht, Instinkt spielen eine Rolle, ein Teil ist aber auch einfach Schicksal, Fügung, wie immer man das nennen mag. Mein guter Freund Pit meint, ich reise mit „Frauenbonus". Zuerst habe ich das nicht richtig verstanden, aber er hat recht. Eine ältere Dame wird respektiert und wenn jemand flirten möchte, geht auch das. Pit und ich haben Seite an Seite viele Jahre unterrichtet. Später hat uns die Begeisterung für das Reisen immer wieder zusammengeführt. Seine

Partnerin Yrma aus Venezuela kenne ich mittlerweile auch gut, uns alle verbindet eine weltumspannende Freundschaft.

Natürlich hat es auch schon unangenehme Situationen gegeben: Eine Aschewolke von diesem unaussprechlichen Vulkan in Island, ein geklautes Skizzenbuch, ein Taifun auf den Philippinen, eine Bronchitis auf Bali … ärgerlich, aber letztendlich nicht lebensgefährlich.

Meistens buche ich zunächst drei Nächte in einem Hostel und dann sehe ich weiter. „Se hace camino al andar", der Weg entsteht beim Gehen. Ein Bett in einem Mehrbettzimmer ist preisgünstig, man trifft „likeminded people" und kann sich austauschen und beraten und manchmal werden auch Ausflüge angeboten. Geräusche um mich herum kann ich ziemlich gut ausblenden, wenn ich weiß, dass ich nicht verantwortlich bin. Einmal wachte ich morgens auf und stellte überrascht fest, dass in der Nacht ein junger Mann über mir im Stockbett eingezogen ist! So ein Zimmer nennt sich „mixed dorm". Wenn ein „female dorm" angeboten wird, ziehe ich das vor, aber Probleme in einem gemischten Schlafsaal habe ich noch nie erlebt. Höchstens, dass einmal einer schnarcht, aber das tun manche Frauen auch!

wilde natur und karneval

Brasilien

Mit klopfendem Herzen und hoffentlich gut und sinnvoll gepacktem Rucksack ziehe ich also los gen Brasilien. Rio de Janeiro steht auf dem Programm, die Bekannte einer Freundin kümmert sich ein bisschen um mich. Meinen ersten Cachaca trinke ich auf einem Markt und es schüttelt mich, so scharf ist der Zuckerrohrschnaps. Eine Fahrt auf den Corcovado zur Christusstatue darf natürlich nicht fehlen, der Ausblick ist atemberaubend. Ansonsten fühle ich mich in Rio nicht besonders sicher; viel Zeit habe ich hier auch nicht eingeplant. Dann geht es weiter zu den berühmten Iguazu-Wasserfällen. Sie bestehen aus über 20 größeren Wasserfällen und noch einigen kleineren, verteilt auf eine Länge von beinahe drei Kilometern; die höchsten sind 82 Meter hoch. Von verschiedenen Aussichtspunkten, sowohl in Brasilien als auch in Argentinien, kann ich das Naturschauspiel bewundern und ihr gewaltiges Rauschen hören. Es begleitet mich auch noch bis zu meiner Schlafstätte in einem Hotel.

Ein Flug bringt mich nach Belém. Die Stadt liegt an einem Nebenfluss des Amazonas, noch 100 km vom Atlantik entfernt. Zum Glück bin ich ab hier mit einer Gruppenreise von djoser unterwegs, denn ich brauche auf dieser Reise zunächst einmal viel Hilfe. Bei einem Bummel in der Stadt stolpere ich, stürze und breche mir das Radiusköpfchen am rechten Ellenbogen. Die Reisebegleiterin bringt mich in eine gute Privatklinik, wo ich anständig mit einem Gips versorgt werde. Während die djoser-Gruppe auf manchem Ausflug unterwegs ist, bei dem ich mit Gipsarm nicht mithalten kann, habe ich viel Zeit, in der Stadt umherzustreifen. In der Altstadt gibt es geflieste Häuserwände der Portugiesen, ein imposantes Theater, das aus der Zeit des Kautschukbooms um 1900 stammt und am Fischereihafen kreisen die Geier über den Abfällen vom Fang. Im Park gibt es schattenspendende Mangobäume, Kinder rennen mit phantasievollem Recycling-Spielzeug herum und

Kleinsthändler verkaufen Getränke aus ihren Kühlboxen auf dem Fahrrad.

Mit einem öffentlichen Schiff geht es mit der Gruppe auf dem Rio Gurupatuba, einem Nebenfluss des Amazonas, bis nach Monte Alegre. Meine Mitreisenden sind sehr hilfsbereit und halten es für völlig unnötig, dass ich die Reise abbreche und nach Hause fliege. Eins muss ich jedoch sehr schnell lernen: um Hilfe zu bitten! Mein Gips wird mir bei der Hitze extrem lästig, und als wir auf dem nächsten Schiff auch noch in Hängematten schlafen sollen, wird es erst richtig interessant. Die Mannschaft erklärt uns, dass man sich diagonal hineinlegen soll, dann zieht sich der Stoff fast horizontal und man liegt nicht wie eine Banane! Man kann nicht so leicht herausfallen und es ist auch besser für den Rücken. Für mich ist es schwer, aus der Hängematte wieder hochzukommen, so bindet mir jemand von der Mannschaft einen Strick an die Decke; der baumelt herunter und ich kann mich an ihm wieder hochziehen. Meine Mitreisenden sehen das und finden das auch sehr praktisch. Sie suchen sich Gürtel oder sonst etwas, was sich knoten lässt und fortan ist das morgendliche Aufstehen kein Problem mehr. Als die Köchin einmal beobachtet, wie ich mit der linken Hand in einem Waschbecken meine Höschen wasche, erledigt sie das für mich. Später sehe ich, wie meine Wäsche zum Trocknen über den Köpfen der kartenspielenden Mannschaft von der Decke baumelt! Fast ein bisschen peinlich, aber an Bord sind die Männer wahrscheinlich einiges gewöhnt!

Mit Tieren haben wir ein paar eigenartige Erfahrungen gemacht: Bei Sonnenuntergang sitzt plötzlich ein kleiner Frosch am Rand des Caipirinha-Kruges. Wir erschrecken uns zuerst, trinken dann aber lachend weiter, der Frosch macht sich davon. Bei einer Übernachtung in einer Pousada (so nennen sich kleine Pensionen in Brasilien) thront eine dicke fette Vogelspinne auf einem Regal des Nachbarzimmers und sorgt für Aufruhr. Keiner wagt sich heran und wir lassen sie sitzen bis wir am Morgen weiterziehen. Durch die offenen Fenster fliegen Fledermäuse und nachts werden wir alle wach von einem eigenartig vibrierenden Geräusch, einem tiefen Dröhnen, fast wie von Flugzeugmotoren, Brüllaffen! Nach vielleicht einer Stunde bricht der Krach plötzlich ab, als ob ein Oberaffe den Befehl gegeben hätte und zack ... Totenstille, nur noch ein paar Zikaden. Bei einem nächtlichen Bootsausflug zeigt man uns kleine Kaimane. Der Bootsführer holt sie aus dem Wasser, hält sie etwas am Hals fest und dreht sie um: Wenn man sie am Bauch krault, entspannen sie sich! Nach einer Runde Streicheln und Information, was sie von Krokodilen unterscheidet, dürfen sie zurück ins Wasser. Bei der Rückfahrt zum Schiff berührt mich etwas am Arm, ich zucke zurück, es ist stockdunkel, ringsum Bewegung, ein bisschen unheimlich! Es sind fliegende Fische. Viele springen auch ins Boot und wir können sie am nächsten Tag verspeisen.

In Manaus sehen wir die berühmte Oper. Mit zittriger linker Hand zeichne ich die riesige Kuppel in mein Skizzenbuch. Mein rechter Arm steckt ja immer noch in einem zunehmend lästigen Gips. Ein Schiff bringt uns zum encontro das aguas. Der Rio Negro und der Solimoes vereinen sich zum Amazonas. Aber zunächst fließen die Flüsse kilometerlang im gleichen Flussbett nebeneinanderher und bilden bizarre Muster. Die beiden Wasser haben verschiedene PH-Werte, Temperaturen und Fließgeschwindigkeiten. Vermutlich deswegen brauchen sie so lange, bis sie sich schließlich zum Amazonas vereinen.

Einmal legen wir am Ufer an, um ein Dorf der Ureinwohner zu besuchen. Viele dieser Gruppen sind scheu und zurückhaltend und wollen keine Weißen auf ihrem Gebiet. Sehr verständlich bei allem, was dem Regenwald und seinen Bewohnern angetan wird. Dieser Stamm aber hat sich anscheinend mit Besuchern arrangiert. Meine Reisegruppe verschwindet zu einer Wanderung im Urwald, ich soll mit einem jungen Mann vom Schiff im Dorf bleiben. Neugierige Kinder scharen sich um mich und malen mit dem roten Saft der Pflanze Urucum in mein Skizzenbuch. Mein Begleiter guckt den Frauen so lange in die Töpfe, bis sie uns einen Fisch zum Essen anbieten, und zum Schluss gibt es noch frische Mangos direkt vom Baum. So kann ich die Zeit trotz meiner Behinderung ganz fröhlich überbrücken.

Meine Gruppe hat mir mit vielen kleinen Handgriffen meine Lage erleichtert. Dann heißt es Abschied nehmen und ich reise allein weiter. Mit zwei Stunden Zeitverschiebung komme ich schließlich auf dem kleinen Flughafen von Cruzeiro do Sul an, weit im Westen von

Brasilien, mitten im Urwald. Dort gibt es eine Missionsstation, aufgebaut von einem deutschen Pater. Meine Zahnärztin in der Heimat hat dort einmal ein Praktikum gemacht und mir den Kontakt vermittelt. Ich soll Ina, einer deutschen Praktikantin, bei der Arbeit helfen: Eine Studie über die Möglichkeiten der Physiotherapie bei den armen Familien ringsherum im Dschungel soll erstellt werden. Wir besuchen die Familien, weit verstreut in ihren Stelzenhäusern, fragen nach ihrem Befinden, wie und ob die Therapie ihren Kindern hilft. Pater Herbert fühlt sich für das Seelenheil dieser Menschen verantwortlich, sorgt aber auch für ein ausgedehntes Netz an medizinischer Versorgung, Hut ab! Und Thilo, ein schwäbischer Zahnarzt dort, befreit mich dann von meinem Gips! Donha Maria bekocht uns lecker und schmiert mir außerdem eine Paste mit einer lokalen Heilpflanze auf den Arm.

Eines Nachts wache ich von einem merkwürdig dumpfen Geräusch auf. Am nächsten Morgen sehe ich es, die Mango-Saison hat angefangen! Manche reifen Früchte fallen von den Bäumen auf die vielen Wellblechdächer ringsum und das verursacht das polternde Geräusch. Unsere Köchin verarbeitet Mangos in allen Variationen, ein Paradies! Das ich dann aber etwas überstürzt verlassen muss. In der Gegend gibt es viele Malariakranke und der Pater hält es für das Beste, wenn Ina und ich weiterreisen. Auf welchem Weg, erzähle ich in einem anderen Kapitel.

Zunächst möchte ich noch beim Thema Brasilien bleiben. Viele Jahre später komme ich vom Senegal her nach Sao Paulo, wo ich in einem Hostel doch gleich einen Theatermacher kennenlerne. Mit ihm gehe ich abends ein Bierchen der Marke „ Eisenbahn“ trinken. Und er erzählt mir vom Sonntagsvergnügen hier, das ich mir am nächsten Tag anschaue. Eine ganze Avenida ist für den Verkehr gesperrt; es gibt viele Straßenstände und Radfahrer und Musiker. Und Massen von Fußgängern. Damit sich nicht alle in die Quere kommen, sind die Wege gut markiert. Bei so mancher Musik bleibe ich stehen und wippe mit, Samba, Reggae, Rock … Und dann entdecke ich noch eine Ausstellung mit Bildern des Künstlers Agostinho Batista de Freitas, der die Straßenschluchten von Sao Paulo malt, beeindruckend!

Und weiter geht es mit dem Flieger nach Campo Grande im Pantanal, einem artenreichen Feuchtbiotop. Die Öko-Lodge Santa Clara ist ein idealer Ort, von dem aus man die Gegend erkunden kann. Das Areal ist weitläufig; an den sattgrünen Rändern tummeln sich Pferde, Kühe, Schafe und Ziegen. Im Gelände mit zahlreichen Übernachtungsmöglichkeiten kann sich auch schon mal eine Schweineschnauze in deine Hängematte schieben! Ich liebe Hängematten und nutze sie gerne zu einer Siesta. Halbzahme Aras, merkwürdige Gänse, grüne Papageien, tiefblaue Reiher und alles, was krächzt, zirpt, kollert und zwitschert ergänzen das Bild. Zu Fuß, zu Pferd, mit dem Boot und dem Landrover bin ich mit jungen Leuten unterwegs. Man kann sich auf der Lodge je nach Lust und Laune kleinen Ausflügen anschließen. Vom berühmten Pantanal-Jaguar sehen wir immerhin Spuren!

Mit einfachen Angeln aus Bambus fischen wir Piranas, die wir später in der Küche zum Zubereiten abgeben. Und wir beobachten Wasserschweine am Ufer, die in meinen Augen wie große Meerschweinchen aussehen. Tapire kriechen, Kaimane schwimmen träge davon, Brüllaffen machen sich lautstark bemerkbar, Gürteltiere wuseln, Tukane und Kingfischer zeigen ihr buntes Gefieder …

In der kleinen Stadt Bonito besuche ich zusammen mit einem Pärchen von meiner Unterkunft wunderschöne Tropfsteinhöhlen mit türkisfarbenen Seen. Sie empfehlen mir auch eine Art Freibad an einem Fluss. Man kann an einer bestimmten Stelle einsteigen, die Strömung nimmt mich mit, große Fische schwimmen neben mir und es gibt ein paar mögliche Stellen, wo ich wieder an Land gehen kann. Auf den Wiesen daneben lasse ich mich in der Sonne trocknen und schlecke ein Eis; ein herrlicher Nachmittag!

Auf dem Weg in Brasiliens Norden komme ich in Foz do Iguazu vorbei, dem Ort neben den berühmten Wasserfällen. Mein Mehrbettzimmer im Hostel ist gut belegt und ich schlafe kurzerhand in der Hängematte auf der Terrasse, in tropischer Nacht tief durchatmen, das ist schön!

Freude über ein bekanntes Gesicht: In Salvador de Bahia treffe ich mich mit meinem alten Kollegen und Freund Pit am Flughafen. Unsere Wege kreuzen sich mal wieder in Südamerika! Er ist auf dem

Weg zu Freunden in Argentinien und in Bolivien. Und natürlich zu seiner Partnerin in Venezuela. Unsere Pension in Salvador bietet einen schönen Patio, Katzen, einen Frangipani-Baum und sehr aufmerksame Gastgeber. Und in der Innenstadt bekommen wir noch einen Teil vom Karneval mit: bunt, laut, Musik, einzelne Gruppen und auch große Wagen mit aktuellen Themen. Vor einer Bühne mit Reggae-Musik bleiben wir hängen. Und Pit verbrüdert sich per Käppi-Tausch mit einem lokalen Familienvater. Die ganze Familie schließt uns ins Herz und wir trinken und tanzen zusammen.

Die Stadt selbst bleibt uns ein Rätsel: Grundstücke über dem Hafen in Toplage sind mit Ruinen bestückt. Dazwischen ab und zu ein renoviertes Kolonialgebäude oder etwas Topmodernes. Zum Beispiel gibt es einen sehr hohen Turm, der an die Steilküste angelehnt ist. Ein Aufzug darin verbindet die Ober- und die Unterstadt. Gegen ein kleines Entgelt können wir uns also nach oben tragen lassen. In einem Stadtbus macht Pit einmal eine überraschende Entdeckung: Eine Mitfahrerin erkennt uns als Deutsche, spricht ihn an und informiert uns, dass über 60-Jährige freie Fahrt haben. Das hat ihn zweifach „schockiert“: Wir haben also seither ganz umsonst unsere Fahrscheine bezahlt und außerdem erkennt man uns als über 60-Jährige, so was aber auch!!

Pit zieht weiter nach Argentinien und mich zieht es an die Strände von Rio Vermelho. Einmal beobachte ich eine Gruppe Frauen und Männer beim Capoeira Kampftanz. Was für schnelle, ritualisierte und akrobatische Bewegungen! Alle stehen im Kreis, zwei Tänzer bewegen sich in der Mitte und die Gruppe trommelt und singt dazu. An Straßenständen probiere ich Tapioka, eine Art gefüllten Pfannkuchen aus Maniokmehl. Und auch Acarajé, Bohnenbällchen, aufgeschnitten und gefüllt mit Garnelen und allerlei Undefinierbarem. Abends bin ich mit jungen Leuten vom Hostel noch mal bei Musik und Tanz und schließlich wartet noch ein weiteres Naturerlebnis auf mich.

In Praia do Forte, immer noch an der Atlantikküste, bin ich in einer sehr gepflegten Jugendherberge mit wunderschönen Pflanzen im Innenhof. Als internationales Mitglied bekomme ich freien Eintritt ins Projeto Tamar und ins Projeto Baleila Jubarte. Das eine ein Ökozentrum für fünf Schildkrötenarten, das andere für Wale, sehr gut gemacht. Auch der Strand und die Fußgängerzone sind sehr auf Ökotourismus ausgelegt. Eine angenehme kleine Stadt.

Grenzerfahrungen Exkurs

Brasilien – Peru Bolivien – Chile

„Reisen ist eine Gemeinheit. Es zwingt dich, Fremden zu vertrauen und wegzugehen von der Wärme deines Hauses und deiner Freunde. Du bist ununterbrochen aus dem Gleichgewicht. Nichts gehört dir …“

Cesare Pavese

Brasilien-Peru

Von Cruzeiro do Sul/ Brasilien rüber nach Cuzco/ Peru? Man wiegt bedenklich das Haupt; es habe mal ein Flugtaxi gegeben, aber nun nicht mehr. In meinem „lonely planet“ (ein praktischer Reiseführer für Individualreisende) wird eine mehrtägige umständliche Route vorgeschlagen. Mit Praktikantin Ina stehe ich am Flughafen und wir wollen nach Rio Branco fliegen. Ina möchte von dort aus weiter nach Deutschland reisen. Ein Mann kommt auf uns zu und Ina stellt ihn mir als Augenarzt der Missionsstation vor. Ich bin ihm aber dort vorher nicht begegnet. Er wünscht uns einen guten Flug nach Deutschland. Moment mal, ich möchte aber nach Peru! Er meint, er auch, heute Nacht noch und ich könne mit ihm reisen. Da heißt es, auf meine Instinkte zu hören und mich schnell zu entscheiden … drei Tage mühsam und allein weiterzureisen bis zu meinem Ziel oder mich einem völlig Fremden anzuvertrauen? Ich entscheide mich für den begleitenden Arzt. Wir fliegen also zusammen von Cruzeiro do Sul nach Rio Branco. Dort nimmt er mich mit zu seiner Kusine, die mir Abendessen anbietet, wie außerordentlich gastfreundlich von ihr. Der Doktor geht Geld wechseln. Die Banken haben zwar längst zu, aber er habe da einen Freund … Und ein „Taxi“ treibt er auch auf. Per Schlauch wird noch etwas Benzin von einem Auto ins andere verfrachtet, dann geht es los. Ein Fahrer aus dem Ort wird uns bis an die Grenze bringen. Über geteerte Straßen fahren wir nach Brasileia, am Dreiländereck Brasilien, Bolivien, Peru. Dort muss man sich einen Ausreisestempel bei der örtlichen Polizei holen. Ein verschlafener Polizist nimmt unsere beiden Pässe entgegen, es ist mittlerweile nachts ein Uhr, und er meint, vor morgen früh sei nichts drin. Da sitzen wir nun in der tropischen Nacht auf einer Bank, zusammen mit dem Fahrer. Müde, ungeduldig, ein bisschen enttäuscht. Na ja, aber überrascht bin ich nicht. Nach einer Weile geht dann doch die Tür auf und es werden uns die abgestempelten Pässe gereicht. Ob wohl ein Geldschein dringelegen hat? Kurz über die Grenze nach Bolivien nur zum Tanken, weiter über nächtliche Straßen nach Assis Brasil. Einmal erfassen die Scheinwerfer eine Schlange. Wir halten an und sehen eine meterlange Anaconda mit wunderschöner Zeichnung auf der Haut, aber leider tot. Schließlich taucht der Rio Acre auf, der Grenzfluss. Die kleine Holzfähre ist verwaist, aber die Männer rufen und pfeifen so lange, bis zwei indigene Männer wach werden und mit meinem Begleiter einen Preis aushandeln. Der hat übrigens die ganze Fahrt bezahlt, er sei ja ohnehin gereist, sagt er. In einem schmalen Kahn werden wir über den Fluss gestakt. Der brasilianische Fahrer winkt zum Abschied. Na dann, bienvenido en Peru! Das Ufer ist morastig, es ist stockdunkel und wir tasten uns bis zum nächsten Haus vor. Es ist eine kleine Polizeistation, wo wir einen Einreisestempel begehren. Es ist aber nur die Putzdame da, die solche hoheitlichen Rechte nicht ausüben darf. Sie stellt uns aber mitleidig einen Eimer Wasser zur Verfügung, um notdürftig unsere schlammigen Füße zu waschen. Und – oh Wunder – es stehen auch „Taxis" da, die auf Kundschaft am nächsten Morgen warten. Wir wecken einen Fahrer, der unsere fehlenden Stempel nicht problematisch findet. Die Piste führt nun mehrere Stunden durch den stockdunklen Urwald, zunächst so schlammig, dass unsere Räder manchmal durchdrehen und wir aussteigen müssen, um zu schieben. Der Fahrer gibt vorsichtig Gas, der Schlamm spritzt, wir werden immer schmutziger! Etwas später wirbelt unser Auto Staub auf, roten Staub. Es wird langsam hell, ich habe wohl ein Nickerchen gemacht und sehe vor mir eine Brücke, die nur aus zwei Planken besteht, wo die Räder genau draufpassen. Au weia! Wir halten an für ein Frühstück an einer Bretterbude! Kein fließendes Wasser, kein Strom. Es steht eine Schüssel mit Wasser da und ich beobachte, wie man sich unter diesen Umständen die Hände wäscht: Mit einer Hand schaufelt man mit einer schnellen Bewegung etwas Wasser auf die andere Hand außerhalb der Schüssel, dann Wechsel; Ziel ist, nicht das ganze Wasser auf einmal schmutzig zu machen. Solchermaßen notdürftig erfrischt, sind wir bereit für das Frühstück. Es gibt Hühnersuppe, nicht mein Ding am frühen Morgen, aber wenigstens gekocht und deswegen vermutlich ungefährlich für meinen europäischen Magen. Den darin schwimmenden Hühnerfuß rühre ich lieber nicht an. Mein Begleiter hat mittlerweile doch tatsächlich in einem kleinen Kiosk an der Piste einen puren Luxus aufgetrieben: Freudestrahlend kommt er mir mit zwei Flaschen Wasser entgegen! Schließlich erreichen wir am Vormittag Puerto Maldonado und werden zum Innenministerium gefahren. Dort soll es die Einreisestempel geben. Die Dame im Büro gibt mir meinen Pass zurück, ich schaue nach, nur 30 Tage, statt der üblichen 90! Ich will schon aufbegehren, aber dann bin ich mir bewusst, wie abgerissen ich aussehe und unter welchen Umständen ich ins Land gekommen bin. Vielleicht haben sie solche Fälle öfters. Ich bin jedenfalls dankbar, dass jetzt mit meinem Pass alles in Ordnung ist. Nun können wir in einem Reisebüro unsere Flüge buchen. Der nächste Flieger geht zum Glück schon in ein paar Stunden. In einem Hotel machen wir uns frisch und essen etwas. Unser Fahrer bringt uns noch zum Flughafen; wie glücklich hat sich alles gefügt. Der Flug geht von Puerto Maldonado über Cuzco nach Lima. Ich steige in Cuzco aus, der Doktor fliegt weiter nach Lima. Warum er diese Reise unbedingt gleich in der Nacht machen wollte, ist mir bis heute schleierhaft; jedenfalls war ich ihm dankbar!

Bolivien-Chile

Uyuni/Bolivien. Morgens um zwei komme ich zum eiskalten Bahnhof, wo winterlich eingemummte Gestalten in Decken gehüllt der Abfahrt ihrer Züge entgegendösen. Ich friere, ich sitze, ich warte. Mein Zug ist schmutzig, unpünktlich, voll. Rechts von mir sinkt der Kopf eines Aymara-Mädchens müde auf meine Schulter, links sitzt eine Mutti mit Zopf, dicken Röcken und einem Baby im Wickeltuch. Mir gegenüber ein brasilianisches Paar, wir sind die einzigen Touristen im Zug. An der Grenze gibt es zügig den Ausreisestempel aus Bolivien, aber dann müssen alle eine Dreiviertelstunde durch Niemandsland zur chilenischen Grenzstation zu Fuß gehen. Das ist eine Zumutung, vermutlich eine absichtliche Schikane. Taxis gibt es keine! In solchen Momenten bin ich immer sehr froh, dass ich nur einen relativ leichten Rucksack habe, jedes Kilo wäre zu viel! Mittlerweile ist es brütend heiß und die Menschen schleppen schwer an den mitgebrachten Waren, die sie in Chile verkaufen wollen. Und genau diese werden auf das Genaueste von den chilenischen Grenzpolizisten gefilzt. Zuerst aber lassen sie uns 4 (!) Stunden warten. Ich frage ein paar Mal nach, aber man lässt mich abblitzen und ich muss zähneknirschend höflich bleiben. Schließlich sind wir ja alle vom Wohlwollen der Polizisten abhängig. Eine Frau aus dem Ort nützt die Notlage der Reisenden und verkauft aus einem großen Topf Reis mit Hühnchen und hat auch ein paar Flaschen Cola dabei. Einen Laden gibt es an dieser Grenze nämlich nicht. Endlich geht es los mit der Kontrolle, aber langsam und gründlich. Ich muss meinen ganzen Rucksack ausräumen; ich könnte ja Schmuggelware aus Bolivien dabeihaben! So übel fühlt es sich an, wenn man unverdientermaßen verdächtigt wird! Mit einem staubigen Rumpelbus komme ich dann schließlich nachts in Calama/ Chile an, todmüde, aber unversehrt und mit den nötigen Stempeln versehen. So geht es halt manchmal …

Hoch hinaus

Peru

Cuzco liegt ca. 3400 Meter hoch. „Eat lightly, walk slowly and go to bed alone." Laut „lonely planet" soll man das tun, wenn man in großer Höhe ankommt! Außerdem kochen mir die Jungs von meiner kleinen Pension Tee aus Cocablättern. Der soll gegen die Höhenkrankheit helfen und außerdem wärmt er, denn es ist empfindlich kühl. Krank bin ich nicht geworden.

Die Kultur der Inka ist allgegenwärtig, leider aber auch übertüncht von den christlichen Eroberern. In der Kathedrale von Cuzco ist das berühmte Abendmahl-Bild an eine Wand gemalt. Vor Jesus steht in der Mitte ein Teller, auf dem normalerweise Fische liegen; hier aber ist ein Tier abgebildet mit vier Beinchen nach oben, unverkennbar ein gebratenes Meerschweinchen. (Die sind in den Andenländern größer als bei uns, werden im Stall gehalten und gegessen, schmecken etwa wie Hühnchen.) Dieses Bild zeigt also wenigstens etwas Lokalkolorit.

Ein Höhepunkt ist zweifellos eine mehrtägige Tour nach Machu Picchu, einer Ruinenstadt aus dem 15. Jahrhundert. Sie liegt zwischen zwei steilen Berggipfeln und ist in Terrassen angelegt; es gibt Brunnen und Wasserkanäle und immer wieder staunt man über die Baukunst der Inka. Die Mauern sind ohne Mörtel und so präzise gearbeitet, dass kein Blatt Papier zwischen die Steine passt. Die Winkel der Fenster- und Türöffnungen verlaufen in einer bestimmten Schräge, sodass ihnen Erdbeben nichts anhaben können.

Um den Touristenmassen zu entgehen, fahre ich mit einem Linienzug nach Aguas Calientes, übernachte dort und nehme früh am nächsten Morgen den ersten Bus hoch zu den Ruinen. Morgens empfangen mich zuerst Wolken und Nebel; das schafft eine fast mystische Stimmung und es ist noch ganz ruhig. Später kämpft sich die Sonne durch und gegen Abend regnet es sogar ein bisschen. Ich habe viel Zeit, überall herumzukraxeln und nehme den letzten Bus hinunter nach Aguas Calientes. Durch die Stadtmitte führt statt einer Straße ein Schienenstrang, da dampft dann der Zug so quasi an meinem Bett vorbei. Am nächsten Morgen sitze ich nicht im Luxuszug, sondern in dem für Einheimische; der hält an der Strecke da und dort, um Schulkinder mitzunehmen.

Zurück in Cuzco nehmen mich die Jungs meiner Unterkunft mal mit in die Disko. Da mir immer ein bisschen fröstelig ist, tut mir das Tanzen sehr gut und das eine oder andere Chicha-Bier tut ein Übriges, damit es mir warm wird.

Von Cuzco bringt mich ein Nachtbus nach Nazca. Solche Busse sind für lange Strecken gemacht und recht bequem. Sie sind auch meistens pünktlich und man hat einen nummerierten Sitzplatz. Ich möchte über die berühmten Nazcalinien fliegen und man rät mir, das doch bitte vor dem Frühstück zu tun. Das Flugzeug ist klein; ein Pilot, drei Passagiere, ich darf vorne sitzen. Wir haben Glück, es ist windstill, wir werden nicht so sehr durcheinandergeschüttelt und mein Magen gibt Ruhe. Wer nicht fliegen möchte, kann auf einen Turm steigen, von dem aus man viele der Scharrbilder sehen kann. Zum Beispiel einen Affen, einen Kolibri, einen Baum, eine Blume, einen Menschen, der aussieht wie ein Astronaut … alle bis zu 90 Meter lang und in den trockenen Sandboden gekratzt. Die Linien sind in den 20er Jahren von einem Flugzeug aus „entdeckt“ worden. Wie konnte man derart große und viele Scharrbilder, ohne sie von oben sehen zu können, in dieser Schönheit und Geradlinigkeit in einer derart widrigen Natur realisieren? Ab ca. 1950 hat sich die deutsche Wissenschaftlerin Maria Reiche, anfangs als Spinnerin verlacht, später anerkannt und verehrt, um die Forschung und Erhaltung der Linien verdient gemacht. Es gibt astrologische, astronomische, kultische und außerirdische Erklärungsversuche, z. B. sollen die Nazca-Priester die Linien abgeschritten haben, um für Regen zu bitten. Die ersten Bilder sollen schon um 800 v. Ch. entstanden sein.

Unterwegs auf der Plaza kommen zwei Straßenmusiker auf mich zu, Juan und sein Freund. Und sie spielen mir ein Ständchen mit Gitarre und Panflöte. Zum Dank lade ich beide für einen Dollar pro Nase zum Essen ein. Mein Spanisch ist schon recht passabel und soll später durch meine Familie auf der Osterinsel noch besser werden … Jedenfalls habe ich mit den beiden Musikern einiges erlebt. Zusammen besuchen wir das Maria-Reiche-Museum und sie machen mich auch darauf aufmerksam, dass es auf dem Dach eines Hotels ein Planetarium gibt. Da gucke ich nachts in die Sterne. In diesem Hotel hat die Wissenschaftlerin Maria Reiche bis zu ihrem Tod gelebt.

Als Juan hört, dass ich nach Arequipa weiterreise, möchte er, dass ich ihn mitnehme. Das heißt natürlich, dass ich für den armen Musiker die Busfahrkarte bezahle. Das ist bei den niedrigen Preisen kein großes Problem und er legt mir seine Heimatstadt zu Füßen. In Arequipa kennt er viele Musiker und ich verliebe mich in die Andenmusik. Heutzutage hört man ja diese Panflötenmusik bei uns in jeder Fußgängerzone und die Musiker sind oft viel zu bunt als Indios verkleidet. Vor Jahren war für mich das aber neu und echt. Juan und seine Freunde spielen in mehreren Musikkneipen, wo auch getanzt wird, und wenn das Konzert vorbei ist, wird im Hinterzimmer weitergefeiert. Ich bin die einzige Europäerin und seine Freunde nehmen mich fröhlich und freundlich auf. Wenn wir zusammen Bier trinken, wird ein bisschen vom Schaum auf die Erde gespritzt; als Opfer für die Pacha Mama, die Mutter Erde.

Wir buchen auch einen zweitägigen Ausflug zum Colca Canyon; Tourismus pur. Aber gut organisiert reisen wir mit einer kleinen Gruppe, darunter auch Peruaner und alle sind gut gelaunt. Auf über 4000 Metern Höhe sehen wir hart arbeitende Andenbewohner mit ihren Tieren, Lamas, Alpakas und Vikunyas. Auch gibt es farbenprächtige Folkloretänze, die Traditionen leben noch. Hoch über einer tiefen Stelle des Canyons warten wir auf kreisende Condore, die sind allerdings weit weg. Diese majestätischen Greifvögel sind die eigentliche Attraktion am Colca Canyon. Nur ein einziger weiblicher Condor sitzt auf einem Felsvorsprung und wir beäugen uns gegenseitig neugierig.

Beim Abendessen mit der Gruppe ist Juan plötzlich verschwunden. Als der Vorhang aufgeht und eine Band für uns aufspielt, steht er mit auf der Bühne; er hat mal wieder Musikerfreunde getroffen und spielt das Konzert spontan mit! Und dass es in dieser Nacht in den Anden für uns heiße Bettflaschen gibt, ist mir sehr willkommen.

Und dann fahren Juan und ich noch mit einem Bus nach Puno am Titicacasee. 4000 Meter hoch, andere Menschen, viel Folklore und Musik, Musik, Musik. Als wir einmal auf einer Bank auf der Plaza sitzen, fängt eine vorüberziehende Musikgruppe meinen interessierten Blick auf und plötzlich stehen sie im Halbkreis um uns herum und spielen uns ein Ständchen! An einem Nachmittag geraten wir zufällig in ein großes Fest mit vielen Tanzgruppen; da sieht man Hexen und Teufel und Engel und einen Erntetanz und Frauen in dicken Röcken, das wirbelt nur so!

Auf dem See gibt es schwimmende Inseln, Islas de las Uros, aus Schilf gebaut. In frischem Zustand kann man eine Schilfpflanze auch essen, wir haben es probiert. Zu den Inseln kann man sich mit einem Schilfboot staken lassen. Etwas weiter weg ist die Insel Amantani und ein Motorboot bringt uns hin. Dort übernachten wir bei einer Bauernfamilie: kein fließendes Wasser, kein Strom, einfachstes Essen, aber eine Erfahrung wert. Zum Beispiel habe ich nachts meine Not und muss zur Toilette. Die ist aber nur mit Taschenlampe und über eine wacklige Stiege erreichbar und kalt ist es auch draußen. Unterm Bett steht ein Nachttopf! Na dann …

Juan fährt schließlich wieder zurück zu seiner Familie, alles gut!

Nach einigen anderen Wegen komme ich noch einmal nach Peru, diesmal in den Norden und das habe ich Marcos zu verdanken! Kennengelernt habe ich ihn in einem typischen Café in den Arkaden von Arequipa. Vor mir liegt die Kathedrale und ich zeichne sie in mein Skizzenbuch. Ein junger Peruaner, Marcos, sitzt am Nebentisch und beobachtet interessiert, was ich da tue. Schließlich kommen wir ins Gespräch und verabreden uns für eine gemeinsame Reise ein paar Wochen später. Marcos und ich treffen uns in Lima, fliegen von da hoch nach Chiclayo und arbeiten uns dann von oben streckenweise mit dem Bus nach Lima zurück. Mit „simpatia y curiosidad“ (Sympathie und Neugier) erleben wir zwei interessante Wochen. Er war schon da und dort Reiseleiter und so habe ich einen kompetenten und freundlichen Begleiter.

Mit lokalen Microbussen zu fahren ist gewöhnungsbedürftig; da gibt es zum Beispiel Truthähne zu meinen Füßen, gackernde Hühner und schlafende Kinder auf Kartoffelsäcken. Wir schauen uns die Ausgrabungen des Senor de Sipan an und das 2002 eröffnete Museum dazu; alles mit neuester Technik wunderschön gestaltet. Archäologen haben sein Grab mit der Mumie 1987 entdeckt, zusammen mit vielen wertvollen Grabbeigaben wie Figuren, Schmuck und Masken. Vieles aus purem Gold.

Die Region Chachapoyas liegt 2000 bis 3000 Meter hoch und ist tropisch, aber wegen der Höhe etwas kühl, außerdem ist Regenzeit. Unser Auto schlittert bei einem Ausflug zu den Ruinen von Kuelap über Lehmschichten auf unbefestigten Straßen. Bei einer Trekkingtour gibt man uns Gummistiefel und Regencapes und diesmal sind wir es, die über die nassen Lehmschichten schlittern. Einmal überqueren wir barfuß einen Bach und krabbeln unter einem Felsvorsprung durch. Das alles, um die Totenkulte der Chachapoyas zu sehen, darunter auch große Figuren, die den Moais auf Rapa Nui (Statuen auf der Osterinsel) ziemlich ähneln.

Die folgende Nacht im Bus überrascht uns mit einem Erdrutsch. Die Strecke ist über Stunden unpassierbar. Schließlich fährt unser Bus beim Morgengrauen mit Schwung über eine notdürftig hergerichtete Schotterschicht. Wir müssen alle vorher aussteigen und halten den Atem an! Aber es funktioniert und wir kommen müde und verspätet in Trujillo an. Dort wollen wir uns die Adobe-Bauten aus der Chan Chan Kultur anschauen. Sie sind bedroht, weil sich die Mauern aus getrocknetem Lehm in der Feuchtigkeit auflösen. Das Wetter ist anscheinend feuchter als früher. Unsere letzte Station ist Huaraz, ein Mekka für Alpinisten in den Cordilleras Blancas. Nicht so meine Welt, da ist es kalt in den Bergen! Und noch eine Ausgrabung gibt es da, von der Chavin Kultur. Alle diese Kulturen existierten schon lange vor den Inkas, sind aber nicht so bekannt.

Als ich mit Marcos einmal in der Sonne in einem Café sitze, meine ich, es fehle uns doch nichts zu unserem Glück. Er sagt doch! Nämlich mehr Sauberkeit! Er ist nun mit einer Schweizerin verheiratet, sie leben in Basel und ich habe beide schon mehrfach besucht. Sein Wunsch nach Sauberkeit ist in Erfüllung gegangen! Und unsere Freundschaft lebt!

Auch meine Musikerfreunde in Arequippa habe ich später noch einmal besucht. Dank der sozialen Medien ist es einfach, in Kontakt zu bleiben und manche Freundschaften können mich begleiten.

In fremden Betten Exkurs

Ägypten Ecuador Senegal

Ägypten

Mit Freund Amir bin ich zu seiner Familie in Alexandria unterwegs. In Suez müssen wir Halt machen und suchen ein Hotelzimmer; keine Chance, wenn wir nicht verheiratet sind. Die strengen Sitten in Ägypten erlauben so etwas nicht! Zum Glück entsinnt sich Amir eines Freundes, der dann auch zur Stelle ist. Wir plaudern zu dritt, gehen etwas essen und Tee trinken und es wird spät. Nachts um eins in seinem Zuhause angekommen, legt mich Amirs Freund zum nicht geringen Erstaunen seiner Frau zu ihr ins Bett! Er hat sie aufgeweckt, sie blinzelt ins Licht und da bin ich neben ihr und nehme die Stelle ihres Mannes ein! Die beiden Männer richten sich ihr Nachtlager im Wohnzimmer ein. Am nächsten Morgen frühstücken wir am Ufer des Suezkanals. Dessen Vorläufer soll es übrigens schon zu pharaonischen Zeiten gegeben haben. Der moderne Kanal wurde 1869 fertiggestellt.

Ecuador

Mein Freund JoseLuis holt mich am Busbahnhof in Otavalo, Ecuador, ab und bringt mich ins Haus seiner Schwester. Die ist etwas überrascht und bietet mir ihr eigenes Bett an, Matratze aus Stroh, das Zimmer ein ziemliches Chaos. Für eine Nacht könnte ich es ja fast überall aushalten, aber ich habe vielleicht vor, ein paar Tage zu bleiben und äußere vorsichtige Kritik. Man hat Verständnis, ich sei ja eine Deutsche und sie hätten gehört, bei uns sei alles blitzsauber. Nach einem putzwütigen

Rundumschlag präsentieren sie mir stolz das Ergebnis. Und was soll ich sagen? Ich bleibe!

Senegal

Lehrer und Couchsurfer Ibrahima schickt mir seine Frau Rama an den Flughafen in Dakar, Senegal. Er selbst unterrichtet in einer weiter entfernten Stadt und ist unabkömmlich. Rama findet mich sofort, klar, roter Rucksack, rote Haare! Im Taxi frage ich sie, wohin wir eigentlich fahren. Don't worry! Wir landen in einem einfachen Viertel mit sandigen Nebenstraßen, bescheidenen Häusern und freundlichen Menschen. Die Ein-Zimmer-Wohnung gehört einem befreundeten Schneider, der zu diesem Zeitpunkt zu einer Taufe unterwegs ist. Das Zimmer ist Teil einer WG mit Gemeinschaftsküche und Bad. Ich soll mit Rama also im Bett des Freundes schlafen. Etwas überrascht bestehe ich wenigstens darauf, eine eigene Decke zu haben, die wir schließlich in Form eines Vorhangstoffes finden! Rama und ich verstehen uns gut und der Vorhang tut seine Dienste! Als der Schneider nach zwei Tagen zurückkommt, nächtigt er im gleichen Zimmer auf einer Matte, verrichtet seine Gebete und wir besuchen ihn auch im Bazar in seiner Werkstatt. Ohne an mir Maß zu nehmen, näht er mir ein Kleid aus einem typisch bunten westafrikanischen Stoff und ich bedanke mich herzlich für so viel Aufmerksamkeit und für seine großzügige Gastfreundschaft.

Ein Irrtum und seine Folgen

Ecuador

Die Geschichte beginnt in Bogota, Kolumbien. An einem Sonntagmorgen möchte ich das berühmte Goldmuseum besuchen und schaue im „ lonely planet“ nach den Öffnungszeiten. Kurz nach neun Uhr morgens stehe ich vor dem Eingang, geschlossen! Ein Wachmann drinnen bedeutet mir mit zehn erhobenen Fingern, dass ab zehn Uhr geöffnet sei. Die Stadt liegt 2600 Meter hoch, das Klima ist kühl, ich fröstele, was nun? Ich sehe kein Café in der Nähe, aber dafür fällt mir der Eingang zu einem Kunsthandwerkermarkt auf. Ich beschließe, da eine Stunde zu bummeln und werde von einem freundlichen Verkäufer namens JoséLuis angesprochen. Er bietet mir Platz auf einem Stühlchen an, organisiert Tee für uns und wir kommen ins Gespräch. Ich sei Englischlehrerin? Ach, er wolle so gern Englisch lernen, ob ich ihm das nicht beibringen könne? Nein, sage ich, keine Zeit, denn übermorgen reise ich weiter nach Ecuador. Da leuchten seine Augen! Er arbeite zwar im Augenblick in Kolumbien, aber er sei aus Ecuador und werde demnächst nach Hause zu seiner Familie reisen. Wir könnten uns ja dort treffen. Da leuchten meine Augen auch, denn Kontakt zu Einheimischen finde ich immer gut und wir werden uns auf jeden Fall wiedersehen.

Später schaue ich übrigens noch mal die Öffnungszeiten des Goldmuseums nach. Da steht, es sei am Sonntag ab 10 Uhr geöffnet. Das habe ich übersehen, zum Glück! Denn mein Auftauchen in der Familie von JoséLuis hat das Leben einiger Menschen positiv verändert.

Nun also zuerst Ankunft in Quito, Ecuador. Mit einer sehr malerischen kolonialen Altstadt, aber auch mit den typischen Gefahren einer Großstadt. In einem Stadtbus verwickelt mich eine Frau in ein Gespräch, und als ich aussteige, bemerke ich schockiert, dass sie mir auf der Höhe des Oberschenkels in meine Hose geschnitten hat! Wohl auf der Suche nach meinem Bargeld. Das ist noch vorhanden, meine Haut ist heil, aber was für ein Empfang! Ich suche eine Schneiderei, wo mir eine Dame ihre Kittelschürze zum Anziehen anbietet, solange sie meine Hose näht; sie findet das lustig. Ich bezahle einen Dollar und schreite einigermaßen erleichtert von dannen. Seit 2000 ist der amerikanische Dollar übrigens die offizielle Währung von Ecuador.

In zwei wunderschönen Museen schaue ich mir Werke von zwei einheimischen Malern an, Oswaldo Guayasamin und Emilo Egas. Etwas außerhalb der Stadt liegt La Mitad del Mundo, die offizielle Äquatorlinie und daneben ein kleines Zentrum mit spannenden Experimenten. Da sollen die Effekte der Nord- und der Südhalbkugel gezeigt werden: Rechts vom Äquator läuft das Wasser in eine Richtung in einem Strudel ab, links vom Äquator in die andere Richtung, auf der Äquatorlinie selbst läuft das Wasser ganz ohne Strudel senkrecht runter, verblüffend. Ein Physikerfreund zu Hause meint, das könne so nicht sein. Aber mit welchen Tricks arbeiten sie dann dort? Für mich hat es jedenfalls so ausgesehen.

Mit dem Bus fahre ich die Pan-Amerikana hinunter Richtung Rio Bamba. Den Umweg über Guaranda soll man laut „lonely planet" der schönen Landschaft wegen machen. Im Bus lerne ich einen Studenten kennen, der mir begeistert sein Städtchen zeigt. Wir gehen auf dem Markt Lebereintopf essen, jemand schließt uns ein verstaubtes Museum auf, wir machen Pause in einem Künstlercafé, singen Bob Marley Songs zusammen und abends im Hostel gibt es noch Tierfilme. Was für ein angenehmer Tag in aufmerksamer Begleitung.

Der landschaftliche Höhepunkt kommt am nächsten Tag. Als der Fahrer merkt, dass ich im Bus die Plätze wechsle, um schöne Fotos zu schießen, winkt er mich zu sich nach vorne. Und nach ein paar Kurven macht er mich aufmerksam, jetzt! Da steht der Chimborazo vor mir, 6310 Meter hoch, höchster Vulkan Ecuadors, wow! Den Fahrer freut meine Begeisterung.

Von der ersten zur zweiten Berghütte kann man wandern. Das möchte ich versuchen. Die Luft ist dünn, ich schnaufe und gehe ganz langsam, aber dann bin ich auf 5000 Metern Höhe! Und wieder bleibe ich von der Höhenkrankheit verschont. Noch ein paar Ausflüge in kleinere Orte in den Bergen und ein bisschen frösteln und rumpeln auf staubigen Pisten, dann ist es Zeit für JoséLuis!

Er ist mittlerweile bei seiner Familie in Atuntaqui bei Otavalo angekommen. Strahlend steht er am Busbahnhof und auch ich freue mich riesig, dass dieses Treffen tatsächlich zustande kommt. Er nimmt mich mit in viele Familien; in den Häusern stehen oft Webstühle und Strickmaschinen, manche häkeln Bordüren für die bunten Blusen der Indigenas. Der große Markt von Otavalo ist bekannt für Textilien und allerhand Kunsthandwerk. Zum Haus seiner Mutter auf dem Land fahren wir auf der Ladefläche eines Pick-ups sitzend und sie serviert mir Mais und Kartoffeln und ein halbes Meerschweinchen. Sie spricht kein Spanisch, nur Quechua. Und sie möchte von JoséLuis wissen, ob ich seine Freundin sei und ob wir bald heiraten. Oh nein, ganz bestimmt nicht!

Eine Schwester kleidet mich einmal komplett wie eine Indigena ein: Bestickte Bluse, Rock und Tücher, alles gefaltet und geknotet und unter viel Gelächter fahren wir so zurück zu meinem Quartier. Die Frauen haben immer die gleiche Art von Kleidung und Schmuck an, ob für die Hausarbeit oder für ein Fest. Einmal darf ich mitkommen zu einer Hochzeit. Wir kaufen Pfannen und Töpfe, Kartoffeln, Eier und zwei lebende Hühner als Geschenke. Im Brauthaus viele Kochstellen, ganze Schweine mit dem Kopf auf dem Grill, Männer, die mit Gitarren und Flöten Musik machen und es wird wenig Alkohol getrunken. Trotzdem oder gerade deshalb ist es ein beschwingtes Fest!

Und dann kommt die Überraschung: Olga (Schwester von JoséLuis), ihr Mann Cesar und ihre drei Kinder sind bitterarm und ich werde gefragt, ob ich die Taufpatin für die kleine Tochter Zamy sein wolle. Ich?! Ich bin ja nicht einmal katholisch! Der Priester fragt beim Taufgespräch nicht danach, wahrscheinlich denkt er ganz pragmatisch und weiß, dass ich für die Familie etwas bewegen kann. Die Tradition will es, dass Mutter und Kind neu eingekleidet werden. Wir fahren also nach Otavalo und kaufen Tücher, Blusen, Schmuck, Schuhe und Kerzen. Und Lebensmittel für das kleine Festessen hinterher. Das alles kostet mich ungefähr 100 Dollar; für mich bezahlbar, für sie unerreichbar.

In der Kirche halte ich die fünfjährige Zamy tapfer über das Taufbecken, ihre zwei kleinen Brüder werden auch getauft und danach versammelt sich die Familie zum gemeinsamen Essen mit Reis, Kartoffeln, Mais, Hühnchen. Mangels Kühlschrank werden die Reste an das Hausschwein verfüttert. Diese Geschichte zieht noch weite Kreise, aber zunächst einmal gehe ich mit JoséLuis ein paar Tage auf Reisen.

Wir fahren mit dem Bus gen Norden, nach San Lorenzo und finden eine ganz andere Welt vor: Fast alle Leute dort sind afrikanischer Abstammung und wir dazwischen, er als einziger Indigener und ich als einzige Europäerin. Die Häuser aus Holz und auf Stelzen, Fluss und Meer, Hitze, Mangroven und überall laute Musik wegen Karneval. Sie haben den Brauch, sich an diesen Tagen gegenseitig nass zu spritzen. Unter großem Gelächter bekommen wir auch einiges ab, was aber bei diesen Temperaturen nicht weiter schlimm ist! Weiter in Atacamas genießen wir das Strandleben. In unserer Unterkunft treffen wir zwei lesbische Schwedinnen. Das gibt dem armen JoséLuis schwer zu denken! Er ist zwar aufgeschlossen, aber unerfahren und staunt manchmal wie ein Kind!

Der Weg an der Küste entlang ist mangels Hauptrouten etwas schwierig. Einmal stoppt unser Bus auf offener Strecke. Unser Fahrer weiß, wo wir hinfahren wollen und gibt dem entgegenkommenden Bus Zeichen. Der hält und wir dürfen umsteigen. Da hat jemand einfach unaufgefordert mitgedacht, das ist ein Geschenk. Noch ein Zwischenstopp, dann sind wir in Guayaquil. Diese Hafenstadt hat viel für einen besseren Ruf getan: Die Uferpromenade am Fluss entlang ist modern, schön und sauber, der Aufstieg zum Cerro Santa Ana von bunten Holzhäusern und Kunstgalerien gesäumt, und die Hauptstraße im Zentrum zeigt deutliche Polizeipräsenz. In einem IMAX-Kino schauen wir uns den Pinguin Film „Happy Feet“ an und amüsieren uns wie die Kinder. Und dann naht der Abschied. Wir werden uns wiedersehen! José Luis fliegt zum ersten Mal in seinem Leben, zurück nach Quito. Und ich fliege auf die Galapagos.

Ungefähr ein Jahr später bin ich zurück in Ecuador, um nach „meiner“ Familie zu sehen. Olga hat die kleine Zamy in einer guten Schule in Otavalo untergebracht, mein bisschen Geld scheint also gut angelegt zu sein. Sie erzählt mir auch, dass frauenärztliche Betreuung in Ecuador kostenlos sei und dass sie nun verhüte. Sie führen weiterhin ein hartes Leben. Zum Beispiel fahren sie 12 Stunden mit einem Nachtbus nach Manta, wo sie ein Kreuzfahrtschiff abpassen und ihren Schmuck verkaufen wollen, dann wieder 12 Stunden zurück. Auf dem Markt in Otavalo machen sie recht gute Geschäfte an einem Stand. Die Familie stellt Schmuck aus getrockneten Tagua-Nüssen her. Olga ist mittlerweile nicht mehr so scheu, sie kennt mich nun und merkt, dass Europäerinnen nicht beißen!! Sie wird mutiger im Umgang mit Kunden und ist deutlich selbstbewusster. JoséLuis dagegen ist schlechter Laune, weil er seine Arbeit in Bogota verloren hat. Er möchte in Chile etwas Neues aufbauen; ich habe meine Zweifel, aber mittlerweile weiß ich, dass ihm das gelungen ist.

Zum Abschiedsbesuch bei meiner Familie bringe ich meinen reisefreudigen Freund Pit mit. Er ist mit dem Auto von Bolivien über Peru nach Ecuador unterwegs. Auf den letzten Metern zu mir wird er unglücklicherweise in einen Unfall verwickelt. Er muss sich in einer Werkstatt von Pe-u-chott um sein Auto kümmern, meine Familie hilft ihm dabei. Die Marke heißt richtig natürlich Peugeot, dort wird das halt so merkwürdig ausgesprochen! Und noch mal Abschied von meiner Familie in Atuntaqui und Otavalo. Mit Pit treffe ich mich Tage später in Cartagena, Kolumbien, wieder.

Aber zunächst noch ein drittes Mal nach Ecuador, ungefähr zwei Jahre später. Am Flughafen werde ich von Zamy und Familie mit Luftballons und Sonnenblumen empfangen. Dass sie sich zu fünft eine Busreise zum Flughafen in Quito leisten können, ist schon mal erstaunlich. Sie haben nun ein bescheidenes Häuschen, Zamy hat ein eigenes Zimmer, es gibt eine Waschmaschine und einen Kühlschrank und eine richtige Toilette ist auch da. Vor Jahren alles keine Selbstverständlichkeit. Zamy geht auf eine ordentliche Schule, einmal bin ich sogar beim Elternabend dabei. Ich unterstütze weiterhin mit kleineren Geldbeträgen.

Sie stellen immer noch Schmuck aus Naturmaterialien her, der mittlerweile sogar von einer Amerikanerin per Katalog vermarktet wird. Sie können sich vor Bestellungen kaum retten und stellen weitere Helfer in ihrer Werkstatt ein.

Und als ich noch mal zwei Jahre später im Zuge einer Weltumrundung wieder einen Abstecher nach Ecuador mache, holt mich diese Familie sogar mit dem eigenen Auto ab! Ich bin sprachlos! Nach vielen Jahren haben wir immer noch losen Kontakt. Und diese ganze wunderschöne Geschichte wäre nicht zustande gekommen, wenn ich mich bei den Öffnungszeiten im Goldmuseum in Bogota nicht geirrt hätte!

amigo I
Galapagos

Charles Darwin wurde 1835 bei einem Besuch auf den Galapagos zu seinem späteren Buch über die Entstehung der Arten animiert. Was man da schon als einfacher Besucher erleben kann, ist unbeschreiblich. Bei der Einreise wird streng kontrolliert, ob man keine pflanzlichen Produkte dabeihat und seien es auch nur Samen, die an einem schmutzigen Wanderschuh kleben. Bei Ausflügen zu verschiedenen Inseln darf man nicht von den Wegen abkommen und eine Wasserflasche mit einem Etikett darauf ist auch nicht erwünscht, denn es könnte sich ja von der Flasche lösen. Gleich am Flughafen auf der Insel Baltra zahlt man ein generelles Eintrittsgeld in Form von einigen Dollars. So ähnlich wie es auf Rapa Nui (Osterinsel) mittlerweile auch üblich ist. Alle diese Maßnahmen finde ich sinnvoll und man kann nur hoffen, dass die Natur dieser einmaligen Inseln erhalten bleibt.

Mit Bus-Fähre-Bus geht es weiter zur Isla Santa Cruz und zum Städtchen Puerto Ayora. Ich will mir Zeit lassen und eventuell ein last-minute-Angebot auf einem Schiff ergattern. Gar nicht so einfach. Bis es so weit ist, marschiere ich jeden Tag 6 Kilometer hin und zurück zur Tortuga Bay. Der Weg führt überwiegend durch unberührte Natur an einem Strand mit hohen Wellen vorbei. Aber dann öffnet sich eine traumhafte, kleine Bucht zum Schwimmen. Es gibt Pelikane, rote Krabben und große schwarze Leguane, die wie kleine Drachen aussehen. Unterwegs treffe ich einmal einen Park-Ranger, der zufällig gerade zwei Schnorchel-Masken in Händen hält und mit mir weit hinausschwimmt. Neben uns tauchen zwei riesige Schildkröten auf! Er zeigt mir auch den Weg zu anderen Stränden, über Lavagestein und unter Mangroven hindurch. Wir haben lange Gespräche über Religionen, die Natur hier und über menschliches Zusammenleben. Er ist jung und sehr attraktiv. Gerade deshalb beklagt er sich, dass er von den Mädels oft so schnell auf Sex reduziert wird. Das kenne ich! Nicht weil ich so jung und schön bin, sondern weil mich Männer aus armen Ländern zu gern als „Brücke“ nach Europa benutzen würden. Wir amüsieren uns ein bisschen über unsere ähnlichen Erfahrungen und verstehen uns gut. Er hat Freude daran, mir eine Freude zu machen, was für ein Glück ich immer wieder habe! Auf einem dieser Märsche begegnet mir einmal eine Schulklasse aus der deutschen Schule in Quito. Die 12-Jährigen wollen gerne ihr Deutsch ein wenig mit mir üben! Auch das finde ich sehr lohnend und unterhaltsam.

Und dann ist es so weit: 8 Tage auf der Amigo I, einer Yacht für 16 Passagiere und 8 Mann/Frau-Besatzung. An Bord meist junge Leute aus Europa, Japan und den USA. Meine enge Kabine teile ich mir mit einem Schweizer, mit dem ich sonst nicht viel am Hut habe, aber Hauptsache wir sind uns einig wegen Klimaanlage und Rucksackaufbewahrung. Viel Kontakt habe ich mit Leuten von der Besatzung. Einmal drückt mir ein Matrose das Steuerrad in die Hand und verschwindet für ein paar Minuten! In der Kombüse schaue ich dem Koch über die Schulter. Der kann zaubern und versorgt uns außer mit den köstlichen Hauptmahlzeiten auch immer mit kleinen Leckereien, wenn wir erschöpft von unseren Unternehmungen zurückkehren; zum Beispiel mit gebrannten Mandeln oder Keksen oder frischem Popcorn. Jeden Tag gibt es ein bis zwei Landgänge und ebenso viele Schnorchel-Gelegenheiten. Das heißt, wir werden ganz schön auf Trab gehalten!

Die Galapagos bestehen aus vielen vulkanischen Inseln. Die Angaben zur Anzahl variieren, je nachdem welche Größe man noch als solche zählt. Manche Inseln bestehen fast nur aus schwarzen Steinbrocken, was unsere Wanderungen beschwerlich macht, auf anderen haben sich Pflanzen ansiedeln können. Unsere Anlandungen sind manchmal schwierig, Treppen sind selten, meistens springt man vom Beiboot aus irgendwie ins Wasser. Beim Schnorcheln am besten gleich rückwärts. Ich schwimme mit Schildkröten, Pinguinen, Seelöwen, Rochen, kleinen Haien und vielen bunten Fischen. An Land beeindrucken mich vor allem die Blaufußtölpel, manche mit ihren Eiern zwischen den Füßen und auch die Fregattvögel, die ihren roten Kehlsack aufblasen, um Weibchen anzulocken. Die Leguane haben verschiedene Größen und Farben je nachdem, ob sie landgängig oder seegängig sind. Weder sie noch die anderen Tiere bewegen sich auch nur einen Millimeter, wenn sie zufällig auf dem Weg liegen. Es ist definitiv ihr Reich und als Mensch muss man in gebührendem Abstand um sie herumgehen! Die meisten Inseln kann man nur auf einer geführten Tour ansteuern.

Mit einem öffentlichen Boot fahre ich dann noch zur Isla Isabela und komme gut in einem Hostel unter. Mit einer kleinen Gruppe reite ich zu einem Vulkan. Man bringt mir bei, was ich sagen und tun muss, damit das Pferd mich versteht. Trotzdem verfällt es gelegentlich in einen leichten Galopp, ganz gegen meine Absicht! Ich bin froh, dass ich heil oben ankomme! Der Vulkankrater hat an die 10 Kilometer Durchmesser und von dort wandern wir noch zum Volcano Chico. Wenn man die Hand in eine Felsspalte steckt, zieht man sie ganz schnell wieder zurück, so heiß ist es da! Wieder zurück am Wasser, ist noch mal Schnorcheln angesagt. Als ich etwas zögerlich im Boot sitze, weil mir das Wasser etwas kalt vorkommt, fragt mich der Bootsführer, ob er mich begleiten soll. Ja bitte! Unter Wasser nimmt er meine Hand und wir schwimmen einem großen Fisch hinterher; und schöne Felsformationen gibt es da und bunte Fische und Schildkröten sowieso. Beim Zurückkommen nimmt er mir die Flossen ab und hilft mir ins Boot. Seit ich etwas älter bin, scheine ich manchmal den Beschützerinstinkt in Männern zu wecken; auch nicht schlecht!

An einem Sonntagmorgen ist alles, was Beine hat, am Strand. 15 Wale sind hier gestrandet. Unter Zeltplanen und in Wasserlöchern werden sie feuchtgehalten, bis die Flut so weit gestiegen ist, dass man sie per Motorboot mit angebundener Schwanzflosse wieder ins Meer ziehen kann. Nicht alle können gerettet werden. Jemand sagt mir, die ganze Aktion sei sowieso umsonst, denn die Wale wollten eben sterben … Auf dem Rückweg am Strand entlang lasse ich mich erschöpft auf einer Terrasse nieder und bin im Nu von Mitarbeitern der Marine umringt. Sie staunen, dass ich fast alle ihre Heimatorte auf dem Festland in Ecuador kenne. Einer von ihnen geht in einer geschützten Bucht später mit mir schwimmen, noch so ein kleines Geschenk.

Von der Isla Isabela kann ich mit einem Kleinflugzeug zurück zum Flughafen auf Baltra fliegen und dieses Paradies noch einmal von oben bestaunen!

absurde seen und andere merkwürdigkeiten.

Bolivien

Diesmal nähere ich mich dem Titicacasee von der bolivianischen Seite. Copacabana ist voll mit Pilgern für eine Marienprozession am Karfreitag. Aber Moment mal! Was ist mir denn das für ein vertrauter Anblick? Ein paar deutsche Zimmermänner auf der Walz stehen auch am Straßenrand und bestaunen die bunte Menge. Sie sind an ihrer traditionellen Kluft zu erkennen und ich komme nach einer Weile mit ihnen ins Gespräch. Sie sind zu dritt und da und dort arbeitend quer durch Südamerika unterwegs.

Mit einem Schiff fahre ich zur Isla del Sol, die ihrem Namen alle Ehre macht. Von der Sonnenterrasse meines Hostels habe ich einen weiten Blick, den ich in meinem Skizzenbuch festhalte. Nachts aber ist es bitterkalt und ich verkrieche mich unter einem Berg schwerer Wolldecken.

Der Titicacasee, ca. 15-mal so groß wie der Bodensee, ist das höchste schiffbare Gewässer in Südamerika. Und Bolivien unterhält dort sogar eine Marine! Im Salpeterkrieg um 1880 hat das Land seinen Zugang zum Pazifik an Chile verloren. Bis heute gibt es Hoffnung auf einen Korridor zwischen Peru und Chile, der dem Land wieder Zugang zum Meer verschaffen würde.

Die Schüler Diego, Omar und Rodrigo verdienen sich ein Taschengeld und tragen mir meinen Rucksack die vielen Stufen der Incatreppen hinauf. Auf der Insel gibt es keine Autos, nur Fußwege. Für eine Handvoll Dollar zeigen sie mir eine Inca-Ruine mit den typischen mörtellosen Mauern. Für ein paar Dollar mehr wandern sie mit mir einen halben Tag vom Süden zum Norden der Insel. Das ist im doppelten Sinne atemberaubend: dünne Luft in 4000 Metern Höhe und weite Ausblicke über den See und die Nachbarinsel Isla de la Luna. Bei einer Tante gibt es ein sehr uriges Essen in so einer Art Restaurant und dann kann man mit dem Schiff wieder zurückfahren. Um für weitere kalte Tage gerüstet zu sein, kaufe ich mir einen Pullover bei einem der vielen Stände mit Kleidern und Kunsthandwerk.

Mit Schiff und Bus mache ich mich auf den Weg nach La Paz. Die Stadt liegt ca. 3660 Meter hoch in einem Talkessel. Nachts steht das Lichtermeer von der gegenüberliegenden Seite scheinbar senkrecht vor einem, verwirrend und beeindruckend. Und wieder wandele ich auf Pits Spuren. Er hat in einem Sabbatjahr bei der „Fundacion Arco Iris“ gearbeitet, einem großen Hilfsprojekt mit deutschem Pater. Ich stelle mich also dort vor und mir wird eine deutsche Volontärin zur Seite gestellt. Wir besuchen ein Mutter-und-Kind-Projekt; ich sehe, wie Sozialarbeiter mit verlassenen Menschen Konzentrationsspiele für Dreijährige machen und wie dringende Arzttermine organisiert werden. Für einen solchen Termin möchte ich etwas Geld spenden und bin am helllichten Tag zur Fundacion unterwegs. Um mich herum eine Menge Menschen, denn es ist Markttag. So um die 50 Dollar mag ich wohl in der Außentasche meiner Cargo-Hose gehabt haben. Da spüre ich eine ganz leichte, waagrechte Berührung in diesem Bereich. Ich erinnere mich sofort an das ähnliche Erlebnis in Lima, drehe mich blitzschnell um, erhebe meine Faust und schreie „Dejame en paz! Lass mich in Ruhe!“ vermutlich in dieser Reihenfolge. Der Mann hinter mir reißt erschrocken die Augen auf und rennt davon. Die Vorübergehenden nehmen keine Notiz. Erst dann blicke ich an mir herunter und sehe, dass meine Hose aufgeschnitten ist. Das Geld ist noch da, ich will es ja sowieso verschenken, aber ich möchte bitte selbst bestimmen an wen!

In einem Coca-Museum gibt es Information über Coca-Blätter, Coca-Cola und Cocain. Die ersten beiden kenne ich.

Einmal komme ich mit einem Schuhputzer ins Gespräch, meine Wandersandalen sind ja leider nicht zu putzen, dafür lade ich ihn aber zum Mittagessen ein. Bloß wo? Eine indigene Frau mit dicken, wollenen Röcken sitzt am Straßenrand und verkauft aus einem großen Topf Hühnerbrust mit Schrumpfkartoffeln, köstlich! Endlich einmal gute Kartoffeln statt Reis. Zum Nachtisch kaufen wir noch selbstgemachten Saft in Gläsern, die mit Deckelchen gut geschützt an einem Stand feilgeboten werden.

Nun ein Sprung zu einem anderen einmaligen See in Bolivien. Von San Pedro de Atacama aus kann man von der chilenischen Seite her einen mehrtägigen Ausflug über den Salar de Uyuni buchen. Das ist die größte Salzpfanne der Erde, ausgetrocknet und schneeweiß. Man passiert die Grenze zu Bolivien, die ersten Touristen sehe ich mit der Höhenkrankheit kämpfen. Ich freunde mich mit den anderen Passagieren an, als da sind eine Engländerin, ein Holländer, ein Japaner und Axel aus Berlin. Wir passieren die Laguna Verde, die in Türkis strahlt, schließlich die Laguna Colorada in Rot und dann schmerzen die Augen vom blendenden Weiß des Salzsees. Die erste Nacht ist kalt und wir verbringen sie spartanisch in einem Gebäude am Weg. Es gibt kein fließendes Wasser. Ich sitze am Tisch und überarbeite eine Zeichnung mit Aquarellstiften, dazu brauche ich einen feuchten Pinsel. In Ermangelung besserer Möglichkeiten tauche ich meinen Pinsel in Bier und auch das funktioniert! Meine Mitreisenden amüsieren sich und fragen, ob ich demnächst mit Wein und Schnaps male! Silvester verbringen wir in einem Salzhotel; bis auf die sanitären Anlagen ist dort alles aus Salzblöcken geschnitten. Die Wände könnte man ablecken, auf Blöcken liegen auch die Matratzen, und Tische und Stühle sind gleichermaßen gebaut. Alle Mitreisenden sind müde von den vielen strahlend weißen Eindrücken unterwegs, und wir halten uns mit heiterem Beruferaten mit einer englischen Gruppe vom Nachbartisch bis Mitternacht wach. Um zwölf Uhr ein unglaublicher Sternenhimmel und ein kleines Feuerwerk. Am nächsten Tag geht es zur Isla de Pescador, dort wachsen riesige Kakteen. Es ist ein eigenartiges

Gefühl, statt mit einem Boot, mit einem Jeep zu einer Insel zu fahren. Ein grandioser Sonnenuntergang beschließt unseren Tag und unsere Reise über den Salzsee.

Das ist die touristische Seite. Salz -und Lithiumgewinnung stehen auf einem anderen Blatt …

Ähnlich schwierig ist die Silbergewinnung im Cerro Rico in der Nähe der Stadt Potosi. Dieser Berg wurde während der Kolonialzeit Millionen von Indigenen zum Schicksal. Zum Zeitpunkt meines Besuchs wird dort noch Silber abgebaut. Man soll als Geschenk für die Minenarbeiter Zigaretten und eine Stange Dynamit mitbringen und dann in den Stollen herumkriechen. Darauf verzichte ich aber lieber! Stattdessen besuche ich die Casa de Moneda, wo die Münzherstellung erklärt wird.

zwölf Regionen, viele nullen

Chile

Nachts an der Grenze zwischen Peru und Chile stolpere ich müde aus einem Bus und in die Arme eines Deutschen, der sich diese Situation mit Bedacht ausgesucht hat. Er erzählt mir, sein Pass sei gestohlen worden, er brauche dringend Geld für den Bus zur Deutschen Botschaft und bittet mich um eine Summe. Ich kenne die Preise und gebe ihm weniger. Wir tauschen Adressen aus, er werde mir das Geld zurückzahlen. Natürlich höre ich nie wieder etwas von ihm. Ziemlich dreist, diese Masche!

Kurz davor, noch auf der peruanischen Seite, habe ich in Tacna noch ein überraschendes Erlebnis. Ich bummle durch die Stadt, da höre ich meinen Namen rufen.??? Den Schmuckverkäufer Pedro habe ich in Arequipa in meinem Skizzenbuch verewigt und er ist nun ebenso wie ich weitergereist. Und nun treffen wir uns zufällig in dieser Stadt wieder. Er hat ein tiefblaues Tuch, auf dem er normalerweise seinen Schmuck feilbietet. Auf diesem „Zauberteppich" nehmen wir nun Platz und unterhalten uns angeregt bis zum Abend. Dann macht er sich auf zu einem Markt, wo er dann auf Kunden hofft.

Auf der chilenischen Seite, in Arica, muss ich mich zuerst einmal an die vielen Nullen auf den Peso-Scheinen gewöhnen und an die vielfach höheren Preise. In Iquique am Strand bin ich so in meine Zeichnung vertieft, dass ich mir sogar einen leichten Sonnenbrand hole. An Heiligabend kann ich mich mit einem deutschen Studenten, einer amerikanischen Mutter mit Tochter und einem Wirt zusammentun. Wir lassen uns am Hafen einen großen Fisch filetieren und bereiten uns daraus ein kleines Festessen. Wir fühlen uns alle ein bisschen gestrandet und fern der Heimat, aber unsere Gespräche sind interessant und heiter; so lässt es sich aushalten.

Eine lange Busfahrt von der Küste weg führt mich nach Calama, da möchte ich in der Nähe der Welt größte Kupfermine sehen. Zunächst suche ich mithilfe eines Taxifahrers eine Unterkunft und frage in einem Hostel nach einem freien Zimmer. Ich fühle mich aber etwas unsicher, weil ich den großen Rucksack so lange im Taxi zurücklasse. Als ich meine Sorge äußere, gibt er mir lächelnd seinen Autoschlüssel in die Hand! Er kann nicht wegfahren und ich kann in aller Ruhe zur Rezeption gehen. Als alles erledigt ist, gebe ich ihm dankend und schmunzelnd seinen Schlüssel wieder. Da fällt mir noch eine andere Taxigeschichte ein: Eine Melodie im Autoradio ist eindeutig die „Ode an die Freude", in einer Popversion. Ich frage den Fahrer, ob er weiß, dass dies die Europahymne ist. Er verneint und ich singe ihm „Freude schöner Götterfunken" vor. Das gefällt ihm so sehr, dass er mich in sein Haus einlädt; da könne ich leben und malen.

Nein, danke, ich möchte nicht nach Chile auswandern …

Zurück zur Kupfermine Chuquicamata, 5 km lang, 3 km breit und in Terrassen 1000 m abfallend. Da kriechen dann Riesenlastwagen mit mehreren Meter hohen Reifen wie große Käfer den weiten Weg von ganz unten bis ganz oben; unvorstellbare Dimensionen! Die haben auch die 12 Regionen von Chile; die Küste ist ca. 6400 km lang. Ich befinde mich gerade in Zone II und fliege nun nach Santiago. Dass diese Stadt wohl für den Rest meines Lebens immer wieder Anlaufstelle sein wird, habe ich damals noch nicht geahnt!

Im ruhigen Stadtteil Providencia wohnt Caroline, die Tochter meiner Freundin Heidrun. Vier junge berufstätige Frauen teilen sich ein Apartment und sogar eine „Nana", die einen Teil des Haushalts übernimmt. Caroline ist Deutsch-Libanesin, die anderen drei sind Chileninnen, deren rasend schnelle Sprechweise mir einiges abfordert! Vom Hausberg San Christobal aus darf ich gleich mal auf ein selten smogfreies Santiago schauen. Wir gehen in der alten Markthalle Fisch essen, bummeln über die Plaza de Armas und besuchen die Kathedrale. Nach einem Zwischenspiel auf der Osterinsel, darf ich die Gastfreundschaft der Mädels noch einmal genießen und fahre von dort aus nach Isla Negra zu Pablo Nerudas Haus. Es liegt am Meer und ist voll mit schönen Dingen, die oft einen Bezug zum Wasser haben. Ich kaufe auch ein kleines Büchlein mit Gedichten, manches Schöne erschließt sich mir, manches ist mir auf Spanisch aber nun doch zu schwierig und ich verschenke das Büchlein später an Horacio in Argentinien. Die Mädels machen noch einen Sonntagsausflug zum Cajon de Maipa mit mir, einer Schlucht mit vielen pittoresken Felsformationen.

Das nächste Mal komme ich in ganz anderer Mission nach Chile …

Jahre später steige ich in Santiago im Casa Roja ab und treffe mich dort mit JoséLuis, meinem ecuadorianischen Freund. Er hat es tatsächlich geschafft, sich in Los Angeles, im Süden von Chile, mit einem Schmuckstand eine neue Existenz aufzubauen. In Santiago ist er, um Einkäufe zu machen und seine Steuern zu zahlen. Wir freuen uns über diese Gelegenheit, zusammen zu schwätzen und zu lachen.

Wieder ein andermal sitze ich mit einem Musiker vom Stamm der Mapuche in der Innenstadt auf einer Bank in der Fußgängerzone. Da sagt jemand hinter mir „Arequipa?" Ich drehe mich um und erkenne den Sprecher nicht wieder, er aber sehr wohl mich! Es ist der zweite Schmuckverkäufer, mit dem ich in Arequipa gerne geschwätzt habe. Er hilft meinem Gedächtnis auf die Sprünge, ich habe ihm doch damals etwas vorgesungen. Ach ja! „Galopa", ein chilenisches Lied, das ich in einem Spanischkurs in Deutschland gelernt habe. Es endet in der Zeile „como todo buen Chileno" (wie jeder gute Chilene). Und das hat ihn amüsiert. Wir müssen noch mal lachen. Er hat mich natürlich auch an meinen Henna-Haaren erkannt. Frau und Kind stehen wartend neben ihm, so ziehen sie denn alsbald weiter.

Immer wieder mache ich eine Verschnaufpause in Santiago auf dem Weg zur Osterinsel und sei es auch nur, um für meine Tochter Malena einzukaufen. Sie wohnt nämlich mittlerweile auf der Osterinsel/Rapa Nui. Um dort hinzukommen, fliegt man über Santiago de Chile.

Wieder einmal in der Fußgängerzone stehe ich mit den Füßen wippend in einem Halbkreis um eine kolumbianische Band. Da kommt ein einheimischer Mann auf mich zu und fragt „te atreves?" (traust du dich?). Au weia, Salsa kann ich nicht wirklich tanzen, aber Lust, mich zu bewegen, habe ich schon. Wir tanzen als einziges Paar vor der Band und unterhalten uns noch kurz. Auch eine Art, den Jetlag nach meinem Flug von Deutschland her zu überbrücken!

Immer wieder spukt die Idee in meinem Kopf, in den Süden von Chile zu reisen, nach Patagonien. Ca. 1000 km reise ich mit Bussen in diesem langen, schmalen Land südwärts, aber bis ganz runter an die Spitze schaffe ich es nicht; ein andermal vielleicht. In Temuco erklimme ich den Cerro Nielol mit geschnitzten Mapuche Statuen auf dem Hügel oben und einem weiten Blick. In Puerto Varas schließe ich mich einem geführten Ausflug an. Mit dabei sind ein Tänzer an der Oper in Paris und ein junges Paar aus Santiago auf Hochzeitsreise, Yari und Andrés. Wir fahren über die Seen LLanquihue und Todos los Santos, lassen uns von den Wasserfällen in Petrohué nasssspritzen und am Vulkan Osorno ist aber Schluss mit lustig. Kälte und Nebel machen einen Aufstieg unmöglich.

In späteren Jahren werde ich mich in Santiago immer wieder mit dem jungen Paar treffen, mal zum Picknick mit dem mittlerweile geborenen Töchterchen, mal zum Spazieren auf dem Cerro Santa Lucia und einmal habe ich sogar bei ihnen übernachtet. Mittlerweile kenne ich auch eine gute Freundin von ihnen, eine interessante Frau, die auch schon mal in Australien Yoga unterrichtet hat und nun wieder in Chile lebt. Erst vor Kurzem haben wir uns im Hostel Happy House in Santiago getroffen. Die Unterkunft ist eine große, alte Villa mit knarzenden Holzfußböden, guten Betten und einem malerischen Innenhof mit Pool.

Und nun verlasse ich den Kontinent, aber nicht das Land …

polynesische welten

Rapa Nui/Osterinsel

Und was hat denn nun meine Tochter Malena mit der Osterinsel zu tun? Dass sie heute dort lebt, ist die „Schuld" meines peruanischen Freundes Marcos. Ich frage ihn, ob er eine Idee habe, wo Malena nach ihrer Schule in Berlin ein spanischsprachiges Praktikum machen könne. Er nennt mir eine Reisebürokette in Südamerika. Malena schaut nach, bewirbt sich bei Rapa Nui Travel und wird angenommen. Dann nimmt das Schicksal seinen Lauf …

Als Polynesien bezeichnet man das Dreieck zwischen Neuseeland, Hawaii und Rapa Nui/Osterinsel. Die Distanzen im Pazifik sind riesig und es gibt verschiedene Theorien, wann und wie Rapa Nui besiedelt worden ist. Von Osten her, von Peru, wie es Thor Heyerdal versucht hat zu beweisen. Oder von Westen her, von anderen polynesischen Inseln. Rapa Nui … so heißen übrigens auch die Einwohner und deren Sprache. Heute leben hier ca. 11.000 Menschen, alle sprechen auch Spanisch, denn die Insel ist 1888 von Chile annektiert worden. Rapa Nui hat eine sehr wechselvolle und teilweise tragische Geschichte. Auch die berühmten Steinstatuen, Moais genannt, geben viele Rätsel auf. Sie sind bis zu 20 Meter hoch und es gibt einige Theorien, wie sie wohl vom Ort ihres Entstehens zum gewünschten Standort transportiert worden sind. Eine einheimische Freundin erklärt mir allen Ernstes, die Moais seien nach ihrer Fertigstellung im Steinbruch Rano Raraku selbst jede Nacht ein paar Schritte in Richtung ihres Bestimmungsortes gelaufen. Auf Hawaii, das ja auch zu Polynesien gehört, haben Wissenschaftler eine Steinstatue probeweise in schaukelnden Bewegungen aufrecht und mit Seilen um den Hals vorwärts bewegt. Jedenfalls sorgen die rätselhaften Kolosse heute dafür, dass fast die ganze Insel zum Nationalpark erklärt worden ist und dass der Strom der Touristen nicht abreißt.

Meine allerersten Abenteuer auf der Insel bestehe ich zunächst allein. Der Anlass ist mein noch immer schmerzender Arm nach dem Bruch des Radiusköpfchens an meinem Ellenbogen. Ich soll mich ausruhen, nicht herumreisen, meinen Rucksack eine Weile stehen lassen. Caroline ruft von Santiago aus ihre Freundin Petra auf der Osterinsel an. Diese soll mir helfen, dort eine Familie zu finden, wo ich für einen Monat bleiben kann. Die Insel ist teuer, da muss man sich etwas einfallen lassen, wenn man länger als die üblichen fünf Tage bleiben möchte. Petra ist eine Deutsche, die bis heute auf der Insel lebt und mir den Kontakt mit Susi und Juan Jesus vermittelt. Die Familie wohnt am Rand von Hanga Roa, dem einzigen Ort auf der Insel. Weil ich gerne Fisch esse, viele Katzen mag und mich an einer einsamen Kakerlake unter dem Bett nicht störe, bin ich da gut aufgehoben. Sie besorgen mir sogar einen Freund, eine Schönheit ist er nicht, aber einmal reitet er 20 km durch die Nacht, um mit mir tanzen zu gehen. Das ist doch was! Überhaupt ist er voll motiviert, mit mir über die Insel zu reiten und mir verborgene Petroglyphen und schöne Badeplätze zu zeigen.

Kusine Maria hat einen Schmuckstand in Anakena, da kommen viele Touristen vorbei, denn es gibt Palmen und einen feinen Sandstrand. Nach Anakena führt die einzige gut ausgebaute Straße auf der Insel und auf dem Weg kommt man durch einen duftenden Eukalyptus Wald. Überhaupt gibt es mehr Bäume als erwartet. Die Theorie von der ökologischen Katastrophe, nach der angeblich alle Bäume gefällt worden seien, wird auf der Insel vehement bestritten. Als ich eines Tages mal wieder Maria am Strand besuche, drückt sie mir den Autoschlüssel zu ihrer alten Karre in die Hand und ich gurke zum Vulkan und Steinbruch Rano Raraku und nach Tongariki, wo malerisch vor dem Meer 15 Moais stehen. Da weiß ich noch nicht, dass ich dort noch viele Male vorbeikommen werde … mit Freunden und unter der kompetenten Führung meiner Tochter.

Mit meinem Pferdefreund und Maria und einem jungen Franzosen verbringe ich eine Nacht in einer Höhle. Maria sorgt dafür, dass wir nicht verhungern müssen, bringt in einer Kühlbox Brot und Bier und die Männer versuchen ihr Glück beim Angeln. Wir genießen den Sonnenuntergang und ein Lagerfeuer macht die Stimmung komplett. Mit einem geliehenen Schlafsack und ein paar Decken kann ich es mir auf den harten Felsen im Inneren der Höhle einigermaßen gemütlich machen und am nächsten Morgen zeichne ich den Sonnenaufgang.

Und dann habe ich auch noch das Glück, die Festwoche „Tapati Rapa Nui" zu erleben. Es gibt viele Wettbewerbe: Kochen, Blumenschmuck herstellen, mit Bananenstauden um den Vulkansee rennen, Kostüme schneidern, Pferderennen und das Spektakulärste ist das Haka Pei. Da rasen junge Männer, mit viel Bodypainting und sonst nicht viel am Körper, sich an einer Bananenstaude festklammernd einen steilen Vulkanhang hinab. Der Wettbewerb beginnt erst, wenn am Fuße des Berges eine Ambulanz bereitsteht. Es ist gefährlich, jeder, der unten ankommt wird bejubelt. Ich habe später auch einmal erlebt, wie sich jemand schwer verletzt hat. Der Mann hat sich wieder ins Leben zurückgekämpft und organisiert bis heute die jährlichen Wettbewerbe.

Viel Leben gibt es bei der Farandula, einem großen Umzug und Höhepunkt des Festes. Es gibt viele Wagen, zum Beispiel mit großen geschnitzten Moais darauf, viele Tänzerinnen und Tänzer. Überhaupt die Tänze! Die kann man während dieser Woche jeden Abend auf der Bühne im Freien sehen. Unbeschreiblich die Anmut, die Kraft und die Musik, die unter die Haut geht. Alle Kostüme bestehen ausschließlich aus Naturmaterialien, zum Beispiel verschiedene Teile der Palme, Muscheln und Federn. Die Polynesier haben eine schöne braune Hautfarbe, dichte, schwarze, lockige Haare, breite Backenknochen und große Augen; sehr attraktive Menschen! Eine Feder im Haar oder eine tropische Blüte hinterm Ohr gehören hier auch zum Alltag.

Ganz nah an der Natur ist auch ein „kuranto", das Essen aus einem Erdofen. Darin werden Fleischstücke, Süßkartoffeln und eine Art Kürbiskuchen gegart. Das gibt es kostenlos für alle, auch Touristen. Wenn man sich keinen Teller mitgebracht hat, pflückt man sich ein Blatt von einem Gummibaum und lässt sich etwas drauflegen, genial!

Und nun gibt es einen Zeitsprung von beinahe vier Jahren und eine andere Ära auf der Insel beginnt!

Malena arbeitet bei einem Reisebüro, lernt jeden Tag mehr Spanisch und bald wird sie mich sprachlich überholen! Mittlerweile spreche ich ganz gut, aber etwas langsam und bedächtig, wie so manche Schwaben halt! Ihr Leben entwickelt sich rasch, sie lernt Petero kennen, einen Rapa Nui mit polynesischen Wurzeln. Sie heiraten ein gutes Jahr später und machen sich selbstständig. Ein eigenes Tauchcenter muss her! Und wieder einige Jahre später wird Malena zur Spezialistin für Freediving und bietet Kurse an.

Und was erlebe ich nicht alles in diesen wiederkehrenden Besuchen auf der Insel! Malena tanzt beim Tapati Rapa Nui auf der Bühne mit und ich helfe im Vorfeld noch bei der Herstellung des Kostüms: sticheln, schneiden, nähen. Wir sind beim großen Umzug mit dabei, stilecht mit fast nichts am Körper, mit viel Körperbemalung, einem BH aus Federn und einem Schilfröckchen. Wir gehen Cocktails trinken, helfen mit beim Schnippeln für das nächste Kuranto, treffen Freunde und Bekannte auf der Straße. Im Laufe der Jahre bin ich einbezogen in die Abläufe mancher Familien. Wir feiern Geburtstage, Taufen, Hochzeiten und ja, auch bei zwei Beerdigungen bin ich schon gewesen.

Und wer ist wieder einmal in Südamerika unterwegs und muss einen Abstecher zu uns machen? Natürlich mein alter Kollege und Freund Pit! Mittlerweile hat mein Schwiegersohn Petero zwei Bungalows zum Vermieten gebaut und Pit und ich dürfen je einen einweihen. Malena macht sich als offizielle Führerin nützlich und erklärt Pit und mir alles, was wir über die Moais wissen müssen! Ein Moai mit eingesetzten Augen und in einer Bucht vor dem Meer stehend ist ein großer Anziehungspunkt zum Sonnenuntergang. Malena und Pit packen ganz eifrig alle Zutaten für einen Cocktail in eine Kühlbox. Pit möchte uns zum Sonnenuntergang einen Caipirina mixen. In Tahai beim Moai angekommen, setzen wir uns ins Gras, packen Gläser, Eiswürfel usw. aus und wo ist der Cachaca??? Zu Hause vergessen! Na gut, die Sonne geht auch ohne Cocktail unter und wir trinken ihn später zu Hause!

Bei einem nächsten Besuch locke ich wieder zwei Gäste an: einen holländischen Filmschaffenden und seine dänische Assistentin. Johannes hat mich in einem neuseeländischen Hostel kennengelernt und ist begeistert, dass er durch mich einen guten Zugang zur Insel findet. Er dreht eine Dokumentation. Assistentin Monique ebenso, sie muss einen Film für ihre Abschlussarbeit an der Uni in Kopenhagen drehen. Dahin lädt sie mich später übrigens ein und ich habe dort ein paar interessante Tage in ihrem hochmodernen Studentenwohnheim erlebt! Vorher „muss“ sie aber mit Malena und mir zur Farandula, mit Schilfröckchen und Muschel-BH! Und Tauchen gehen wir auch alle, mit Malenas Hilfe. Johannes dreht ein paar Videos, auch unter Wasser und Malena wird von einer Moräne gebissen! Über Langeweile können wir uns nicht beklagen!

Und dann ist da noch John aus England zu Gast und in einem anderen Jahr meine Afrika-Festival-Freundinnen Christa und Ulli. Alle sehr unternehmungslustig und selbstständig, aber auch freudig überrascht über die individuelle Betreuung. Und sie werden natürlich mit Blumenketten empfangen und mit Muschelketten verabschiedet, so ist es Brauch.

Einmal bin ich in Malenas Fußstapfen getreten. Für drei Boote mit jeweils einer Gruppe amerikanischer Touristen braucht sie je einen Bootsführer und eine Person, die auf Englisch erklärt. Zwei hat sie schon und ich soll die dritte sein! Ein Wahrsager in Myanmar hat mir prophezeit, dass ich im Tourismus arbeite. „Also Mama, du machst das!“ Petero ist mein Bootsführer, hat mir die Tour vorher erklärt und los geht's. Gerade als ich darüber spreche, dass viele Einwohner auf der Insel auch vom Fischfang leben, zieht Petero nebenbei einen Fisch aus dem Meer, da klicken die Kameras!

Malena macht auch Führungen für Kreuzfahrten. Das ist gutes Geld in der Hochsaison und so kann sie im pazifischen „Winter“ zu diversen Tauchkursen in Kolumbien abschwirren. Oder uns alle im Sommer in Deutschland besuchen. Die Insel liegt auf der Südhalbkugel, die Jahreszeiten stehen also auf dem Kopf und das Klima dort ist subtropisch.

Der absolute Höhepunkt aller meiner Besuche dort war natürlich die Geburt meines Enkels namens Maui. Petero und ich dürfen beide mit ins Krankenhaus zu diesem freudigen Ereignis. Der Kleine wächst in einer freien, natürlichen Umgebung auf, mit Hunden und Katzen und Hühnern und Pferden. Und wenn er älter wird, gibt es auch Schulen. Für Höheres müsste er allerdings auf den Konti, wie man dort sagt. Dafür ist noch Zeit. Konti bedeutet natürlich Kontinent und damit ist in diesem Fall Chile gemeint.

zu wasser, zu lande und in der luft

Argentinien

Mein Flug geht von Lima/Peru nach Buenos Aires/Argentinien und bei meiner Ankunft regnet es wie aus Kübeln. Ich habe außerdem eine Triefnase, also leiste ich mir zunächst einmal ein Zimmer in einem richtigen Hotel, mit eigenem Badezimmer und TV; ein seltener Luxus, aber manchmal muss es sein. Ausruhen ist angesagt, Kunstmuseum besuchen, Pläne machen. Danach stürze ich mich wieder ins Backpackerleben mit Busreisen und Jugendherbergen. In Pinamar, südlich von Buenos Aires, mache ich lange Strandspaziergänge und meine Atemwege werden wieder frei. In der Herberge diskutiere ich mit Horacio über schwarze Löcher im Weltall und ein paar Studentinnen und ich kochen für ihn zu seinem 37. Geburtstag so eine Art Kässpätzle! Wenn ich intelligente Gesprächspartner habe, die manchmal auch schon in etwa erraten können, was ich sagen möchte, dann kann ich über Gott und die Welt reden auf Spanisch; das macht mir großen Spaß. Horacio ist Soziologe, ein bisschen verpeilt, Typ „zerstreuter Professor", aber sehr informiert.

Ich reise weiter, doch wir sollten uns wiedersehen. Ein Nachtbus bringt mich nach Puerto Madryn, das ist weit im Süden und gehört schon zu Patagonien. Bei einem Ausflug zur Peninsula Valdés sehe ich Pinguine, Seehunde, Seeelefanten, Gürteltiere, Emus ... Orcas lassen sich leider keine blicken. Dabei treffe ich Lee, einen Zahnarzt aus Südkorea, der mit kleinen Unterbrechungen seit zehn Jahren auf Weltreise ist. Er fährt weiter nach Bariloche, ich tags darauf auch. Die Stadt ist ein Touristenzentrum im Lake Distrikt mit vielen Herbergen; aber wer sitzt fröhlich winkend beim Frühstück, als ich morgens nach langer Fahrt da eintrudle? Lee! Ich habe zufällig die gleiche Bleibe ausgesucht. Er glaubt an Telepathie und habe mich erwartet, sagt er. Ich bin müde, aber er hat schon Pläne für den Tag und motiviert mich. Also stelle ich meinen Rucksack in das Mehrbettzimmer für Frauen, mache mich frisch und los geht's! Er kann kein Spanisch und kann von mir profitieren und ich freue mich an seiner unbeschwerten Unternehmungslust. Wir erwandern die Seen und Hügel und abends kocht er mir eine koreanische Currysuppe. Ein Israeli bietet mir arabischen Kaffee an und mit einer Amerikanerin koche ich Pasta; herrlich so ein Herbergsleben!

1300 km Busfahrt zurück nach Buenos Aires, der Service ist fast wie im Flugzeug mit Business-class-Sitzen und Morgenkaffee. In Neuquen (vorwärts und rückwärts gleich zu lesen!) steigt ein junger Musiker zu. Bei einem späteren Besuch im Land besuche ich ihn, seine Frau und ihr Baby. Sie versuchen erfolglos, mir den Matetee schmackhaft zu machen. Viele Argentinier erkennt man an der Thermosflasche unterm Arm. Sie haben heißes Wasser dabei, um sich diesen überaus starken und bitteren Kräutertee aufzugießen, immer und überall! Aber nun sitzen wir erst mal nächtens im Bus und werden durch eine Straßensperre aufgehalten. Lehrer demonstrieren für bessere Bezahlung und blockieren Tankfahrzeuge so ausdauernd, dass sogar Benzin knapp wird! Man stelle sich das einmal bei uns in Deutschland vor!

Zurück in Buenos Aires treffe ich Paola und Blas, ein Ärztepaar, das ich auf einer Afrikareise kennengelernt habe. Von allen Hauptstädten des Kontinents gefällt mir BsAs am besten, weil es individuelle Stadtteile hat, mit einer jeweils eigenen Atmosphäre. In San Telmo gibt es Antiquitätenmärkte, in La Boca versuche ich mich auf der Straße im Tangotanzen, und schließlich treffe ich mich auch noch mit dem jungen Franzosen von der Osterinsel am Obelisken, im Zentrum der Stadt. Wir gehen Steak essen, verpassen die letzte Subte (U-Bahn) und nach einem weiteren Treffen am nächsten Tag trennen sich unsere Wege wieder.

In einem anderen Jahr treffe ich Horacio wieder und wohne bei ihm. Er nimmt mich zu einer 1.-Mai-Demonstration mit. In der Gruppe mit den Leuten von der Arbeiterpartei geht es mit vielen roten Fahnen zum zentralen Plaza de Mayo. Es gibt starke Trommlergruppen und viele gute Worte von Linksparteien. Weil man nie weiß, ob es nicht doch mal zu Auseinandersetzungen kommt, haben wir nichts Wichtiges wie Kameras oder Handys mitgenommen. Aber es ist nichts passiert, viele Menschen, gute Stimmung.

Und noch mal viele Jahre später, bin ich in relativer Nähe, in Uruguay und möchte zu Horacios 45. Geburtstag vorbeikommen. Die Fahrt von Montevideo zum Fährhafen Buquebus in BsAs über den Rio de la Plata ist schnell und bequem. Horacio soll mich nach seiner Arbeit dort abholen und ich warte … und warte … schließlich telefonieren wir. Statt zum Fährhafen ist er zum Hafen für Kreuzfahrtschiffe gefahren! Ich sag's ja, mein zerstreuter Professor! Seinen Geburtstag feiern wir mit seinen Freunden in einer Bar; gebildete Menschen, gute Gespräche, ein Soziologe schenkt mir zwei seiner Bücher, schwere Kost für mich. Aber sie sind auch lustig, interessiert; schön, so unter Einheimischen zu sein.

Irgendwann erlebe ich dann auch noch den Norden von Argentinien. Von Bolivien herkommend geht es in Bermejo mit einem kleinen Motorboot über einen Fluss; auf der argentinischen Seite Einreisestempel, Warten, Kontrollen … stehe ich schon wieder unter Drogenverdacht?! Mein Ziel ist die Quebrada de Humahuaca. Dort gibt es vielfarbige Felsformationen in Rot, Grün, Gelb und Grau. Sogar die Schottersteine am Straßenrand sind bunt! In einer halb offenen Höhle spielt jemand Flöte und die Töne werden von den roten Wänden zurückgeworfen. Welch ein Klang, welch eine Landschaft! In Salta übernachte ich fröhlich in einem Hotel, das einer Freundin meiner Spanischlehrerin in Deutschland gehört. Ich werde herzlich empfangen.

Die Fahrten in den oft zweistöckigen Nachtbussen sind lang und es werden Videos gezeigt. Der Beifahrer eines Nachtbusses begegnet mir in einem anderen Bus ein zweites Mal und begrüßt mich freundlich. Als ich sehe, dass er DVDs für die Filmauswahl im Bus sortiert, versuche ich, auf das Filmniveau Einfluss zu nehmen und weiß nicht so recht, wie ich mich ausdrücken soll. Schließlich bitte ich ihn, einen Film „sin sangre“ (ohne Blut“) auszuwählen. Er lacht, wendet sich an die anderen Gäste und schiebt dann eine Komödie in das Gerät. Alles gut!

menschen und musik

Uruguay

Am Hafen in Montevideo angekommen, setze ich mich erst mal in einen Bus nach Punta del Este. Von dort aus werde ich nach und nach Richtung Hauptstadt zurückreisen. Eine einheimische Opernsängerin gibt mir Tipps und ich treffe sie später in der Stadt wieder. Zum Ausruhen leiste ich mir zwischendurch mal wieder ein kleines Hotel, aber es ist wie immer ein bisschen langweilig. Mit einem Ladenbesitzer nebenan komme ich ins Gespräch, weil er eine Jakobsmuschel auf dem T-Shirt trägt! Er war in Spanien und da können wir uns natürlich über unsere Erfahrungen auf dem Jakobsweg austauschen. Im nächsten Hostel erzählen mir drei deutsche Zimmermänner von ihren Erfahrungen auf der Walz und schließlich gehe ich am Abend mit einem Luxemburger aus. Es ist St. Patrick's Day, der irische Nationalfeiertag, und in einem Irish Pub in der Nähe gibt es Guinness und irische Musik. An einem anderen Tag gibt es auch ein Gitarrenkonzert auf dem Balkon meiner Unterkunft und das Publikum ist gewohnt international. Ein Künstler aus Santiago teilt seinen Wein mit mir und wir beide unser Abendessen mit einem süßen Kätzchen. Ja und Kunst ist auch wieder angesagt: Der kürzlich verstorbene Künstler Carlos Páez Vilaró lebte und arbeitete im Casa Pueblo, einer weitläufigen Anlage, überwiegend in Weiß und mit vielen Räumen voller Bilder und Skulpturen; ein Fest für die Augen und für die Seele!

In dem schönen Städtchen Colonia de Sacramento bummle ich mit einem kolumbianischen Filmstudenten durch die alten Gassen, und am Abend folgen wir ein paar wilden Tönen. Wo kommen die denn her? Sieh an, es gibt einen nächtlichen Karnevalsumzug mit roten, zotteligen Kostümen und sehr beeindruckender, heftiger Trommelmusik.

Zurück in Montevideo sorgt ein Freund eines Freundes dafür, dass ich mit einem Einheimischen in Kontakt komme, der mir seine Stadt zu Füßen legt. Abends holt er mich einmal mit seinem Motorrad ab und zeigt mir die nächtliche Stadt von der anderen Seite. Sehr romantisch, aber ich friere. Mir wäre lieber gewesen, er hätte mich ein bisschen warmgehalten!

Recht kühl und windig ist es auch an den diversen Stränden, nichts für mich zum Baden, doch schön zum Spazierengehen. Und zum Kaffeetrinken mit einem wilden Rasta.

Menschen wollen anerkannt werden, wollen sich mitteilen, ein jeder freut sich über ein freundliches Lächeln. Jemand meinte einmal, ich begegne unterwegs immer wieder „angelitos sin alas" („Engelchen ohne Flügel").

ein kurzer abstecher

Paraguay

Von Brasilien herkommend, lande ich in der Grenzstadt Ponta Pora. Da gibt es leider nur teure Hotels und an der Rezeption wissen sie nicht einmal, wo es den Ausreisestempel gibt und wie man nach Paraguay rüberkommt. Ein Polizist bringt mich schließlich etwas zweckentfremdet als Taxifahrer zum Busbahnhof Pedro Juan Caballero. Von dort komme ich nach einer langen Busreise in Acunción, der Hauptstadt von Paraguay, an. Im Hostel Black Cat bin ich genau richtig: freundliche und kompetente Menschen am Empfang und jede Menge Kontakte zu Mitreisenden. Tatsächlich ist da auch ein etwas älteres Ehepaar aus Deutschland. Der Mann erwähnt mich später in einem Artikel für die Zeitschrift „Globetrotter" und beschreibt mich als „eine etwas schräge Rothaarige". Kann ich mit leben! Wir erkunden zusammen sämtliche Museen der Stadt. Eines erinnert an die Stroessner Diktatur, eines zeigt alte Loks und die Eisenbahngeschichte, aber am schönsten finde ich das Museo de Barro. Da findet man moderne Kunst und auch Traditionelles der einheimischen Guarani.

Das Stadtbild zeigt grob Widersprüchliches: renovierte Kolonialhäuser, moderne Wolkenkratzer und ebenso hohe hässliche Bauruinen.

Wandmalereien mit Themen aus Umwelt und Politik ergänzen das Bild.

Mit einer Couchsurferin und ihren Freunden wandere ich im Nationalpark Ybycui; viel Sonne, viele Bäume, viele Hügel, eine schweißtreibende Angelegenheit. Am Schluss stürzen wir uns zur Belohnung in einen Wasserfall, herrlich!

Mit einem Rumpelbus fahre ich noch ins Töpferdorf Areguá. Da gibt es viel Kitsch und wenig Kunst. Windspiele in den Bäumen hängend finde ich schön. Und am Abend lange Gespräche mit einem Doktoranden über Politik und über das Gleichgewicht der Dinge … im Hier und Jetzt leben, das kann ich ziemlich gut.

Land der Extreme

Venezuela

Der höchste Wasserfall, die gefährlichste Hauptstadt, der beste Festtagsbraten …

Zum Glück ist Venezuela nicht das erste Land, das ich in Südamerika bereise, sonst wäre ich schockiert: Hier fehlt es an vielem: Tour-Angebote, Sauberkeit, Service, Reisebüros, Sicherheit, sogar Postkarten. Das war 2007; mittlerweile ist alles nur noch schlimmer geworden. Meine Reise-Engelchen aber sind mit mir und ich habe grandiose Landschaften gesehen und bin vielen lieben Menschen begegnet.

Pits Freundin Yrma schickt mir ihre Kusine Irene an den Flughafen in Caracas. Wir kennen uns zwar nicht, aber mit meinen roten Haaren findet man mich in jeder Menschenmenge! Meine Zimmertür in Irenes Haus hat der Hund gefressen, stattdessen hängt ein Tuch davor. Zum Waschtag wird eine gemietete Maschine per Moped angeliefert. Statt Hotelkosten zu zahlen, schenke ich der Familie ein Festnetztelefon. Ein Tag zusammen in Caracas ist mehr als genug. Wir sind mit Bus, Taxi und Metro unterwegs, alles ist gleich katastrophal. Als ich später einem Bekannten in einer anderen Stadt ein paar Fotos zeige, ist er überrascht, dass mir niemand die Kamera aus der Hand gerissen hat! Das Geburtshaus von Simon Bolívar (1783-1830) möchte ich gerne sehen. Er gilt als der Befreier von Bolivien, Peru, Ecuador, Panama, Kolumbien und Venezuela. Die Währung hier heißt Bolívares. (In Bolivien heißt sie Bolivianos). Und dann fliege ich auch noch nach Ciudad Bolívar, von dort geht es mit einer kleinen Cessna nach Canaima. Ein indigener Führer kümmert sich um uns; in der Gruppe sind wir 8 Leute, alle um die 30 und gespannt auf den Salto Angel mit einer Höhe von fast einem Kilometer! Die erste Nacht sind wir noch in diesem Dorf, dann geht es los mit Booten über ein Gewirr von Flüssen bis zu einer Unterkunft im Dschungel. Das Abendessen wird für uns am Feuer zubereitet. Strom und fließend Wasser gibt es nicht. Was soll z. B. die Regentonne mit der braunen Brühe drin? Ach so, das ist Flusswasser für die Klospülung. Soll ich versuchen, Mineralwasser zum Zähneputzen aufzutreiben oder lieber zum Fluss gehen? Soll ich meine Augen an die Dunkelheit gewöhnen oder die Taschenlampe benutzen? In der Toilette brennen immerhin Kerzen! Soll ich meinen Seidenschlafsack mit in die Hängematte wursteln oder ist es mir in der tropischen Nacht auch so warm genug? Nach einer erträglichen Nacht nehmen wir am nächsten Morgen den Aufstieg zum Wasserfall in Angriff: erst durch einen Fluss waten, dann über Stock und Stein nach oben. Der Anblick ist atemberaubend und man kann die ganze Höhe des Falls nicht auf ein einziges Foto bannen. Nachdem wir eine Weile gestaunt haben, stürzen wir uns in die Fluten, was für eine Wohltat!

Von Ciudad Bolívar geht es mit mehreren „por puestos“ rauf an die Küste. Das sind Sammeltaxis, meist uralte Straßenkreuzer, die erst losfahren, wenn alle Plätze belegt sind. Zwischenstation mache ich an einem etwas einsamen karibischen Strand, eine Pensionswirtin lädt mich zu ihrer Geburtstagsparty mit viel Trommelmusik ein. Dann ziehe ich weiter mit einer Adresse in der Tasche. Ich soll mich bei Eliseo in Cumaná melden. Er ist 85 Jahre alt, Architekt und weitgereist. Wir erfreuen uns beide unserer interessanten Gespräche und des einen oder anderen Whiskys. Seine Hausangestellte Petra vermietet mir ein Zimmer, ich gehe mit ihr auf dem Markt einkaufen und ich schleppe schwitzend ihre Taschen hinterher; sie schwarz, ich weiß, verkehrte Welt und richtig so!

Eliseo zeigt mir eine Burg, bei deren Restaurierung er mitgewirkt hat und auch die Palmen, die er gepflanzt hat und sich mittlerweile hochaufragend im Wind wiegen. Wochen später in Barquisimeto treffen wir uns zu unserer Freude noch einmal wieder. Er ist über die Silvesterfeiertage bei seiner Tochter dort zu Besuch. Es ist ein Geschenk, so einen gebildeten und anregenden Gesprächspartner zu finden!

Ein bisschen Familienanschluss habe ich auch bei meiner nächsten Station in Coro, im Westen des Landes. In der Posada „El Gallo" gibt es einen wunderschönen Innenhof mit Palmen und Hängematten, genau nach meinem Geschmack! Eines Abends stehen vier Damen aus Irenes Familienclan vor der Tür und holen mich zum Abendessen ab. Wir sprechen auch über anspruchsvolle Themen, wie z. B. die deutsche Wiedervereinigung. In der Nähe von Coro kann man Dünen erwandern, einen feuerroten Kardinal auf einem Kaktus sitzen sehen und sich vor einer Tarantula gruseln!

Der höchste Berg Venezuelas ist der Pico Bolívar und man kann mit einer Seilbahn hochfahren. Am Fuße der Bergstation werden Schals und Mützen verliehen, die Leute machen viel Aufhebens wegen der Kälte in 4700 Metern Höhe! Und dann sind sie ganz aus dem Häuschen wegen ein bisschen Schnee!

Eisige Temperaturen herrschen auch in den Nachtbussen, draußen Tropen, drinnen Winter, das versteht kein Mensch! Die Passagiere kommen in Winterklamotten! Ich unterhalte mich im Bus mit einem Medizinstudenten, der in Merida seine Mutter besuchen möchte. Morgens kurz vor sechs kommen wir an und ich habe so meine Zweifel, ob meine anvisierte Herberge da schon offen hat. Als könne er meine Gedanken lesen, fragt er mich genau das und lädt mich dann zum Frühstück bei seiner Mutter ein. Die Sonne ist noch nicht aufgegangen, ich bin durchgefroren, sein Taxi wartet. Also fahre ich mit dem Studenten, keine Ahnung wohin! Mutter und Sohn begrüßen sich und ich harre der Dinge, die da kommen sollten! Frühstück, heißer Kaffee, was für ein Segen! Wir unterhalten uns nett, bis mir die Mutter um 8 Uhr ein Taxi ruft, das mich zu meiner Herberge bringt. Und auch da habe ich wieder Glück: Ich bekomme ein ansprechendes, kleines Zimmer und das Angebot für einen viertägigen Ausflug über Weihnachten.

Wir sind nur zu viert, wandern um einen kleinen Bergsee und machen uns dann zu einem Fluss auf. Dort werden wir mit Schwimmwesten ausgestattet und daran ist ein riesiger aufgeblasener Schlauch festgemacht. Man legt sich bäuchlings darauf, paddelt vorne mit den Armen und lässt sich den Fluss hinuntertreiben; falls man nicht zwischen Steinen hängen bleibt oder von einem Strudel abgeworfen wird! Zuerst habe ich eine Heidenangst, aber schließlich entsteige ich, bis auf ein paar blaue Flecken unversehrt, wieder den Fluten. An einem anderen Tag empfängt uns die Hitze und die Weite der Llanos, eine topfebene Feuchtsavanne. Bei einer Flussfahrt sehen wir rosa Delfine, Kaimane, eine Unzahl von Wasservögeln und eine süße Wasserschweinfamilie. Die Tiere sitzen am Ufer, wir beäugen uns gegenseitig und als alle Fotos gemacht sind, trotten sie gemächlich und ärschchenschwenkend wieder davon.

An Weihnachten gibt es Maispasteten in Bananenblätter gewickelt und abends Harfenmusik. Nach einer erholsamen Nacht in der Hängematte sollen wir am nächsten Tag ausreiten. Alle vier haben wir keine Ahnung vom Reiten und bitten um brave und langsame Pferde. Eines heißt „Ferrari" und ist noch langsamer als mein „Zorro", was für viel Gelächter sorgt! Was sehen wir noch: eine Anaconda, Schildkröten, eine Ameisenbärin mit ihrem Jungen, überall kreucht und fleucht es! Ein Paradies!

Und dann ist noch mal Stadtleben angesagt: In Barquisimeto erwarten mich Pit und seine Freundin Yrma. Zusammen mit ihrer Familie feiern wir Silvester. Es gibt lecker gerolltes Schinkenbrot und einen Braten, in den Yrma per Spritze vorher Rotwein injiziert hat, mmhh, lecker! Ein schönes Fest mit Freunden. Die ganzen Tage seit Weihnachten knallt es ständig, aber dann um Mitternacht will die Knallerei kein Ende nehmen.

Ich bin dankbar für die vielen aufmerksamen und lieben Menschen, denen ich begegnet bin; in einem Land, das potenziell als gefährlich erachtet wird. Und mittlerweile noch schwieriger geworden ist, leider …

Wie komme ich nun aber nach Kolumbien rüber? Möglichst auf dem Landweg. Maracaibo empfinde ich als ungastliche Stadt, schmutziges Hotel, nach 18 Uhr Bürgersteige hochgeklappt, wo bitte soll ich dann gefahrlos noch etwas zu essen herbekommen? Taxifahrer, die einen übers Ohr hauen wollen … Nach der Grenze finde ich einen Bus nach Santa Marta, Kolumbien; ich bin erleichtert!

Karibische Welten

Kolumbien

Santa Marta empfängt mich mit pulsierendem Strandleben, viel Musik und vielen Straßenständen. Und kein Mensch warnt mich, dass das oder jenes gefährlich sei. Ich kann nachts ohne Probleme ganz allein in mein „Casa Familiar" zurückspazieren, wo ich sehr entspannt wohne. Zum Frühstück halte ich immer Ausschau nach Felipe, der einen Stand auf dem Bürgersteig betreibt. Es gibt frisch gepressten Orangensaft, Kaffee und allerlei Frittiertes. Die Polizei beschlagnahmt immer wieder seine Saftpresse und er muss Strafe zahlen; eine legale Lizenz wird ihm aber verweigert. Trotzdem ernährt er so seine Familie. Als ich Jahre später wieder einmal in Santa Marta bin, gibt es ihn immer noch und die Wiedersehensfreude ist groß! Stolz stellt er mir seine Tochter vor, die mittlerweile einen höheren Schulabschluss hat.

Interessante Gespräche führe ich mit einer Psychologin aus Bogota. (Sie lädt mich dort später zu einem typischen Frühstück ein; da tunkt man Käse in Zuckerrohrtee, merkwürdig!) Ein junger Schwarzer bleibt beharrlich neben mir sitzen, während ich auf der Plaza einen Obstkarren zeichne. Er arbeitet jetzt in Panama. In der Quinta de San Pedro opfert ein Gärtner seine Mittagspause und zeigt mir das Anwesen, wo Simon Bolívar seine letzten Tage verbracht hat. Ein Parkplatzwächter klimpert mit ein paar Münzen und kauft mir von einem fliegenden Händler einen „tinto" (Kaffee), als ich ohne Geld vom Strand zurückkomme. Und mit den Leuten von der Saftbar neben meiner Pension schwätze und lache ich jeden Abend und trinke frische Säfte aus Behältern so groß wie Kindereimer, lecker!

Ein ständiger Gast dort und Freund des Besitzers liegt mir so lange in den Ohren, bis ich mich auf ein Abenteuer mit ihm einlasse, nicht ohne vorher meine Instinkte zu fragen! Edison und ich kaufen also Lebensmittel für zwei Tage, leihen uns im Fischerdorf Taganga zwei Hängematten und zwei Schnorchel-Masken und lassen uns von einem Boot mit Tauchern an Bord zu der Bucht Granate im Parque Tayrona mitnehmen. Wir klettern den Hügel hoch und Edison macht in der sehr rudimentären „Küche“ klar Schiff, sodass er abends für uns kochen kann. Wir gehen schwimmen und er bringt mir das Schnorcheln bei. Von da an genieße ich es überall auf der Welt, wo das möglich ist, auf dem Wasser zu treiben und nach unten zu schauen. Dann fühle ich mich wie in einem Dokumentarfilm. Die Nacht verbringen wir in unseren Hängematten. Nach einem Kaffee und einer kleinen Wanderung kommt das nächste Boot mit Tauchern vorbei und nimmt uns wieder mit. In unserer Saftbar werden wir freudig empfangen. Man möchte uns eine Affäre andichten, die wir nicht haben, aber wir sind beide sehr glücklich und zufrieden. Bei einem weiteren Besuch Jahre später berichtet mir Edison, dass er glücklich verheiratet ist, wie schön!

Ein anderer Freund aus diesem Umfeld lädt mich zu einem Sonntagsausflug ein. Er ist ein ganz Gemütlicher und tuckert mit seiner Suzuki und mir zu einem wunderschönen Strand, wo sich eine Sandbank zwischen eine Flussmündung und das Meer schiebt. Auf der einen Seite kann man in Süßwasser, auf der anderen in Salzwasser baden. Freunde von ihm laden uns spontan zu einer Bootsfahrt flussaufwärts ein und verwöhnen mich mit Süßigkeiten aus Kokosflocken. Dann tuckern wir noch zu einem Wasserfall und wandern das letzte Stück durch eine Schlucht mit tropischen Pflanzen. Es fällt auf, dass hier kein Müll herumliegt; ein paar einheimische Familien scheinen sich darum zu kümmern, prima! Zurück in meinem Saftladen kommen am Abend ein paar Musiker mit Trommeln und Flöten vorbei, um Pause zu machen. Ich kann natürlich meine Klappe nicht halten und sie spielen zwei Lieder für mich, dass die Wände wackeln! Den Besitzern schenke ich ein paar Fotos und Farbkopien meiner Zeichnungen. Bei späteren

Besuchen hängen sie immer noch an den Wänden! Auch zum Besitzer meiner Unterkunft habe ich einen guten Draht und die Familie nimmt mich sonntags einmal zum Mittagessen in ein vorzügliches Grillrestaurant mit. Es gibt Fisch mit Kokosreis und gebratene Bananen.

Im gleichen Umfeld lerne ich einen Mann vom Stamme der Arhuaco kennen. Er lebt die meiste Zeit in einem Zelt im Parque Tayrona und verkauft dort sein Kunsthandwerk. Ich mache mich also auf, fahre mit dem Bus zum Parkeingang und stelle dann fest, dass das Gelände sehr weitläufig ist. Die letzten fünf Kilometer lege ich zu Pferd zurück, mit dem Rucksack auf dem Rücken. Auf dem Zeltplatz kann ich in einer Hängematte in einem luftigen Gebäude schlafen. Da ist man gegen Moskitos und sonstige Plagegeister geschützt. Der Mann bekocht seine Exfrau und mich unter einfachsten Bedingungen und abends schauen wir uns in seinem geräumigen Zelt Musikvideos an. Der Strom dazu kommt für ein paar Stunden von einem Generator. Die beiden begleiten mich am nächsten Tag bis zu dem Ort, wo ich wieder ein Pferd mieten kann. Auf dem Weg fragt mich die Frau, ob es in meiner Sprache denn keine „RRR" gebe. Wieso??? Na ja, es fällt mir schwer, die „RRR" so zu rollen, wie es im Spanischen sein sollte, aber Hauptsache man versteht mich!

Im Bus zurück gibt es außer mir noch ein paar wenige andere europäische Backpacker. Wir sitzen weit verstreut, ich ganz hinten mit meinem Rucksack auf dem Schoß. Da steht einer von ihnen halb von seinem Sitz auf und fragt laut auf Spanisch, ob denn jemand Schmerztabletten habe, der Herr neben ihm habe einen ausgekugelten Arm und große Schmerzen. Ich habe ja meinen ganzen „Haushalt" dabei und krame zwei Tabletten hervor, die dann von Mensch zu Mensch nach vorne gereicht werden.

Der Fischerort Taganga lässt mich immer noch nicht los … bei einer anderen Gelegenheit verbringe ich dort ein paar Tage mit Neyder, einem jungen Couchsurfer. Abends sitzen wir in einer Runde, der Joint kreist, ich reiche ihn kommentarlos weiter, denn ich rauche nicht; ich predige aber auch nicht. So ganz nebenbei kommt die Idee auf, dass ich tauchen gehen könnte und ich melde mich am nächsten Tag bei einem israelischen Tauchlehrer, der in einer der vielen Tauchschulen arbeitet. Es ist erst mein dritter Tauchgang in meinem Leben. Es geht alles gut, aber Schnorcheln ist mir einfach lieber.

Mit dem Couchsurfer Neyder besuche ich das „Sierra Mar Fest". Es gibt viel Musik und es geht auch um die Rettung eines Korallenriffs. Der absolute Höhepunkt für mich ist der Auftritt von Alpha Blondy. Er ist eine Reggae-Legende und ich habe ihn schon einmal beim Summerjam in Köln erlebt! Als ich meiner Tochter Malena ganz stolz schreibe, dass ich bei seinem Konzert gewesen bin, sagt sie ganz lässig, dass er drei Tage später einen Auftritt auf Rapa Nui habe!!!

Und noch mal ein bisschen Kultur: In Aracataca besuche ich das Geburtshaus von Gabriel Garcia Marques (1927-2014), schön nostalgisch eingerichtet für eine Kindheit auf dem Land und mit tiefsinnigen Zitaten an den Wänden.

Jahre später reist meine Tochter nach Taganga, um sich dort bei einem Tauchkurs fortzubilden. Und in welcher Tauchschule meldet sie sich an? Es gibt deren viele in Taganga und ja natürlich, es ist zufällig die gleiche, in der auch ich war! Es ist Sommer und den verbringe ich normalerweise sehr gerne zu Hause. Aber so „nah" ist Malena sonst nie, Kolumbien ist sozusagen um die Ecke, vergleicht man das mit der Strecke, die ich sonst bis Rapa Nui zurücklegen muss! Wir treffen uns also und haben viel Spaß beim Schwimmen, Kanufahren und bei der Fiesta Virgen del Carmen. Man sichert sich einen Platz auf einem der vielen Boote, die in einer Prozession dem Hauptboot mit der Marienstatue folgen. Unterwegs heißt der Schlachtruf „agua, agua" und ein jeder wird nassgespritzt so viel es nur geht, ein großer Spaß.

Einmal sind wir zusammen in einer Disko und ich tanze alleine, während Malena sich mit einem einheimischen Freund unterhält. Der meint, ihre Freundin habe aber einen merkwürdigen Tanzstil. Welche Freundin? Das ist meine Mama! Oh, ist ihm das peinlich! Am nächsten Morgen beim Hafermilch holen am Frühstücksstand treffe ich ihn zufällig wieder und wir lachen darüber! Ich nehme es ja immerhin als Kompliment, dass er mich für eine Freundin meiner Tochter gehalten hat!

In Palomino machen Mutter und Tochter eine gute Figur beim Tubing auf einem Fluss. Diesmal muss ich mich nicht bäuchlings auf den großen Reifen legen, sondern wir setzen uns hinein und lassen uns den Fluss hinuntertreiben. Am Anfang paddeln wir noch viel, aber dann wollen wir ausprobieren, wohin uns die Strömung mitnimmt und wir brauchen nur noch kleine Korrekturen; herrlich!

Wieder zu Hause am Flughafen kommt mein Rucksack nicht an! Nicht schlimm, er wird ja nachgeliefert. Gerade bin ich draußen und trinke mit Nachbarn einen Geburtstagssekt, als das Taxi mit dem Gepäck ankommt. Wie sieht denn mein Rucksack aus? Ist er kaputt? Nein, alle Träger sind nur vollkommen falsch zusammengewurstelt. Und der Inhalt ist ganz durcheinander. Das heißt, ich stand mal wieder unter Drogenverdacht; ein Rucksack aus Kolumbien muss bei der Einreise schließlich gründlich untersucht werden!!!

Irgendwann in den Jahren davor lerne ich in Cartagena Deniris kennen. Sie verkauft Fahrkarten an der Mole und schließt mir so manche Türe auf. Da sie im Tourismus arbeitet, ist es ihr ein Leichtes, mich an Bord der Alcatraz zu schmuggeln oder mir eine gute Stadtrundfahrt zu vermitteln. Und von dieser Verbindung profitiert auch mein reiselustiger alter Freund Pit, mit dem ich einen Ausflug auf besagtem Boot zu den Islas del Rosario unternehme. Unterwegs steigen wir in ein kleines Boot um, Schnorcheln steht an. Es fehlt aber eine Maske, die Bootsführer verständigen sich und wer kommt in einem zweiten Boot übers Meer dahergebraust? Just mein „capitan" vom Jahr davor! Er übergibt die fehlende Maske an seinen Kollegen, sieht mich und erkennt mich wieder. Als wir später an der Playa Blanca anlegen, steht er schon da mit zwei Masken für sich und mich und wir schwimmen noch mal hinaus. Auf dem Heimweg mit Pit auf der Alcatraz legen wir zusammen eine kesse Sohle aufs Parkett, der Lautsprecher spielt Merengue und Pit ist ein guter Tänzer!

Und noch etwas Einzigartiges erleben wir: Im Vulkan El Lodo de Totumo gibt es in einem Krater glitschigen, schwarzen Schlamm. Der Durchmesser des Kraters ist recht bescheiden und innendrin ist es wider Erwarten auch nicht heiß. Man legt sich auf die Masse und wird massiert. Man ist über und über davon bedeckt und sieht ziemlich außerirdisch aus. Vorher kann man seine Kamera jemandem geben, der dann die Fotos schießt, denn mit schlammigen Händen ginge das nicht. Leider gibt es diese Fotos nicht mehr, weil böse Buben später in Santa Marta Pits Rucksack geklaut haben. In meinem geliebten Santa Marta, so was aber auch!

Mit Deniris sind wir bei Geburtstagsfesten und bei so manchem nächtlichen Bummel in Cartagena unterwegs; und auch diese Freundschaft überdauert wohl die Zeit …

stippvisite am kanal

Panama

Am Flughafen in Panama City holt uns Pits Chatfreundin Judy ab. Die Stadt ist überaus modern, der Verkehr steht aber ständig vor dem Kollaps. Es gibt auffällig liebevoll bemalte, alte, amerikanische Schulbusse, die den Nahverkehr bedienen; und mittlerweile wohl auch eine U-Bahn, die einzige in Mittelamerika. Der Lebensstandard ist relativ hoch; man sieht viele teure Autos, es gibt gute Hotels und feine Restaurants. Eins davon wird von einem Beethoven-begeisterten Panamesen geführt und wir singen mal wieder die Ode an die Freude! In einem alten Stadtviertel stehen wunderschön renovierte Gebäude neben ausgesprochenen Ruinen. Auf der anderen Seite der Bucht sieht es aus wie in Manhattan.

Judy macht uns auf die Jungfernfahrt der „Queen Victoria“ aufmerksam. Sie selbst ist bei der Arbeit, aber Pit und ich finden allein den Weg zur Schleuse „Miraflores“. Dort kann man auf einer Besucherterrasse geduldig warten, bis der Koloss am Horizont auftaucht. Vom Atlantik bis zur Karibik sind es 80 Kilometer. Mit Wartezeiten braucht ein großes Schiff für die Passage durch alle Staustufen ca. 24 Stunden. Nun also schiebt sich das Kreuzfahrtschiff langsam in die Schleuse vor uns. Es scheint, als ob links und rechts nur ein paar Zentimeter Platz sind. Spezialfahrzeuge fahren an Land neben dem Schiff her und bugsieren und ziehen es, Millimeterarbeit! Von den Balkonen der vielen Stockwerke winken die Passagiere. Wir müssen die Hälse recken, so hoch ragen die Aufbauten vor uns auf! Wollten wir gerne an Bord sein? Nein, wirklich nicht, aber es ist beeindruckend, das einmal zu sehen.

Der Bau des Kanals wurde von den Franzosen 1881 begonnen, wegen technischer Schwierigkeiten und Krankheiten wie Gelbfieber und Malaria wieder eingestellt. Später bauten die Amerikaner daran weiter, eröffneten den Kanal 1914 und gaben ihn 1999 ganz an Panama zurück.

mangel und musik

Kuba

Es grenzt für mich immer wieder an ein kleines Wunder, wenn sich mir in völlig fremden Städten viele Türen öffnen. Das Kuba von 2008 ist wohl nicht mehr das Kuba von heute, aber wenigstens habe ich das „alte" System kennengelernt, mit allen Vor- und Nachteilen.

Schon die zwei Währungen sind verwirrend: CUC Cuba Peso Convertible und CUP Cuba Pesos. Das erstere sind Devisen, dem Dollar ähnlich, das andere ist nationales Geld und wenig wert. Mit CUCs zahlen die Touristen, mit CUPs die Einheimischen. Möchte ich z. B. mit Pablo eine Tabakfabrik in Havanna besichtigen, kostet der Eintritt 10 CUCs und die Führung ist nur auf Englisch. Den Eintritt ins Revolutionsmuseum gibt es immerhin auch für Kubaner! Die staatlich lizensierten Privatzimmer sind offiziell auch nur für Touristen und manche Strände sind für Einheimische gesperrt. Pablo ist Physiotherapeut, zieht zu meiner Überraschung ein Langenscheidt-Wörterbuch-Deutsch aus der Tasche und würde gerne mit mir üben. Mit ihm ein paar Tage zu reisen. ist mir aber zu kompliziert und zu teuer. Die Leute sind kulturell interessiert, das Gesundheitssystem ist gut, die Alphabetisierungsrate hoch, aber meine Güte, der Mangel ist überall greifbar!

Einen lustigen Abend mit live Musik verbringe ich in einer Bar, ein junger Rasta begleitet mich durch das nächtliche Havanna nach Hause.

Es ist erschreckend düster, warum habe ich so ein seltsames Gefühl? Es liegt einfach an dem Mangel an Licht! Dunkle Eingänge in verfallene Häuser, fast keine Straßenlaternen, wenige Autos unterwegs. Von einer kleinen Insel aus mit einer Christusstatue darauf, kann ich der nächtlichen Stadt mehr abgewinnen; das Kapitol ist immerhin schön beleuchtet.

In Santa Clara wohne ich wieder in einem üblichen Privatzimmer bei einer netten Familie mit zwei Kindern. Möchte man den zahlreichen Schleppern entgehen, bleibt man am besten in diesem System: Ein Gastgeber ruft einen anderen in der nächsten Stadt an und da steht dann jemand mit deinem Namen auf einer Pappe an der Bushaltstelle. Yolexy lerne ich auf der Straße kennen und er begleitet mich zu sämtlichen Monumenten, die mit Che Guevara zu tun haben: zu seiner Ruhestätte, einem großen Standbild und in ein Revolutionsmuseum. Ich bin auch bei einer Augenärztin zu Gast, bei Taxifahrern und Handwerkern. Einmal nehmen sie mich in einem 50 Jahre alten Auto nach Remedio und an einen Strand mit. Die ganz Aktion ist illegal, ich soll meine Haare unter einer Kappe verstecken! Ein Fischer macht mit sssst auf sich aufmerksam und verkauft uns Langusten, die eigentlich nur Touristen in Hotels vorbehalten sind. Zurück in einem Privathaus, akzeptiert eine treue Parteigenossin nur etwas widerwillig, dass ich da zum Abendessen zu Gast bin! Dieselbe Clique nimmt mich abends zu einer Reggaeton Party mit, schön zum Tanzen und Austoben. Aber in den sanitären Anlagen fehlt komplett das Wasser, wie an einigen Busbahnhöfen auch!!! In der Stadt bewegt man sich oft mit Pferdefuhrwerken, die nachts als Rücklicht ein Töpfchen mit offenem Feuer baumeln haben. Als ich mit einem solchen Fuhrwerk zum Busbahnhof unterwegs bin, lässt mich der Kutscher ein ganzes Stück vorher aussteigen; warum? Er darf mich eigentlich nicht transportieren, Touristen sollen ein Taxi nehmen.

Trinidad ist eine recht schöne Stadt und das rege Leben zieht mich jeden Abend zur Casa de la Musica. Und mit einer alten Dampflok mache ich einen Ausflug in das Tal der Zuckermühlen. Wenn man irgendwo warten muss, und das kommt häufig vor, ruft man „el ultimo" (der letzte). Diese Person gibt sich zu erkennen und man behält sie scharf im Auge. Kommt wieder jemand dazu, gibt man sich selbst als Letzter zu erkennen. Das finde ich sehr praktisch, so muss man nicht brav in der Schlange stehen bleiben und weiß die Reihenfolge, in der jeder dran ist.

Nach 13 Stunden Busfahrt komme ich ziemlich weit im Süden in Santiago de Cuba an. Zwei Damen erwarten mich und es geht mir wieder prima. Diese Stadt gilt als Wiege des Salsa. Rafael studiert Jura, lernt mich auf der Straße kennen und geht mit mir Salsa tanzen, mit mäßigem Erfolg. Aber es macht mir großen Spaß, die Figuren mit ihm zu tanzen und wir lachen viel. Und dann tue ich schon wieder etwas Illegales: Am nächsten Tag lade ich ihn an einem Strand zum Langusten-Essen ein; die erste Languste seines Lebens! In dieser Stadt dringt Musik aus allen Ecken. Selbst im Innenhof eines Museums spielt eine Gruppe live und ich geselle mich dazu. Auf einer Plaza sitze ich und zeichne die Musiker. An diese schöne Zeichnung denke ich noch heute mit Wut und Trauer. Doch davon später …

Am Schluss steuere ich Cienfuegos an, die Perle des Südens. Im Bus treffe ich eine etwas verloren wirkende Japanerin ohne Spanischkenntnisse. Ich biete ihr an, mein Zimmer mit ihr zu teilen. Wir gehen abends in einen Nachtclub mit einer bunten Tanzshow und später im Park treffen wir uns noch mit drei Musikern an der Uferpromenade und schwätzen und lachen bis in die Morgenstunden.

Meine Vermieterin organisiert einen privaten Fahrer, der mich zum Flughafen in Havanna bringen soll. Das ist … na was? Verboten natürlich. Wir kommen prompt in eine Polizeikontrolle und er muss Strafe zahlen. Dann fährt er durch Nebenstraßen und ich werde unruhig, ist das der richtige Weg? Er lässt mich ein ganzes Stück vorher aussteigen, weil er nicht ganz bis zum Flughafen fahren darf. Das hat mir natürlich vorher keiner gesagt! Was, wenn ich jetzt viel Gepäck dabeigehabt hätte? Habe ich zum Glück nicht! Und so steuere ich denn mit meinem Rucksack auf dem Rücken über fast leere Autobahnen und weitläufige Grünanlagen zu Fuß auf Havannas Flughafen zu!

Am 18. Februar 2008 habe ich Cuba verlassen. Am nächsten Tag in Cancún, Mexiko, sehe ich eine Zeitung mit der Schlagzeile „Fidel Castro zurückgetreten!“

auf den spuren der mayas

Mexiko

Der Flug von Havanna/Kuba nach Cancun, Yucatan/Mexiko dauert nur eine gute Stunde. In einem Hotel mit Mehrbettzimmern treffe ich ausnahmsweise einmal auf einheimische Arbeiter und ich höre ihre Geschichten; andere als die üblichen von dem internationalen, backpackenden Jungvolk. Im Park werde ich gut mit exotischen Getränken versorgt, wie z. B. mit süßem Gurkensaft und ganz nebenbei beobachte ich noch eine Mondfinsternis, beeindruckend! Der Strand in Cancun ist mit Hotels zugebaut, aber wenigstens öffentlich zugänglich.

Die Ruinen von Tulum liegen traumhaft schön am Meer; glücklich die Mayas, die dort leben durften, sofern sie nicht den Göttern geopfert wurden … In Chichen Itza besuche ich eine gut erhaltene Stufenpyramide. Im direkten Umkreis findet man noch Ruinen von Häusern der Oberschicht und man sieht verschiedene Baustile aus dem 8. bis 11. Jahrhundert. Bei einer beeindruckenden Licht- und Ton- Schau sieht es so aus, als ob sich eine steinerne Schlange an der großen Pyramide hinaufbewegt. Dieser Effekt stellt sich eigentlich bei der Sommersonnwende ein und wird in der Schau nachgeahmt. Auch die Ruinen von Palenque, Chiapas sind sehr gepflegt. 1952 wurde dort das Grab des Herrschers Pakal entdeckt; eine Replika davon kann man in einem Museum sehen. Um 900 wurde die Stadt verlassen. Meiner romantischen Vorstellung von Mayaruinen im Urwald komme ich auf einem organisierten Ausflug viel näher. Über Frontera Corozal geht es mit einem Boot nach Yaxchilan. Dort kann ich stundenlang auf vielen Ruinen herumklettern. Ich höre vereinzelt Brüllaffen aus dem Wald und wunderschöne Vögel mit knallgelben Schwänzen machen einen Heidenlärm. In Bonampak kann man den einzigen Mayatempel sehen, in dem noch Wandmalereien erhalten sind, zum Teil mit blutigen Szenen. Die moderne Stadt Palenque ist eher hässlich, nennt sich aber die Wiege des Marimba. Auf der Plaza stehen die Musiker oft mit Trommeln, Schlagzeug, Saxophon und einem großen Marimbaphon; hört sich flott an. Meinem Pensionswirt hinterlasse ich übrigens kostenlosen Englischunterricht in Form von Tonbandaufnahmen. Er möchte alle Sätze wissen, die er an der Rezeption so braucht!

In Chiapas gerate ich in Militärkontrollen. Es gibt „Zapatistas", die für mehr Rechte der Indigenen kämpfen und das sorgt für Unruhe. Bis heute sind sie aktiv und zunehmend unabhängig. In San Christobal de las Casas haben sie so eine Art Zentrum. Mit einem Taxifahrer besuche ich zwei Dörfer in der Nähe und ich kann schauen, wie die Menschen dort kochen und weben und wie ihre Schamanen in der Kirche heilen. Ich kann hineingehen, muss mich aber ruhig verhalten und darf nicht fotografieren. Der Boden ist mit duftenden Kiefernnadeln bedeckt, es brennen hunderte Kerzen, Blumen verströmen ihr Aroma, Hühner werden geopfert. Coca-Cola (!) soll die negative Energie aufsaugen, Schnaps die positive bringen. Kleine Grüppchen scharen sich um mehrere Schamanen und je nach der Krankheit, die es zu heilen gilt, haben die Kerzen verschiedene Farben. Ich staune und fühle mich wie aus der Zeit gefallen!

Zeit für ein Kontrastprogramm am Meer. In Zipolite an der Pazifikküste brauche ich außer einem Bikini und einem Pareo eigentlich nichts. Selbst ins Restaurant kann ich barfuß gehen. Der Besitzer der Posada Brisa Marina lädt mich gleich mal zum Abendessen ein. Und die Jungs von Azul Profundo, einer kleinen Agentur für Bootsausflüge, erzählen mir, dass das hier früher ein Hippieort war. Da passe ich mit meinen Henna-Haaren ja gerade hin! Der eine oder andere Joint kreist hier auch manchmal, aber wie immer gebe ich ihn kommentarlos weiter, wenn er mir gereicht wird. Auf einem Bootsausflug sehe ich wieder Meeresschildkröten und wir warten auf das Auftauchen eines Wals. Da! Eine Fontäne! Wie schön, er hat uns den Gefallen getan! In einer ruhigen Bucht gehe ich schnorcheln, aber am großen Strand ist nichts drin mit Schwimmen. Die rote Flagge weht, es ist windig und die Wellen sind hoch. Da kann es gefährliche Strömungen geben und man darf nicht ins Wasser gehen. Ein Pärchen lädt mich ein, sie in der Bahia San Augustin zu besuchen. Da ist das Meer tatsächlich ruhig genug zum Schwimmen und ich bleibe spontan eine Nacht. Die junge Frau und ich drehen eine Runde mit dem „Waverunner", dass es nur so spritzt. Die Nacht verbringe ich in einer Strandhütte, solide aus Holz gebaut, mit Palmdach, drinnen ein Bett und ein Lichtschalter, fertig. Abends ist in dieser Bucht nicht viel los und es ist stockdunkel; wo finden wir jetzt noch etwas zu essen? Viele Türen der wenigen Häuser stehen offen und wo ein Herdfeuer brennt, fragen wir eine Frau, ob sie uns dreien etwas zubereiten könne. Ja klar, gegen ein kleines Entgelt bekommen wir ein paar mit Gemüse gefüllte Tacos serviert.

Für Mußestunden in der Hängematte habe ich ein Buch von Isabel Allende dabei „La hija de la Fortuna". Es spielt in Chile und in Kalifornien zur Zeit des Goldfiebers. Ich bin ganz zufrieden, dass ich dem sprachlich einigermaßen folgen kann.

Aber dann ist es erst mal vorbei mit der Muße, eine lange und umständliche Reise mit 8 verschiedenen Fahrzeugen über 20 Stunden steht mir bevor und ich bin froh, dass mir unterwegs mal wieder ein „angelito sin alas" (Engelchen ohne Flügel) begegnet …

Religiöser Eifer und buntes Leben

Guatemala

Auf dem beschwerlichen Weg nach Quetzaltenango/ Guatemala, treffe ich im Nachtbus zum Glück auf Urs, Sportlehrer aus der Schweiz. Auf das Gepäck aufpassen, Taxipreise aushandeln, nach dem nächsten Bus fragen, ein Zimmer in einer Pension teilen, alles angenehmer zu zweit. Und wir kommen schließlich gut in Quetzaltenango an. Wir fahren von dort einmal hoch in die Berge zu einem Thermalbad unter freiem Himmel in Zunil. Die Luft ist empfindlich kühl, das Wasser sehr heiß. Nach drei angenehmen Tagen trennen sich unsere Wege wieder. Urs ist abgereist, ich packe gerade meinen Rucksack, da klopft es an meine Zimmertür. Ich denke zuerst, der junge Rezeptionist will mich fragen, wann genau ich denn das Zimmer räume. Aber nein, er schaut mich etwas unsicher an und fragt dann, ob er reinkommen dürfe … Wie bitte?! Du solltest dir ein Mädchen von hier suchen. Er sei doch noch nicht lange da und er kenne niemanden. Und er sei doch viel zu jung für mich, wende ich ein. Nein, er sei schon 18 und ein Mann! Ich muss mir das Lachen verkneifen und will dem mutigen Jungen ja nicht seine Selbstachtung nehmen. Erst als ich ihn sanft, aber nachdrücklich losgeworden bin, muss ich dann doch lachen!

In Antigua klettere ich mit einer kleinen Gruppe auf den Vulkan Pacaya. Oben balancieren wir über heißes Geröll bis wir zur glühenden Lava vorstoßen und unsere Marshmellows grillen können. Nicht weit weg von uns steigt Rauch aus dem Krater.

In der Stadt erlebe ich dann den religiösen Eifer der Semana Santa (heilige Woche = Karwoche). Morgens um 11 Uhr kommt eine beeindruckende Prozession aus der Kirche: 80 Männer tragen eine tonnenschwere Plattform mit einer Christusstatue darauf und dahinter kommt eine von Frauen getragene Marienstatue. Träger und Trägerinnen müssen sich ständig abwechseln und es gereicht jedem zur Ehre, die Last einmal auf sich nehmen zu dürfen. Dazu gibt es langsame Blasmusik und die vielen Menschen schreiten über bunte Blumenteppiche auf der Straße. Manche der Teppiche bestehen auch aus eingefärbtem Sägemehl. Allen gemeinsam sind die bunten Ornamente. In den Kirchen liegen um solche kunstvollen Teppiche auch noch schöne Obst- und Gemüsearrangements, ähnlich wie bei uns zum Erntedank. Es soll weltweit eine der größten Osterprozessionen sein. Nachts um 10 Uhr sind die Gläubigen immer noch unterwegs. Kleine mitgeführte Generatoren spenden Licht und lassen das Ganze noch mysteriöser erscheinen.

Die Frauen sind sehr bunt und geschmackvoll angezogen, lassen sich aber leider ungern fotografieren. Das respektiere ich auch. In ihre beiden Zöpfe flechten sie oft farbige Bänder, sodass die beiden Teile unten dann zusammen in einer schönen Schleife enden. Sie tragen ihre Lasten häufig auf dem Kopf, sogar ihre Einkäufe aus dem Supermarkt!

Eindrücke ganz anderer Art habe ich in Semuc Champey zu verkraften. Mit einer Gruppe schnaufe ich zu einem Mirador (Aussichtspunkt) hoch, von wo aus man den Fluss und die natürlichen Kalksteinbrücken überblicken kann. Der Fluss fließt zum Teil drüber, zum Teil drunter und man kann darin baden. Unten am Ufer stürzen wir uns mutig in die Fluten. Man arbeitet sich von Becken zu Becken vor, schwimmend, über glitschige Steine auf dem Hintern rutschend oder über eine Strickleiter weiter nach unten kletternd. Oh je! Das verlangt mir Einiges ab!

Am Lago Peten Itza wohne ich bei „Don Ernesto", der mir sagt, dass ich mich über irgendwelche Krabbeltiere in meiner urigen Hütte nicht aufregen soll, wir seien schließlich in den Subtropen. Ich überstehe die erste Nacht und genieße das Frühstück mit Bohnenmus, Eiern, Tomaten, gebackenen Bananen und Maistortillas. Mit einem Shuttlebus reise ich früh am nächsten Morgen zu den Ruinen von Tikal. Morgens um sechs erwacht der Urwald, man hört Brüllaffen und Vogelrufe, Dunstschleier erheben sich über die Baumriesen und einige Tempelruinen ragen über das Blätterdach.

Korallen und mehr

Belize

Spontan komme ich auf die Idee, mit dem Bus weiter nach Belize City zu fahren. Die Hauptstadt des nur ca. 400.000 Einwohner zählenden Landes ist aber Belmopan. Belize ist das einzige englischsprachige Land in Mittelamerika. Die Einwohner sind überwiegend Nachfahren afrikanischer Sklaven und britischer Piraten. Sie sprechen auch Kreol. Beta no lita heißt better no litter. Viele Holzhäuser ruhen auf Stelzen und die Kanten sind in bunten Farben betont. Man stelle sich dazu Palmen im Wind und türkisfarbenes Meer vor, das perfekte Bild der Karibik. Leider ist das Wetter aber ziemlich launisch.

Nach einem Tag in Belize City fahre ich mit einem Wassertaxi zur Insel Caye Caulker und wohne in einem Holzhäuschen mit Veranda und Meerblick. Bei einem Spaziergang entdecke ich ein Angebot für eine dreitägige Segeltour. Wann geht die los? Morgen! Der Kapitän ist gerade im Reisebüro und nimmt mich gleich mit zum Einkaufen für die Verpflegung an Bord. Wir sind 13 Gäste und zwei Mann Besatzung. Das Boot ist nicht zum Übernachten ausgelegt und wir laufen am ersten Abend eine kleine Insel mit drei Palmen an. Da sollen wir unsere Zelte aufschlagen. Als ich Zweifel äußere, ob mir das auch warm genug ist, verspricht mir der Kapitän ein Plätzchen an Bord. In der Nacht regnet es heftig und was soll ich sagen? Ich bin am folgenden Morgen die einzige Person mit einem trockenen Hintern! Die anderen kommen alle völlig begossen wieder an Bord. Die zweite Nacht ist in einer Pension auf der Insel Caye Tobacco geplant, also für alle trocken! Nass wird es jeden Tag beim Schnorcheln. Das Wetter hat sich gebessert. Wir schwimmen an einem Korallenriff entlang, sehen Riesenmuscheln und Delfine und Schwärme von bunten Fischen. Dazu gibt es gutes Essen, Grillen an Land, Rum und viel Reggae, einfach traumhaft!

In Placencia angekommen, suche ich mir ein einfaches Quartier, tanze bei einem live Reggae-Konzert und sitze mit Rasta-Joseph am Strand. Mit dem Hokey Pokey Wassertaxi fahre ich über die Lagune nach Mango Creek und von dort mit dem Bus zurück nach Belize City. Das Airport Hotel hat leider wegen Renovierung geschlossen. Man gibt mir aber trotzdem ein Zimmer zum reduzierten Preis und die Mahlzeiten noch umsonst; dazu freundschaftliche Gespräche am Küchentisch!

Dann fliege ich weiter und spreche wieder Spanisch …

Licht und Schatten

Nicaragua

Stichworte zu Nicaragua: Somoza Regime, Sandinisten, Contra-Krieg. Besonders in León gibt es viele Wandgemälde, die dramatische Ereignisse zum Thema haben. Eine auch bei uns sehr bekannte Persönlichkeit ist Ernesto Cardenal, ein Dichter und Priester, der in den 80er Jahren in Nicaragua Kulturminister war.

Managua hat kein Zentrum und kein Gesicht und selten Straßennamen. Es gab Konflikte zwischen der Hauptstadt León und dem reicheren Granada und schließlich wurde 1857 die Hauptstadt nach

Managua verlegt. 1972 gab es ein großes Erdbeben; eine Kathedrale hat man als Skelett stehen lassen. Auf dem Plaza de Fé gedenkt man des Papstbesuchs. Und im Parque de la Paz (Park des Friedens) schauen Waffenteile unter Zementschichten hervor, ein bizarrer Anblick.

In León treffe ich eine informelle Stadtführerin, die mich zu den geschichtsträchtigen Orten führt: Gefängnisse, Schauplätze für Attentate und Folter, nichts Schönes, sondern bittere Realitäten. Immerhin werden diese dunklen Seiten der Geschichte nicht totgeschwiegen.

In Granada finde ich ein schönes Hostel mit Papagei und Hängematte. Sonntags gibt es Musik auf der Plaza und als mich vier Kinder anbetteln, lade ich sie spontan zum Essen ein. Für einen Dollar pro Nase zaubert uns eine Kioskbesitzer so eine Art Hamburger und die Jungs zaubern mir alle möglichen Figuren aus Palmblättern.

Eine Fähre über den Nicaraguasee bringt mich zur Insel Ometepe. Sie besteht aus zwei Vulkankegeln, die sich berühren, 1400 und 1600 Meter hoch. Wanderführer Iván macht eine einmalig schöne Tour mit mir, die mir die typischen Vorzüge der Insel zeigt: Frühstück auf einer Öko-Ranch, Wanderung zu einem Mirador (Aussichtspunkt) auf halber Höhe des Vulkans Maderas, unterwegs Affen und viele Vögel mit langen Schwanzfedern, Petroglyphen mit rätselhaften Motiven und zum Schluss ein erfrischendes Bad im Ojo de Agua, einer Quelle mit zwei natürlichen Schwimmbecken. Ometepe hat ursprünglichen Charme. Von meinem Hotel in Altagracia aus kann ich sehr schöne Wanderungen unternehmen oder mit dem Bus zu verschiedenen Stränden fahren.

Etwas wehmütig nehme ich Abschied. Ein Schiff bringt mich in 12 Stunden über Nacht ans andere Ende des Nicaraguasees. Draußen ist es windig und nass. Drinnen rattern Klimaanlage und Fernseher. Beides nicht sehr angenehm. Am Hafen in San Carlos warte ich auf ein kleines Boot, das mich den Rio San Juan hinunterbringen soll. Dieser Fluss war zusammen mit dem Nicaraguasee für Piraten und später für Goldsucher auf dem Weg nach Kalifornien eine wichtige Wasserstraße zwischen Atlantik und Pazifik. Ich stehe also am Hafen, da tönt es „Hallo Annette“ und Wilfried steht neben mir, Weltenbummler aus Stuttgart. Einige Wochen zuvor, in Guatemala, sind wir in der gleichen

Gruppe für eine Vulkanbesteigung gewesen. Wir haben das gleiche Ziel und mieten uns in El Castillo in einem Hostel mit langer Veranda und Schaukelstühlen ein. Er bleibt nur kurz. Und dann geht es auch für mich weiter mit einem Boot über den Grenzfluss Rio Frio. Blüten schaukeln auf seinem Wasser, was für eine ausgesprochen hübsche Grenze!

Pura vida und das genaue Gegenteil

Costa Rica

Die Einwohner von Costa Rica nennen sich Ticos und sind stolz auf das, was sie NICHT haben: keine Bürgerkriege, keine Analphabeten, keine extreme Armut und keine Armee. Als Gruß oder auch als positive Zustimmung sagen sie „pura vida“, wörtlich „reines Leben“. Doch ausgerechnet hier sollte mir etwas Schlechtes passieren, was mich bis heute schmerzt. Doch der Reihe nach …

In Cahuita an der Karibikküste ist das Wetter zunächst regnerisch und das Meer aufgewühlt. Ein Schnorchel-Ausflug kann dann aber doch stattfinden und ich bin die einzige Kundin! Der Bootsführer springt mit mir ins Wasser, holt eine Seegurke vom Meeresgrund, legt mir einen Seeigel auf die Hand, findet schöne Muscheln und legt alles sorgfältig wieder zurück. Er zeigt mir Langusten und Tintenfische in ihren Höhlen und auch einen kleinen Hai. Bunte Fischschwärme schwimmen zwischen Korallen, die wie Riesenhirne aussehen und ein Meereswurm schlängelt sich über den Grund. So intensiv habe ich die Unterwasserwelt noch selten erlebt und ich bin ganz glücklich! Es gibt immer wieder Menschen, die sich freuen, wenn ich mich freue. Reiseführer, Bootsleute, Rezeptionisten können sehen, wenn ihre Kunden zufrieden sind. Wenn es mir gut geht, spare ich auch nicht mit einem Lächeln und einem Lob.

Die Tiere an Land wollen sich mir aber nicht so leicht zeigen. Mit einem ziemlich wild aussehenden Rasta durchquere ich den Nationalpark Cahuita. Ein brauner Fleck hoch oben in den Bäumen entpuppt sich als Faultier. Große blaue Flusskrebse verschwinden in ihren Höhlen, Vögel singen.

In Monteverde, einem kühlen Nebelwald im Landesinneren erkunde ich weiter die Natur. Oder besser gesagt, ich versuche es. Wenn auf einem Baumwipfelpfad vor mir eine lärmende, amerikanische Rentnergruppe marschiert, nimmt die Tierwelt Reißaus! Zusammen mit einer Mitreisenden bin ich an einem anderen Tag im Nationalpark Santa Elena unterwegs. Das kommt meinen Erwartungen schon näher. Ein Wanderführer stellt ganz leise sein Stativ mit dem Fernrohr auf, mitten im Wald, und wir sind gespannt, was wir zu sehen bekommen. Wir wagen es kaum, uns zu bewegen. Und da erspähen wir ihn, einen sehr scheuen Vogel, einen leuchtenden Quetzal mit eleganten, langen Schwanzfedern! Das ist ein fast atemloser Glücksmoment!

Die letzten Tage dieser Reise möchte ich an der Pazifikküste verbringen, doch es kommt alles anders ... In der Hafenstadt Puntarenas steige ich aus einem Überlandbus, die Klappe unten geht auf und ich gehe nach vorne, um meinen großen Rucksack herauszuholen. Mit meinem kleinen Rucksack in der einen und dem großen in der anderen Hand gehe ich zurück zu einer Hauswand. Eine Wand im Rücken bietet einen gewissen Schutz. Den kleinen Rucksack stelle ich direkt neben meinen linken Fuß, denn ich brauche ja beide Hände frei, um in die Schlaufen des großen zu schlüpfen. In diesem Moment tippt mir von rechts jemand aggressiv auf die Schulter und sagt laut „Taxi, Taxi“. Ich drehe automatisch den Kopf, habe aber das Gefühl, dass das kein Taxifahrer ist. Ich sage „no gracias“ und beuge mich zu meinem kleinen Rucksack an meiner Seite. Der ist weg! Mir bleibt fast das Herz stehen! Ringsum viele Menschen, heller Tag, zwei Polizisten schlendern über die Straße. Dem Dieb haben die paar Sekunden Ablenkung durch seinen Komplizen gereicht, sich seine Beute zu schnappen und seelenruhig um die Ecke zu gehen. Meine allerwichtigsten Dokumente trage ich unter meinen Kleidern in einer flachen Bauchtasche. Als Allererstes muss ich mir eine Lesebrille besorgen, damit ich bei der Polizei die Anzeige erstatten kann. Man ist mir sehr behilflich, alles wird ordentlich im Computer abgelegt; als ich später von Deutschland aus noch mal nachfrage, wird mein Vorgang auch gleich gefunden; aber nein, es ist nichts abgegeben worden.

Worin besteht also nun mein Verlust? Eine kleine Kompaktkamera, ein Monokular, eine Jacke, ein paar Dollar und mein vollgemaltes SKIZZENBUCH am Ende einer langen Reise!!! Musiker auf Cuba, Affen auf Mayaruinen habe ich gezeichnet; unwiederbringliche persönliche Schätze! Darüber bin ich heute noch wütend und traurig. Und der Dieb wird vom Inhalt meines Rucksacks recht enttäuscht gewesen sein.

Ich bin so geschockt, dass ich noch am gleichen Tag zum Flughafen fahre. Nach einer Umbuchung kann ich am Abend in einen Flieger nach Frankfurt steigen. Am nächsten Morgen stelle ich dann noch fest, dass mein großer Rucksack nicht angekommen ist. So fahre ich also völlig ohne Gepäck und „unbeschwert“ mit dem Zug nach Stuttgart. Tja, ein Abenteuer hätte seinen Namen nicht verdient, wenn nicht auch einmal etwas schiefgehen könnte. Immerhin bin ich nicht verletzt worden und den Pass am Körper zu tragen, ist immer eine gute Maßnahme.

Häufig gestellte Fragen I EXKURS

Was ist mit deinem ökologischen Fußabdruck?

Da habe ich durchaus ein schlechtes Gewissen wegen der vielen Flüge. In vielerlei Hinsicht lebe ich ansonsten ziemlich umweltfreundlich. Und meine Flüge versuche ich wenigstens so zu organisieren, dass die geographischen Zusammenhänge Sinn machen. Mit meiner Tochter Malena diskutiere ich dieses Thema auch gelegentlich. Sie wohnt auf der Osterinsel, mitten im Pazifik, da lassen sich Flüge z. B. nach Chile nicht vermeiden. Sie meint, unser ökologischer Fußabdruck sei zwar schlecht, aber unser „emotionaler Abdruck“ sei prima. „Wir tun beide, was wir lieben und machen damit vielen Leuten eine Freude.“ Ja, meine Tochter, so kann man das auch sehen …

Glaubst du an Multikulti?

Schwierig … die Andersartigkeit des Gegenübers nicht nur widerwillig zu tolerieren, sondern sogar zu akzeptieren, fällt nicht immer leicht. Ich bemühe mich, möglichst nur zu beobachten und nicht zu urteilen. Ein schnelles Sortieren des ersten Eindrucks ist natürlich unausweichlich und dient manchmal auch dem Selbstschutz. Lerne ich die Person und deren Lebensumstände näher kennen, höre ich in erster Linie zu. Nur wenn es wirklich an die Grenzen der Humanität geht, kann und darf ich meinen Mund nicht halten. Mit zunehmendem Alter bin ich zwar weiser, was die Einordnung von Problemen angeht, aber geduldiger bin ich nicht geworden. Wenn ich feststelle, dass mein Gegenüber verschlossen und beratungsresistent ist, dann breche ich meine Bemühungen um Völkerverständigung ab.

Und was kann mit Männern passieren?

Alles Mögliche, aber nichts Schlimmes. Bei einer älteren Europäerin sehen mittellose junge Männer aus Dritte-Welt-Ländern die Chance, mit nach Europa genommen zu werden. Liebe? Heirat? Bloß nicht! Am Anfang habe ich mir die Geschichten noch angehört, mittlerweile beende ich solche Gespräche sehr schnell.

Einmal möchte sich ein netter junger Mann auf einer Karibikinsel am Abend mit mir treffen. Der immer gleichen Erwartungen müde sage ich zu ihm ganz frech „No sex, no money“. Er kommt trotzdem, hat zwei Bier dabei und wir unterhalten uns gut beim Sonnenuntergang am Strand.

Ein bisschen zum Träumen bringt mich mein senegalesischer Freund Amadou aus Dakar. Er hat schöne Rasta-Locken, ein hinreißendes Lächeln und ist verantwortungsbewusster, alleinerziehender Vater von zwei Söhnen. Das imponiert mir. Aber na ja … das Ungleichgewicht ist zu groß, die Erwartungen zu verschieden.

Sand zwischen den Zehen und Steel Drums

Trinidad & Tobago

Von Frankfurt nach Tobago gibt es Direktflüge mit Condor, wie angenehm. In Crown Point kann ich auch gut unterkommen und meinen ruhigen Strand Store Bay in wenigen Minuten leicht erreichen. Wenn das Meer aufgewühlt ist, gibt es halt nur Strandspaziergänge; doch oft ist es glatt und türkisblau und herrlich zum Schwimmen.

Um mein Smartphone zum Laufen zu bringen, soll ich nach Scarborough fahren, das ist die nächstgrößere Stadt. Bloß wie soll ich da hinkommen? Mit dem Taxi. Und wie und wo finde ich eins? Ich stehe am Straßenrand und mache ein dummes Gesicht. Wenn ich Glück habe, lichthupt ein Auto, ich nicke und steige ein zu anderen Fahrgästen. Gewöhnungsbedürftig, aber es funktioniert.

Eine schöne Schnorchel-Tour fällt mir mal wieder in den Schoß. Der Inhaber eines Gästehauses in Buccoo macht einen Ausflug mit anderen und nimmt mich einfach mit. Zum Beispiel sehe ich einen großen Manta-Rochen mit majestätischem „Flügelschlag" davonschwimmen, traumhaft schön. Später miete ich mich dann auch in seinem Gästehaus ein und hinterlasse eine positive Beurteilung; eine Hand wäscht die andere! In Buccoo findet man die Proberäume einer lokalen Steel Band und diese Musik hat es mir angetan. Ursprünglich auf alten Ölfässern gespielt, ist Steel-Band- Musik heute in vielen karibischen Welten bekannt; entstanden ist sie hier in Tobago. Auch mein alter Freund Pit sollte in den Genuss dieser Musik kommen. Sozusagen auf dem Weg zu seiner Freundin Yrma in Venezuela macht er zuerst in Tobago halt. Wir mieten ein Auto und umrunden die Insel. Er meistert den Linksverkehr mit Bravour und ich bin als Beifahrerin auch heftig gefragt, vor allem beim Abbiegen!

Wir wandern wilde Wege durch den Regenwald zu einem Wasserfall, waten durch einen Fluss, beobachten Vögel und waschen unsere lehmigen Füße mit Regenwasser. Drei Tage später nehmen wir eine Fähre nach Port of Spain, Trinidad. Laut „lonely planet" sei das eine Stadt „not designed for tourists"; wie wahr! Transport ist schwer zu finden, Ausflüge auch. Wir fragen viel herum und Leute helfen uns weiter. Schließlich wollen wir den La Brea Pitch Lake sehen. Es handelt sich um den weltgrößten Asphaltsee. Den erkundet man am besten mit einem lokalen Führer, der einem genau sagt, wo man am besten NICHT hintreten soll! An vielen Stellen blubbert es schweflig, manche Stellen sind auch trittfest. Und am Schluss bekommen wir ein paar Brocken schwarzen Asphalts geschenkt!

Bei einem Spaziergang in Port of Spain schauen wir neugierig in einen Hof, wo eine Steel-Drum-Gruppe probt. Wir werden freundlich hereingebeten und dürfen zuhören. Die verschiedenen Stimmen der Trommeln proben einzeln und dann werden wieder alle zusammengeführt, ein ohrenbetäubender Genuss! Laut, metallisch, melodisch! Als die Probe zu Ende ist, wird es schon dunkel und ein freundlicher Herr fährt uns zu unserem Gästehaus zurück. Denn er meint, dass die Gegend nachts zu Fuß nicht sicher sei. Einmal mehr passt ein „angelito sin alas“ (Engelchen ohne Flügel) auf mich auf.

Pit macht sich auf nach Venezuela und ich fahre mit einem Bus nach Arima. Couchsurfer Angelo holt mich am Busbahnhof ab und im Lauf der Tage freunde ich mich mit seiner Schwester Tracey an. Sie ist Schneiderin, Mutter von zwei Teenagern und stammt ursprünglich von den Guyanas. Sie ist so hübsch und so sportlich und auch noch sympathisch. Sie näht mir eine Hose, wir wandern zu einem Wasserfall und eines Abends kochen wir schwäbische Fleischküchle (ich) und Pasteten in Bananenblättern (sie) zusammen. Im Stadion von Arima erleben wir ein Steel Pan Panorama. Das ist ein großer Wettbewerb vieler Gruppen. Die bestehen aus vielen Spielern, die bei der Ankunft ihre Trommeln auf Rädern vor sich herschieben. Jede Formation hat dann ihre präzise Aufstellung und ihre eigenen Farben und Logos. Schon das allein ist eine Augenweide. Und wenn sie erst loslegen zum Spielen! Die Spieler selbst schwingen mit ihren Bewegungen im Takt mit und sind völlig in ihr Tun vertieft; es ist ein einzigartiges Schauspiel!

Und ein bisschen Natur muss auch noch sein. Im ASA Wright Nature Center kann ich Kolibris beobachten und probieren, wie eine Termite schmeckt, nämlich nach Pfeffer! Und im Caroni Bird Sanctuary gibt es einen Ausflug durch Mangrovenwälder und rote Ibisse fliegen am

Abend scharenweise zu ihren Nestern; auch ein unglaubliches Schauspiel!

Ungefähr ein Jahr später bin ich sozusagen wieder in der Gegend. In Crown Point wohne ich in Strandnähe im Woods Castle Guest House und habe dort sogar selber Gäste! Zufällig verfügt das Zimmer auch über eine Küche und einen Balkon, wo ich abends mit Colin oder mit Rasta Shane oder mit der jamaikanischen Zugehfrau ein Bierchen trinken kann. Shane ist Taxifahrer und chronisch pleite, Colin ein pensionierter Ingenieur. Mit beiden kann ich jeweils ins Kino oder zu Steel-Drum-Musik unterwegs sein. Tagsüber höre ich die Schafe hinter dem Haus blöken, nachts spielt die Musik in den Bars an der Straße. Und die Luft ist lau und das Meer nah; es geht mir gut.

Reggae und Rauch

Jamaika

Arima/ Trinidad, morgens um fünf: Meine Gastgeberin Tracey verlässt mit mir das Haus und findet auf der Straße tatsächlich ein Taxi zum Flughafen für mich. Ich trage die Hose, die sie für mich genäht hat und wir verabschieden uns herzlich. Ein paar Stunden später befinde ich mich im Reggae-Hostel in Kingston/Jamaika!

Mein erstes Ziel ist natürlich das Bob-Marley-Museum. Seine Frau Rita Marley hat das Wohnhaus umgestalten lassen. Man kann die Räume nur in Begleitung eines Gästeführers betreten; der kann viel erzählen, gibt einem auch verschiedene Instrumente in die Hand und erläutert die Wandgemälde. Den Text zu „Three little birds“ kann man an einer Wand ablesen und singen, wenn einem danach zumute ist … don`t worry about a thing, 'cause every little thing is gonna be alright, this is my message to you hou hou …

Wieder draußen, erwarten mich Sturzbäche von Regen und mein Orientierungssinn ist gefragt. Tropfnass wie ich bin, möchte mich nicht einmal ein Taxi mitnehmen. Also Moment mal … diese Straße verläuft in die richtige Richtung, aber parallel zu der, in der ich gekommen bin? Ein Kreisverkehr? Eine Autowerkstatt? Ah ja, diese Ecke erkenne ich wieder! Die beiden freundlichen Damen an der Rezeption meines Hostels amüsieren sich bei meinem Anblick und schicken mich gleich unter die Dusche. Mit ihnen bespreche ich auch meine nächsten Schritte. Zuerst bereite ich aber zusammen mit einem anderen Gast leckeren Mangosaft mit Honig und Ingwer. Da haben Erkältungsviren keine Chance! Die beiden Damen organisieren für mich ein Gästehaus in den Blue Mountains. Ein junger Franzose, nicht ganz so reiseerfahren wie ich, schließt sich mir an.

Die Blue Mountains sind berühmt für ihren Kaffee, den angeblich sogar die englische Queen trinken soll. Ein Stück weit kann man mit einem öffentlichen Bus fahren. Aber dann geht es nur noch mit Telefonkontakt zum Gästehaus weiter. Wir warten, bis jemand in einem Geländewagen kommt und uns abholt. Der Mann von der Kaffeeplantage muss unterwegs noch etwas erledigen. Wir haben es nicht eilig und schauen zu, wie schwere Säcke mit Rohkaffee verladen werden. Auch eine Schälmaschine für Kaffeekirschen können wir in Augenschein nehmen. Auf extrem holprigen Wegen kommen wir schließlich an. Im Gästehaus gibt es luftige Mehrbettzimmer, viel Raum für Küche und Essplatz und eine Katze, die mir sofort um die Füße streicht. Der Ausblick in die Berge ringsum ist einmalig schön. Und dann lerne ich einiges über die Rastafari Religion. Rastas … das sind für die meisten Menschen nur die typischen Locken. Für manche ist es aber auch eine Glaubensrichtung mit bestimmten Lebensformen; für eine westliche Außenstehende wie mich nur schwer zu begreifen. Die Anhänger verehren den äthiopischen Kaiser Haile Selassie, Texte aus der Bibel spielen eine Rolle und bestimmte Rituale. Alkohol und Tabak werden abgelehnt, der Konsum von Cannabis aber nicht. Viele schneiden niemals ihre Haare und tragen sie unter einem Turban. Sie ernähren sich möglichst ohne tierische Produkte und ohne Salz. Auch ich bekomme so eine Mahlzeit vorgesetzt und ich bin nicht besonders begeistert: Brotbaumfrucht, Kochbanane und Ackee (Akipflaume); eigentlich alles leckere Gemüse, aber so ganz ohne Gewürz zubereitet … na ja. Ich lasse mir nichts anmerken und esse tapfer, wenigstens gesund! Mein mitreisender Franzose zieht weiter und ich bleibe noch.

Teroy, ein Sohn des Kaffeeplantagenbesitzers, trägt zwar auch die schönen Rasta-Locken, nimmt es ansonsten aber nicht so genau mit der Religion. Er kann sich eine Woche freinehmen und zeigt mir ein Jamaica, wo ich weit und breit die einzige Weiße bin. Zuerst fahren wir zu seiner Mutter und werden mit Fisch und Gemüse verwöhnt. Dann übernachten wir im Haus seiner Schwester. Da ist es aber sogar mir eine Spur zu einfach: „Geduscht" wird an einer Quelle im Wald, Männlein und Weiblein getrennt. Im Haus gibt es keinen Strom und irgendwo rennt auch eine Ratte. Also bitte, so nicht! Wir reisen weiter nach Font Hill bei Morant Bay. In diesem Weiler besitzt Teroy ein Holzhäuschen und sein bester Freund und dessen Schwester leben da. Es gibt Strom, aber kein fließendes Wasser aus der Leitung. Ein Schlauch mit Quellwasser befüllt reihum die Tonnen für den Waschplatz, für die Dusche, für die Küche und die Toilette. Alles ist überraschend sauber. Da kann ich es gut aushalten, zumal der Freund auch noch sehr lecker kocht: Curryhuhn, Fisch, Ackee, Taro, Kochbananen. In der Nähe gibt es Thermalquellen, einen Fluss und das Meer, also genug Gelegenheit zum Baden. Und abends geht es zu Reggae Partys! Der Cannabiskonsum ist enorm, es scheint sich aber um eine milde Form der Pflanze zu handeln. Die Verkäufer gehen mit einem Bündel getrockneter Pflanzen herum, der Käufer schneidet sich einen Teil davon in kleine Schnipsel und dreht sich dann seinen Joint. Das Geräusch der kleinen Schere ist ganz typisch. Dann weiß man, dass jemand die nächste Portion vorbereitet. Wie immer rauche ich nicht, aber es stört mich auch nicht. So einen leichten Cannabisduft finde ich sogar ganz angenehm. An einem Abend draußen bei einem Bier mit den Einheimischen sehe ich noch etwas ganz Merkwürdiges: Von einer Stromleitung über unseren Köpfen hängt ein halbierter Plastikcontainer, darin eine erleuchtete Glühbirne und unten zum Beschweren eine volle Flasche Wasser. Das ist eine „Straßenlaterne" mit illegal abgezapftem Strom!

Eine interessante Woche geht zu Ende; leider muss ich dann aber feststellen, dass aus meiner Bauchtasche Bargeld fehlt. Viel ist es nicht, aber so ein Vertrauensbruch tut weh und es ist mir ein Rätsel, wie das zugegangen sein soll.

In Ochos Rios bin ich noch mal ganz normale Touristin für zwei Tage. Kaum bin ich im Hostel angekommen, winkt mir auch schon ein Pärchen zu, dem ich schon einmal begegnet bin und wir lassen uns gemeinsam zum Abendessen nieder. Und ganz ohne mein Zutun wird mir auch noch ein spektakulärer nächtlicher Ausflug angetragen, an dem ich spontan teilnehme. In einer Lagune bei Falmouth kann man in der Dunkelheit baden gehen und bei jeder Schwimmbewegung leuchten Mikroorganismen im Wasser auf. Ein grandioses Naturschauspiel! Am Tag noch ein bisschen Schwimmen im Meer und dann heißt es Abschied nehmen von Jamaica. Reggae-Rhythmen kann man zum Glück auch an vielen anderen Orten der Welt hören!

USA

Puerto Rico

In der Hauptstadt San Juan kann ich von meinem Hostel aus zum Glück zu Fuß manches erreichen. Ansonsten ist es schwer, ohne Auto hier zu reisen; amerikanische Verhältnisse eben. Dieses Land ist Teil des US Commonwealth mit US-Gesetzgebung. Die Landessprachen sind Spanisch und Englisch. Eine Amerikanerin fragt mich doch tatsächlich „Are travelling anywhere else in the United States?“

„Wie bitte?“ Ich bin doch in der Karibik! Ich besuche die Festung El Morro, freue mich an schönen alten Gebäuden in Old San Juan und an modernen Skulpturen im Stadtteil Santurce.

Bei einem Bummel laufe ich einem jungen Rasta in die Arme. Der ist Jazztrompeter und erzählt mir von seinen Konzertreisen. Und dann entdecke ich noch eine mir ganz neue Seite der menschlichen Natur: Er ist Fußfetischist. Bei einem langen Spaziergang in den weitläufigen Gärten des Museo Casa Blanca lassen wir uns schließlich auf einer Bank nieder. Und er massiert mir die Füße, ausgiebig und voller Inbrunst. Darüber vergessen wir die Zeit; es ist nach 18 Uhr, das Museum ist mittlerweile geschlossen und die umgebenden Gärten auch. Es gibt Zäune und schmiedeeiserne, hohe Tore. Da hilft nichts, wir müssen nicht einbrechen, sondern ausbrechen! Zum Glück hat das Tor einige Querstreben, auf die ich mit Mühe meine Zehen setzen kann. Wir klettern und springen und sind dann draußen, uff! Auf dem späten Heimweg mit einem Bus brauche ich die Hilfe des Fahrers. Ich habe mich mal wieder um eine Parallelstraße vertan, aber er guckt nach in google maps und lässt mich an der richtigen Stelle aussteigen. Danke!

Mit öffentlichen „publicos" schaffe ich es bis Fajardo. Von da aus kann man die Inselwelten erobern. Mit einem Pärchen fahre ich in einem Boot nach Cay Icacos, wo ein Piratenfilm gedreht worden ist. Wunderschön zum Baden, türkisfarbenes Meer, eine karibische Traumkulisse.

Auf Culebra komme ich im einzigen Hostel weit und breit unter. Ein entzündeter Mückenstich am Fuß setzt mich vorübergehend etwas außer Gefecht, aber Hilfe naht von allen Seiten. Der Wirt fährt mich zum Arzt, ein Rezept wird aufs Festland gefaxt. Am nächsten Tag kommen die Medikamente per Kleinflugzeug. Das klingt dramatisch, ist hier aber tägliche Routine. Im Hostel lege ich den Fuß hoch und bekomme Eisbeutel gebracht. Und wenn die Meute kocht, bringt mir jemand auch einen Teller mit Reis und Fisch. Die Schwellung nimmt ab und ich springe wieder!

Zu dritt mieten wir einmal einen Golf Buggy und fahren zu den schönsten Stränden, flach, feinsandig, schillerndes Wasser. Pelikane stürzen sich kopfüber ins Meer und tauchen mit einem Fisch im Schnabel wieder auf.

Ein älterer Herr bietet einzigartige Ausflüge an: Mit einem Schlauchboot und jeder Menge Elektronik an Bord fährt er ein Stück raus aufs Meer und hält dann ein Mikrofon ins Wasser. Es rauscht … na und? Dann ein helles Fiepsen und eine Antwort in einem tieferen Ton von einer anderen Seite. Walgesänge! Wir sind zu dritt und spitzen die Ohren. Und ich kaufe natürlich auch die angebotene CD. Der Herr kommt später wieder im Hostel vorbei und fragt, ob ich Lust habe, noch einmal mit ihm rauszufahren, einfach so, er wolle ein neues Mikrofon ausprobieren. Ja und ob! Nach einigem Suchen findet er auch wieder eine Stelle, wo die Wale „singen". Man sieht sie nicht, sie sind noch weit draußen, aber die Töne sind gut zu hören. Auf der Rückfahrt darf ich sogar das Boot steuern, herrlich!

Und noch ein Naturschauspiel bringt mich zum Staunen. Mit ein paar anderen Backpackern buche ich einen nächtlichen Ausflug zum Naturschutzgebiet Las Cabezas de San Juan. Dort gibt es eine Lagune mit fluoreszierenden Kleinstlebewesen. Schwimmen darf man da nicht, aber mit einem Stock ein bisschen im Wasser rühren. Dann leuchten die Lebewesen auf, wie ein Schweif hinter jeder Bewegung. Auf dunklen Wegen bewegt sich unsere kleine Gruppe vorsichtig mit Taschenlampen. Wir sehen Koki-Frösche, Krabben und Leguane. In einem Leuchtturm in der Nähe werden wir über Lichtverschmutzung aufgeklärt. Die übermäßige Helle in nächtlichen Großstädten führt nicht nur zu großem Stromverbrauch, sondern stört auch Mensch und Tier. Der natürliche Tag-Nacht-Rhythmus ist durcheinander. Man zeigt uns Vorher-Nachher-Fotos von San Juan. Es werden moderne Lichtquellen benutzt, die nicht so sehr nach oben abstrahlen. Der Unterschied ist verblüffend.

Auf der Insel Vieques wandere ich zu einem alten Steinkreis; wohl ein magischer Kraftort der Taina-Kultur. Mir fehlen ein bisschen die Antennen für solche Magie, aber angenehm finde ich es dort schon. In der rustikalen Unterkunft finde ich einheimische ältere Herren an der Bar. Es regnet und ich kann nicht viel unternehmen. Da bin ich dankbar, ein paar interessante Gesprächspartner zu finden. Sie erzählen von ihrem harten Leben als Fischer und dass sie auch froh sind, dass es Tourismus auf den Inseln gibt.

Um zu meiner nächsten Destination zu kommen, bleibe ich dem Meer treu …

ein bisschen unglück und viel glück

Dominikanische Republik

Eine nächtliche Fährüberfahrt bringt mich von San Juan/ Puerto Rico nach Santo Domingo/ Dominikanische Republik. An Bord habe ich ein bequemes Bett in einer Kabine, es gibt Abendessen, ein Casino und zu meiner Freude auch live Musik an Deck. Am nächsten Morgen am Hafen weist mir ein freundlicher Taxifahrer den Weg zu Fuß zu meinem Hostel „Island Life Backpackers“ in der Zona Colonial. Das Haus ist alt, traditionell, aber vorsichtig modernisiert mit allen Annehmlichkeiten. Im ersten Stock verläuft eine Balustrade, von der aus man in den Innenhof blicken kann. Dort spielt sich das Leben ab: Gäste kochen, sitzen beisammen, machen Musik, jemand übt eine Akrobatik mit Tüchern. Und Hängematten zum Ausruhen und Lesen gibt es auch.

Zum „Independence Day“ am 27. März gibt es eine Militärparade, viel live Musik, ein nächtliches Feuerwerk. Und zwei Tage später zieht der letzte Karnevalsumzug dieser Saison endlos durch die Stadt. Jede Gruppe mit anderen Farben, Kostümen, Musikkapellen. Was für ein Glück, denke ich, dass ich so viel buntes Leben genießen darf. Denke ich … Erschöpft setze ich mich zwischendurch auf eine Bank und unterhalte mich mit einem Einheimischen, mit dem Handy in der Hand. Doch da gibt es in Sekundenschnelle eine andere Hand … die fasst mir von hinten über die Schulter und ergreift mein Handy. Bis ich mich umdrehe, ist der Dieb wahrscheinlich in aller Ruhe weitergeschlendert. Es ist heller Tag, um mich herum Menschenmassen zum Karneval. Ich bin geschockt, aber immerhin in der Lage, bei der Polizei auf Spanisch Anzeige zu erstatten. Ein Anruf auf meinem Telefon bleibt erfolglos. Man erklärt mir, dass die Diebe die SIM- Karte meistens sofort herausnehmen und das Gerät oft nur als Ersatzteillager benutzen. Man kann es also nicht orten. Ärgerlich, dass auch die Fotos der letzten paar Wochen weg sind. Das tut aber bei Weitem nicht so weh wie der Verlust meines Skizzenbuchs damals in Costa Rica. Für Fotos habe ich mir mittlerweile eine Cloud eingerichtet. Dann kann nichts mehr verlorengehen.

Und noch eine Internetverbindung kann enorm wichtig sein unterwegs und überhaupt: die zu meinen Bankkonten. Auf meiner Kreditkarte wird ein Betrag von ca. 20 Euro abgebucht. Was war denn das? Na ja, habe ich vielleicht vergessen. Als es wieder passiert, forsche ich nach: eine Telefongesellschaft in Puerto Rico. Nein, mit denen hatte ich nichts zu tun. Ich frage bei meiner Bank nach, ob sie die Firma sperren könnten. Nein, nur die ganze Kreditkarte! Nun reicht's aber: Handy weg, Karte gesperrt!

Und die Rettung naht! Mein alter Freund Pit ist mit mir in Santo Domingo verabredet. Er kommt von Caracas her geflogen, voller Geschichten von seiner Freundin Yrma und von Venezuela. Obwohl er ein erfahrener Reisender ist, hat er für meine Begriffe doch eine Menge Sachen dabei und manches sogar doppelt. Er ist auch manchmal vergesslich und verliert mal etwas und muss dann meinen leichten Spott aushalten. Wir lachen über unsere Schwächen und helfen uns gegenseitig. Diesmal ist mir aber das Lachen vergangen, denn man höre und staune, Pit hat ein zweites Handy dabei und lässt mir später auch noch eine Kreditkarte da. Also doch nicht so verkehrt, wenn man alles doppelt hat!!!Eine zweite Kreditkarte habe ich natürlich auch, aber die kostet viel Gebühr beim Abheben am Geldautomaten. Für das Geld können wir doch lieber ein Bierchen trinken, meint Pit. Meine Bank zu Hause hat mir übrigens später den Schaden ersetzt.

Nun aber wollen wir die Dominikanische Republik entdecken und mieten ein Auto. Zunächst fahren wir auf die Halbinsel Samana, wo wir in einem Boot zum Wale Beobachten aufs Meer hinausfahren. Die Zahl der Ausflugsboote ist begrenzt, zum Schutz der Meeressäuger. Da sind sie! Rücken- Schwanz- und Seitenflossen ragen aus dem Wasser. Manchmal sieht es aus, als ob sie uns winken! Es spritzt und schäumt, sie drehen sich und tauchen wieder unter. In Las Galeras wandern wir lange am Playa Rincon entlang und abends tanzen wir in einer Disko einen flotten Merengue. Die Gebäude sind größtenteils offen und aus mehreren Lautsprecherboxen tönt ohrenbetäubende Musik, sogar aus der Kirche! Bei kräftigem Wellengang fahren wir am nächsten Tag mit einem Boot zum Playa Fronton, wo uns zwei Einheimische eine Höhle zeigen und Kokosnüsse für uns öffnen. Trotz Wind und Wellen stürzt sich Pit in die Fluten, das hat aber Folgen! Er vergisst nämlich, seinen Geldbeutel aus der Hosentasche seiner Badehose zu nehmen! Zurück in unserem einfachen, aber geräumigen Hotelzimmer werden Geldscheine, ein Adressbüchlein und sonstige Zettel irgendwie getrocknet. Von der Decke hängt ein großer Ventilator, daran schwingt der Geldbeutel in den Lüften. Und ich darf mich mal wieder amüsieren!

Auf dem Weg nach Las Terrenas liegt der Wasserfall El Limon. Ich schwinge mich auf einen müden Gaul; Pit geht lieber zu Fuß, als auf so einem „Zossen" zu reiten, wie er es nennt! Dafür geht er dann im Pool unter dem Wasserfall baden, was mir wiederum ein bisschen zu kalt ist. Und weiter geht es an die Nordküste nach Rio San Juan. Von der Terrasse unseres Hotels „Bahia Blanca" sehen wir über dem Meer einen Regenbogen in intensiven Farben. Am Strand daneben verkauft ein Mann unter einfachsten Bedingungen aus einer Tasche Pina Colada, sooo lecker! In Cabarete staunen wir über das Können der Kitesurfer und im nächsten Ort kommen wir aus dem Staunen nicht mehr heraus. Im „ lonely planet" steht, dass es in Sosua ein UFO-Museum gebe. Im Ort wissen sie nicht viel davon, aber wir finden das „Museo Mundo King". Ein älterer Deutscher, Rolf Schulz, glaubt an Außerirdische und hat die abstrusesten und phantasievollsten Weltraumgefährte im weitläufigen Haus aufgestellt. Das Gebäude ist strahlend weiß, mehrstöckig und mit Türmchen interessant gestaltet. Neben all der merkwürdigen Technik hat der Herr auch viele haitanische Kunstwerke gesammelt. Große und kleine Statuen aus Holz, Wandgemälde, Federschmuck. Als der haitanische Angestellte hört, dass wir Deutsche sind, findet er sich auch bereit, uns zum Eigentümer zu führen. Der lädt uns in seine Gemächer ein und erzählt uns, dass die Außerirdischen einen Gegenstand in Form eines Vogeleis dagelassen haben. Ist er ein Genie, ein Visionär? (2018 ist er in seiner Wahlheimat Dominikanische Republik verstorben.) Ein Besuch hat die Phantasie in unseren Köpfen durcheinandergewirbelt und ist auf jeden Fall lohnend.

Wir fahren Richtung Berge ins Landesinnere und Pit wandert unerschrocken mit mir auf unmarkierten Wegen. Wenn es mir ein bissle zu viel wird, jammere ich, dass ich jetzt lieber daheim auf meinem Sofa wäre. Na ja, nicht wirklich, aber Pit kennt das schon … Annette und ihr Sofa! An so manchem Wasserfall können wir uns erfrischen: Damajagua, Salto Baiguate, Salto Jimenoa Uno. Auf einer Kaffeefarm in Jarabacoa lassen wir uns den Anbau und die Verarbeitung erklären und bekommen auch ein duftende Tasse Kaffee serviert. Über etwas unwegsame Straßen fahren wir schließlich wieder zurück zu „la Capital". Die vielen Schlaglöcher setzen dem Auto zu und mit einigem Bauchgrimmen müssen wir es von der Verleihfirma inspizieren lassen. Es ist aber alles in Ordnung und Pit der Held des Tages!

Das nächste Abenteuer erwartet uns zusammen mit Leda. Sie ist eine einheimische Chatbekannte von Pit. Zwar arbeitet sie an Projekten an der Uni von Santo Domingo, stammt aber aus Neyba, im Westen der Insel. Zusammen mit ihrer Kollegin Sandra aus Kolumbien machen wir uns mit öffentlichen Bussen auf den Weg. Wir können alle gegen geringes Entgelt im Haus von Ledas Schwester übernachten. Eine Freundin fährt uns mit ihrem Auto zum salzigen Lago Enriquillo. Aus unerklärlichen Gründen ist der Meeresspiegel gestiegen und ein Dorf dann darin untergegangen. Wir sehen Flamingos und große Nashornleguane, die einen elegant, die anderen eher hässlich und furchterregend.

An der haitanischen Grenze bei Jimani marschieren wir im Niemandsland zwischen Marktständen. Man lässt uns an einer Polizeikontrolle vorbei. Weiter dürfen wir aber nicht rein, da wir keine Pässe dabeihaben. Die immensen Warenströme versetzen uns in Staunen. Große, bunt bemalte Lastwagen werden mit Säcken, Kisten und Containern beladen. In welche Richtung? Hilfsgüter? Handel? Schwarzmarkt? Selbst Leda kann uns das nicht so genau erklären.

Am Abend nimmt man uns überraschend in eine kleine lokale Disko mit. Oh, damit habe ich nicht gerechnet, in meinem minimalen Handgepäck für das Wochenende sind nicht einmal richtige Schuhe. Mit Flipflops zum Tanzen? Na ja, wenn's sein muss! Pit und ich sind die einzigen Europäer, aber es dauert nicht lange, da mischen sich die Gruppen und ich tanze und tue, was ich kann!

Zurück in der Hauptstadt macht sich Pit auf zum Flughafen, während ich noch das Privileg genieße, bei Leda zu Hause bekocht zu werden.

Und bei meinem nächsten Besuch bei Leda soll ich noch weitere Facetten ihres Lebens kennenlernen. Sie nimmt mich noch einmal mit zu ihrer Schwester nach Neyba. In einem Dorf in der Nähe betreut sie ein Projekt für Kinder aus armen Familien. Wie kommen wir da hin? Beide zusammen mit dem Fahrer auf einem Motorrad, also zu dritt! Das Projekt heißt „Prestame un libro" (Leih mir ein Buch). Es geht im weitesten Sinne um Bildung, auch um Ratschläge für Ernährung und Gesundheit. In den Räumen der Zusammenkünfte an den Wochenenden gibt es Bücher und Computer und Vorträge und Spiele. Und diesmal bin ich einer der Programmpunkte, ich soll motivieren. Meine bloße Anwesenheit finden die Kinder ja schon interessant. Und sie sind ganz stolz, wenn sie ein paar Sätze Englisch mit mir sprechen können. Ansonsten erzähle ich auch ein bisschen auf Spanisch. Später schicke ich einfaches Englischlernmaterial von Deutschland aus an Leda. Zum Mittagessen sind wir im Haus einer bescheidenen Familie angemeldet. Es gibt Reis und rote Bohnen und etwas Fleisch. So verdienen sie ein wenig Geld und ein Restaurant gibt es ohnehin nicht. Es ist heiß, die Kinder spielen draußen. Eine Betonmischmaschine, gerade nicht im Gebrauch, steht vor dem Haus. Kinder kommen mit Eimer voller Wasser, schütten es oben hinein und ein Kind darf sich drunter hinkauern und sich „duschen"!

Mit Leda und ihren Freundinnen fahre ich in ein Naturschwimmbad, eine willkommene Erfrischung! Bloß … hat mir vorher kein Mensch Bescheid gesagt! Man leiht mir eine Badeshorts und ich lasse meine Bluse an, was für eine Bademode! Hauptsache rein ins Nass! Unterwegs zeigen sie mir noch, wie hier Trauben wachsen, nämlich hochgezogen und dann quer, wie ein Dach. Als die Fahrerin des Autos eine leere Coladose zum Fenster hinauswirft, zucke ich zusammen und kann dann meinen Mund nicht halten. Ich kommentiere das mit möglichst wenig Vorwurf in der Stimme. Eher so im Tenor, dass ihr Land doch so schön sei …

Ein paar Tage kann ich bei Leda in Santo Domingo wohnen. Sie geht zur Arbeit an der Uni und ich lustwandle im Botanischen Garten. Nach einem Besuch im Museo de Arte Moderno treffen wir uns an einer Metro Station und fahren raus aufs Land. Sie besitzt eine Wohnung in einer modernen Wohnanlage, ihr Altersruhesitz und ganzer Stolz. Ein erwachsener Sohn wohnt in ihrer Nähe, eine Tochter in den USA. Leda ist weltoffen und hat ein gutes Herz. Auch sie wird mir weiterhin eine Freundin bleiben.

Insel unter dem Wind

Curacao

Auf Curacao spricht man Niederländisch, Englisch, Spanisch und Papiamento, eine Kreolsprache. Der niederländische Einfluss ist deutlich spürbar. Zum Beispiel heißt eine spektakuläre Pontonbrücke Königin Emma und die Fassaden der kolonialen Häuser am Hafen leuchten in vielen Pastelltönen. Möchte man auf die gegenüberliegende Seite des Wassers in einen anderen Stadtteil gelangen, muss man sich per Handzeichen mit dem Brückenwärter verständigen. Begehrt ein Boot mit hohen Masten Durchlass, wird die Brücke nicht etwa in der Mitte hochgeklappt. Nein, sie teilt sich und ein Abschnitt wird auf ihren Pontons zur Seite gedreht. Wenn sich dann alles wieder zusammengeschoben hat, darf man die Brücke betreten und seinen Bummel fortsetzen.

In der Hauptstadt Willemstad gibt es eine umgebaute Eisfabrik, die auf der einen Seite als Hotel fungiert und gleich daneben als Hostel. Auch die Hostelgäste können den Hotel Pool benutzen und an der Bar ein Bierchen trinken. Und nachts gibt es sogar noch Freiluftkino. Bei solchen Gelegenheiten lerne ich John kennen, einen pensionierten British-Airways-Piloten. Auch er wird künftig, ähnlich wie mein alter Freund Pit, durch meine Reisepläne geistern. Wir treffen uns später immer wieder in verschiedenen Ländern. Zuerst einmal lassen wir uns hier in einer Likörfabrik zeigen, wie man den Blue Curacao herstellt. Ein bisschen enttäuscht bin ich zu erfahren, dass die blaue Farbe schlicht von Lebensmittelfarbe herrührt. Der Geschmack kommt überwiegend von Pomeranzen, einer Bitterorangensorte. Und probieren dürfen wir natürlich auch.

Im Westen der Insel gibt es schöne Strände und ich komme bei einer etwas chaotischen airbnb Familie unter. Der junge Inhaber macht mit mir und jungen Leuten einen Ausflug zu einigen Höhlen. Die Kletterpartien verlangen mir einiges ab! Das Wetter ist heiß und trocken, viel Sand, viele Kakteen. Die Insel liegt nur 40 Kilometer vor der Küste von Venezuela und gehört geographisch zu Südamerika.

Bei den Beduinen

Jordanien

Hier lasse ich mich gerne in die Wüste schicken!

Mit der Royal Jordanian Airlines fliege ich von Amman, der Hauptstadt von Jordanien, nach Aquaqaba. Dort holt mich Beduine Hassan ab. Den habe ich vorher auf einer anderen Reise mit meiner Tochter Malena kennengelernt. Bei ihm zu Hause wird alles gepackt für eine Wüstentour, vor allem warme Decken. Dann fahren wir mit seinem Jeep ins Wadi Rum. Das heißt Berge und Wüste pur; Wasserpfeife rauchen, am Feuer sitzen, bisschen umherwandern. Zum Schlafen lege ich mich auf eine Matratze und packe mich in die mitgebrachten Decken ein. Es wird recht frisch in der Nacht, wenn man im Freien schläft. Als ich einmal aufwache, bewundere ich den glitzernden Sternenhimmel und es gehen viele Sternschnuppen nieder. Den nächsten Tag verbringe ich in Hassans Familie und unterhalte mich viel mit seinen Kindern, auf Englisch und ein bisschen auf Arabisch. Alles was ich von meinem Freund Mohammed und seiner Familie im Libanon gelernt habe, kann ich nun gut gebrauchen. Hassans Tochter schenkt mir einen leichten baumwollenen Hosenanzug, wie für mich gemacht. Die Mutter kocht, Hassan melkt die Kamelstute. Eine wirklich gastfreundliche Familie! Bei einem Spaziergang zum Sonnenuntergang treffe ich zwei Mädels, mit denen ich in einem Kleinbus am nächsten Tag weiterfahren kann.

Ein Höhepunkt ist die Felsenstadt Petra. Sie war in der Antike die Hauptstadt des Reiches der Nabatäer und ein wichtiger Knotenpunkt vieler Handelsstraßen. Gewürze, Seide, Elfenbein, Perlen und Weihrauch wurden hier transportiert und gehandelt. Man nähert sich der Stadt durch eine Schlucht mit schroffen Felswänden. An der engsten Stelle ist sie nur zwei Meter breit. Und plötzlich tut sich ein weiter Platz auf und der Blick fällt auf das „Schatzhaus", wie es von den Beduinen genannt wird. Es handelt sich um eines der zahlreichen Felsengräber. Das Bauwerk ist direkt aus der Felswand herausgeschlagen und 40 Meter hoch und 25 Meter breit. Korinthische Säulen, ein Rundtempel, Reliefﬁguren, eine riesige Urne an der Spitze, die Farben der Steine Rot und Ocker, je nach Lichteinstrahlung. Ich stehe und staune.

Das Gelände ist sehr weitläufig, weswegen ich gut daran tue, mich teils zu Pferd, teils mit einem Esel fortzubewegen. Was gibt es nicht alles zu sehen: ein römisches Theater, 13 monumentale Grabtempel an der sogenannten Königswand, eine Säulenstraße und Überreste von Viadukten, Kirchen, Opferstätten. Ich habe mir ein Drei-Tages-Ticket gekauft und lasse mir Zeit zum Schauen, Zeichnen und Umherwandern. Dabei lerne ich Gassam kennen, der mich prompt in seine Familie einlädt. Zum Essen sitzen wir auf dem Boden auf Kissen und vor uns stehen Schälchen mit einer Art Schmand, Rührei, Gemüse, Olivenöl mit Thymian. Man reißt sich ein großes Stück von einem Fladenbrot ab und ein kleines Stück davon benutzt man als eine Art Löffel. Muss man lernen, aber ich verhungere nicht! Vor und nach jeder Mahlzeit werden die Hände gewaschen. Auch auf der Toilette spart man nicht mit Wasser, wohl aber mit Papier. Vor der Toilettentür stehen Gummisandalen, in die man schlüpft, damit man bei der Reinigung mit Wasser keine nassen Füße bekommt. Seine Straßenschuhe hat man ja schon vor der Wohnungstür gelassen. In der Hocke tastet man dann nach dem Wasserhahn auf halber Höhe, unter dem ein kleiner Eimer steht. Der Vorgänger hat üblicherweise den Eimer wieder aufgefüllt und man nutzt das Wasser, um sich zu säubern. Dieses System findet sich überall in der moslemischen und hinduistischen Welt auf allen Kontinenten. Gewöhnungsbedürftig, aber ich komme gut damit zurecht. Am allerbequemsten und saubersten sind die High-Tech-Toiletten in Japan. Doch davon ein anderes Mal.

Mit Gassam, zwei Freunden und dem Dorfscheich verbringe ich eine Nacht draußen in Little Petra. Wir nehmen Matten und Decken mit, machen ein Feuer und trinken viel Tee. Gassam spielt auf der traditionellen Laute und sie singen dazu. Und über uns die glitzernden Sterne! Am nächsten Morgen frühstücken wir bei Beduinen vor einer Höhle: warmes Fladenbrot mit Olivenöl und Gewürzen; die Ziegenherde schaut zu! Ein Neffe von Gassam spaziert an einem anderen Tag noch einmal mit mir durch die Felsenstadt Petra und zeigt mir die Höhle, in der er geboren worden ist! Zum Abschied hat mich die Familie noch eingekleidet, bis hin zur sexy Unterwäsche! So prüde, wie wir denken, sind sie hier gar nicht!

Gassam und ein Freund haben Zeit und wir machen uns auf zu einer Wüstentour in das Wadi Araba. Da nimmt man einfach die Schaumstoffmatratzen und Wolldecken von zu Hause mit, legt sie auf die Seite des Pick-ups, die morgens Schatten spendet, und fertig ist das Bett unter den Sternen. Wegen der vielen Fliegen lege ich mir mein Schaltuch übers Gesicht. Ansonsten mache ich keine Bekanntschaft mit Krabbeltieren. Dafür sehen wir nachts einmal einen Wüstenfuchs und ein paar Kamele trotten in der mondbeschienenen Landschaft an meinem Schlafplatz vorbei. Das Wadi Araba besteht zum Teil aus Felsen, aber auch aus viel feinem Sand und die Räder unseres Fahrzeugs kommen einige Male ins „Schwimmen“. Einmal bekommen wir Besuch von einer Clique junger Männer auf Kaninchenjagd. Sie brauchen unseren Ersatzreifen und sitzen mit uns ums Feuer. Alle sind gute Moslems und trinken ganz brav Tee. Es kommt aber auch vor, dass ein paar Flaschen Alkohol in der Wüste vergraben werden, wo man sie bei Bedarf wieder hervorholt!

Im Naturschutzgebiet Dana mache ich eine kleine Wanderung, während die Jungs für mich kochen. Da gibt es Wasserläufe, wo ich mich auch waschen kann.

Wenn Gassam gut drauf ist, singt er mir Kinderlieder auf Schwyzerdütsch vor, er hat drei Söhne in der Schweiz. Das ist doch mal eine unerwartete Unterhaltung! Ich sperre die Ohren auf, als Süddeutsche verstehe ich auch einiges und ich amüsiere mich. Danke für alles, Gassam!

Die letzten zwei Nächte in Jordanien verbringe ich doch tatsächlich einmal in einem Hotel; am Golf von Aqaba. Ich kann schnorcheln gehen und abends einen Bummel machen. Auf der anderen Seite des Golfs knallen die Lichter von Eilat/ Israel, zum Greifen nahe!

Tempel und Pyramiden? Diesmal nicht!

Ägypten

Auf einer anderen Reise mit Tochter Malena habe ich das übliche Touristenprogram absolviert. Unter anderem mit einer Ballonfahrt über das Tal der Könige und zwei Tagen auf einer arabischen Dhau auf dem Nil. Alles sehr interessant und vergnüglich.

Eine Fähre bringt mich diesmal von Aquaba/Jordanien, nach Nuweiba/Ägypten. Von dort finde ich ein Sammeltaxi nach Dahab.

Hier treffe ich Samir wieder. Er ist Manager in einer Strandbar und hat mich und Malena damals so aufmerksam mit Schnorchel-Masken versorgt. Er kann sich nun Zeit nehmen und organisiert eine Reise mit mir nach Abu Gallum. Na ja, organisieren ist ein weiter Begriff … wir kaufen Lebensmittel und wir brauchen zwei Kamele. Ich steige auf; an einer Seite wird mein Rucksack festgeschnallt, an der anderen Seite ein Sack mit Lebensmitteln. Auf dem zweiten Kamel reitet Samir. Und die Kamelführer geleiten uns. Da aber alles recht lange gedauert hat, bricht die Nacht herein bevor wir am Beduinencamp ankommen. Die Wege sind felsig, manchmal auch sehr schmal an einer Felswand entlang. Ich krame meine Stirnlampe hervor und leuchte uns ein wenig den Weg! Im Beduinencamp gibt es nachts nur Kerzen, den leuchtenden Sternenhimmel und die entfernten Lichter von Saudi-Arabien. Ein magischer Ort! Wir nächtigen in einem Zelt und zum Frühstück gibt es frisches Fladenbrot und Tee. Vor der Küste liegt ein Korallenriff, ein Paradies für Schnorchler. Leider wird das Riff aber von den Ankern der zahlreichen Taucherschiffe bedroht. Ein Redakteur einer Kairoer Tageszeitung möchte telefonisch unsere Meinung dazu hören. Im Augenblick jedenfalls kann ich die Vielfalt der Korallen noch sehen und genießen.

Mit einem Mietwagen machen wir uns Richtung Alexandria auf. Unterwegs in Suez haben wir Schwierigkeiten, ein Hotelzimmer zu bekommen. Was dann passiert, beschreibe ich im Kapitel „In fremden Betten".

In Alexandria nimmt mich Samirs Familie mit offenen Armen auf. Ich unterhalte mich viel mit den Frauen; auf Englisch, auf Arabisch und mit viel Gelächter und Zeichensprache.

Wir besichtigen ein Fort, das auf den Ruinen des alten Leuchtturms von Alexandria gebaut ist. Er war der erste Leuchtturm der Welt und gilt als eines der sieben Weltwunder der Antike. Erd - und Seebeben zerstören den Turm nach und nach. Ein Teil der Trümmersteine wird zum Bau einer Zitadelle verwendet. Es wird aber auch weiter unter Wasser geforscht. Ein Muss ist natürlich auch die große Bibliothek. Sie ist 2002 fertiggestellt worden und hat Platz für 8 Millionen Bücher. Der Bau ist modern und hell, man darf herumwandern, sich setzen zum Lesen; es herrscht eine sehr angenehme Atmosphäre. Die berühmte antike Bibliothek gab es schon in vorchristlicher Zeit, diente wissenschaftlichen Zwecken, aber auch zur Machtdemonstration. Sie sollte Athen als Zentrum der Gelehrsamkeit ablösen. Wann sie zerstört wurde, ist nicht ganz klar. In der archäologischen Forschung ranken sich darum zahlreiche Mythen.

Schließlich muss Amir nach Dahab zurückfahren. Ich habe all die neuen Eindrücke sehr genossen. Und er ist glücklich, dass er mal wieder seine Familie in Alexandria gesehen hat.

Mit einem Bus fahre ich zur Oase Siwa, sehr abgelegen und nahe an der Grenze zu Libyen. Zufällig lerne ich ein junges Paar kennen, das beim Tauchen vor der Küste Alexandrias geheiratet hat! Wir steigen gemeinsam in einem kleinen Hotel ab. Da kann man auch Ausflüge in die Wüste buchen. Es gibt zum Beispiel einen Amun-Tempel, wo auch Alexander der Große das Orakel befragt haben soll. Und wie es sich für eine richtige Oase gehört, gibt es eine Menge Palmen und Wasser aller Art: einen erfrischenden Süßwassersee, Thermalquellen, teils in Becken gefasst und einen großen Salzsee. An dessen trockenen

Rändern bildet sich das Baumaterial Kershef. Es besteht aus Salz, Steinen und Erde. Als es 1926 einmal drei Tage lang regnete, zerbröselte es viele Häuser. Das Stadtbild wird von einer aufragenden Lehmburg beherrscht und bietet vor allem nachts einen imposanten Anblick. Die Türme, Bogengänge und Festungsmauern leuchten dann in Ocker und Rottönen. Die Menschen gehören zum Stamm der Berber und haben auch ihre eigene Sprache. Sie sind stolz darauf, dass man sich in ihrer Gegenwart sicher fühlen kann. Alle, die mit mir zu tun haben, spüren, dass ich dankbar und begeistert bin und geben ihr Bestes. Für meine nächsten Schritte brauche ich allerdings auch viel Hilfe …

Weiter soll es gehen zur Oase Bahariya, bloß wie? Man sagt mir, ich solle im Ort herumfragen, wer dahin fährt. Man braucht ein Allradfahrzeug mit einem Fahrer und eine Sondergenehmigung des Militärs. Und weitere Fahrzeuge, die dann im Konvoi fahren. Ich reise ja wie fast immer mit genügend Zeit. Und nach mehreren Tagen habe ich alles beisammen. Der Fahrer sagt, er bringe mich zu O. Wer das genau ist und was mich da erwartet, ist mir nicht ganz klar, aber es wird schon recht werden. Die Fahrt geht 400 Kilometer auf nur teilweise geteerten Straßen durch die Wüste. An den Militärposten sind wir willkommene Gäste; ich glaube, den Soldaten ist einfach ein bisschen langweilig auf ihrem Außenposten. Ich darf die Toilette benutzen und ein Soldat schenkt mir ein Lächeln und ein Stück von seinem Granatapfel. Nach einigen Fotostopps und vergnüglichem Herumkurven in den Dünen, lande ich schließlich im Haus von O., dem Wüstenfahrer. Im Salon sitze ich auf niedrigen Kissen, eine Tochter bringt mir Tee und etwas zu essen. O. und sein Kollege A. stellen mir eine 4-tägige Wüstentour zusammen. Zunächst darf ich im Haus übernachten. Am nächsten Morgen geht es los; das Prozedere kenne ich ja schon. Zu den üblichen Matratzen und Decken kommen hier auch noch Proviant, Kochgeschirr, Feuerholz und ein niedriger, kleiner Tisch. Sieht man einen Jeep mit den vier Tischbeinchen nach oben zeigend auf einem Dach verzurrt, dann weiß man, dass der auf dem Weg in die Wüste ist! Die erste Nacht verbringe ich in einem Camp bei Lagerfeuer und gutem Essen. Ein farbenfroher Windschutz tut, was er soll, mich vor dem kühlen Wind schützen! Um mich herum finde ich Sand und

Felsformationen in vielen Schattierungen, aber die beeindruckenden Farben sollen erst noch kommen. Offroad geht es nämlich weiter durch die Schwarze Wüste (Sahara Suda). Vor allem die Bergspitzen sind tiefschwarz. In der Nacht treffen wir uns mit einer anderen Gruppe in der Weißen Wüste (Sahara al Beida). Bei Trommeln und Flöten wird eine kleine Party gefeiert; aber ohne Alkohol versteht sich. Am Tag schaue ich mir dann die weißen Felsen in allen möglichen vertrauten Formen an: ein Hase, ein Pferd, ein Vogel, alle von der Erosion geformt.

Nach zwei Tagen Katzenwäsche kommt mir ein Bad in einer Thermalquelle in der Oase Farafra gerade recht. Das findet aber unter freiem Himmel in Unterwäsche statt und ich tue gut daran, mich möglichst schnell wieder in meine Kleider zu werfen! Nach einem Picknick unter Palmen bleiben wir mit dem Auto beinahe im Sand stecken. Deshalb wird am folgenden Tag der Jeep mit einem anderen getauscht. Leider bleibt darin der Rucksack eines Touristen liegen. Kurzerhand wird ein Auto angehalten und beauftragt, das Gepäck an der richtigen Stelle abzuliefern. Ich bin überzeugt, dass das gelungen ist. Mesh mushkila, kein Problem!

In der Oase Dakhla schaue ich mir noch einmal die alte Lehmbauweise in einem schön erhaltenen Dorf an. Und den Deir Al-Haggar, einen römischen Tempel. Die Nacht verbringe ich zwischen den Sanddünen: Stille … ein bisschen Wind … sonst nichts. Die ganze lange Strecke fahre ich dann mit O. zurück und darf noch einmal in seinem Haus übernachten. Bei seinem Kollegen A. sind wir zum Essen eingeladen. Auch hier hält sich die Frau sehr im Hintergrund. Ich werde noch erfahren, warum das so ist …

A. bucht mir ein Hotel in Kairo. Man drückt mir die Busfahrkarte in die Hand. Soweit so gut, ich werde mich schon irgendwie zurechtfinden. Kurz vor der Endstation in Kairo steigt jemand zu und ruft meinen Namen. Wie bitte? Dieser „Abgesandte“ geleitet mich dann mit dem hoteleigenen Fahrzeug zum Hotel. So viel Fürsorge, unglaublich! Mein alter Freund Pit würde das wieder meinem „Frauenbonus“ zuschreiben. Im „Arabian Nights“ fühle ich mich wohl; schöne Dachterrasse, kein Luxus, aber alles vorhanden, was man so braucht. Auch Einheimische steigen hier ab. Und es liegt so zentral, dass ich gut überall zu Fuß hinkommen kann. Der „lonely planet“ sagt, Kairo sei großartig, um ziellos herumzuwandern. Und tatsächlich, es ist ungefährlich und interessant. Ein Angestellter des Hotels nimmt mich mit auf einen nächtlichen Bummel: Tee in einem Kaffeehaus mit bemalten Wänden, der Blick von einer Nilbrücke mit einem heißen Kichererbsen-Getränk in der Hand und schließlich die Aussicht auf fast ganz Kairo von einem Berg in der Nähe. Das ist großartig!

Die Bürokratie in Deutschland sei schrecklich? Wer sich darüber beklagt, hat noch nie versucht, in Kairo ein Visum verlängern zu lassen! Zur Antragstellung gehe ich in ein riesiges Verwaltungsgebäude. Dort muss ich mir zuerst einmal ein neues Passbild machen lassen. Dann endlose Formulare, die über mehrere Schreibtische wandern. Mal werde ich hierhin geschickt, mal dorthin. Die Wartezeit von ein paar Stunden vertreibe ich mir am Nilufer. Zurück im Gebäude stecke ich schwitzend mitten im Chaos. Angehörige mannigfaltiger Nationen hängen in großen Trauben vor zwei verglasten Schreibtischen und beobachten mit Argusaugen, ob denn der eigene Pass irgendwann im Riesenstapel auftaucht. Ich halte das gute Stück schließlich glücklich wieder in der Hand und darf jetzt noch sechs Monate in Ägypten bleiben. Nein, so lange nicht mehr …

Um Visum und Einreise geht es auch in der nächsten Geschichte. Auf meiner Hotelterrasse habe ich mehrfach mit dem Tunesier H. gefrühstückt. Das Schicksal will es, dass er meine lokale Handynummer hat; das ist seine Rettung. Er will sich ohne Papiere über die Türkei bis nach Europa durchschlagen und schließlich bei seinem alten Freund Monsieur B. in Frankreich landen. Es steht mir nicht zu, über diesen Plan zu richten … jedenfalls bekomme ich kurz nach unserem Abschied einen Anruf von der ägyptischen Grenzpolizei, mein Freund H. sei in Abschiebehaft, ob ich helfen könne? Au weia! Ich schnappe mir also ein Taxi zum Flughafen, suche das Gefängnis und spreche mit einem Polizisten. H. selbst bekomme ich nicht zu Gesicht. Mit dem Polizisten gehe ich in ein Reisebüro und kaufe ein Ticket für H.'s Abschiebung von Kairo nach Tunis. Der landet wenig später in seiner Heimat, zwar unverrichteter Dinge, aber eine weitere Haft in Kairo ist ihm erspart geblieben. Die Geschichte geht später noch weiter …

Bei einem Bummel lande ich im auf einem Hügel gelegenen Al-Azhar Park. Der Klangteppich, der von vielen Minaretts heraufweht, wenn alle Muezzins gleichzeitig zum Mittagsgebet rufen, ist einzigartig. Im Park turteln zahlreiche Pärchen; viele junge Frauen farbenfroh und körpernah angezogen, aber kein einziges Härchen zeigend. Ich finde, Männer und Frauen können einem hier leidtun: ohne Geld keine Hochzeit, ohne Hochzeit kein Sex. Viele Männer gehen hier Arm in Arm. Das hat aber nichts mit Homosexualität zu tun; die ist absolut tabu. Darüber diskutiere ich mit einem jungen Anwalt beim Tee. In meinem Viertel fühle ich mich sehr wohl. Im Kaffeehaus und einigen Läden kennt man mich schon. Der Polizist an der Ecke lächelt mir zu und manche Leute rufen „welcome", wenn ich vorbeikomme.

Ich telefoniere mit Wüstenfahrer A. und er fragt, was ich denn noch so mache in Kairo die paar Tage. Was? Nichts? Da hat er aber eine bessere Idee. Tags darauf stehen er und O. mit voller Wüstenausrüstung vor meiner Tür! Ich zahle diesmal nur den Selbstkostenpreis, also für Benzin, Lebensmittel und Feuerholz. Die erste Nacht verbringen wir bei O.'s Verwandten in der Oase Al Fayoum. Irgendwer macht ein Bett für mich frei und ich bin herzlich aufgenommen. Am See Qarun gehen wir lecker Fisch essen und bei einem nubischen Fest bei einer heilsamen Quelle kann ich ein wenig mittanzen. In einem kleinen Zoo stehen viele Leute vor einem Affenkäfig, bis ich plötzlich merke, dass sich viele nach mir umdrehen. Ich bin der Affe! Das Eis ist erst gebrochen, als ich anfange, mit den Kindern Arabisch zu sprechen.

In der nächsten Nacht sind wir zu viert in der Wüste. Eine junge Verwandte ist mitgekommen. Sie ist Krankenschwester und hat gerade frei. Ich finde es sehr schön, weibliche Begleitung zu haben. A. spielt Flöte, O. singt und wir Frauen tanzen und trommeln, herrlich! Und dann gehen die Gespräche richtig in die Tiefe. Die beiden Männer erzählen, ihre Frauen seien beschnitten und hätten keinen Spaß am Sex und seien überhaupt sehr zurückhaltend. Das habe ich ja in ihren beiden Häusern gespürt. Fällt es mir sonst nicht schwer, mit ganzen Familien in Kontakt zu kommen, sind die Frauen hier so verhuscht, fast nicht anwesend. O. erzählt, die Beschneidung werde von Stamm zu Stamm unterschiedlich gehandhabt und ich solle doch mal seine

Verwandte anschauen, die sei „nur halb" beschnitten und zeige Lebensfreude. In der Tat, die junge Frau fühlt sich mit uns in der Wüste auch freier, legt ihr Kopftuch ab, tanzt mit mir. Der Zwang zur Beschneidung komme oft von den Großmüttern; ein „anständiges Mädchen" ist beschnitten, so will es die Tradition. Ob sie das ihren Töchtern ersparen wollen, frage ich. Sie sagen beide „ja", aber ob sie sich gegen die Familie durchsetzen? In der Nacht haben wir Frauen jede ein kleines Zelt und ich mummle mich bis zur Nasenspitze ein, es ist kalt geworden in der Wüste. Wir besuchen auch Wadi Rayyan und Wadi Al Hittan, wo wir 40 Millionen Jahre alte Walskelette sehen. Und weiterhin zeigt uns die Wüste ihre vielen Gesichter. Mit A. mache ich jeden Morgen eine kleine Dünenwanderung. Vielen Dank ihr lieben Wüstenfahrer!

In Kairo gibt es immer noch viel für mich zu sehen. Da ist der berühmte Al Khalili Markt und das Nagib Machfus Café. Er ist ein bekannter Dichter und Nobelpreisträger und hat über diese Gegend Kairos ein Buch geschrieben. Das kenne ich sogar schon und ich finde es lesenswert: „Nagib Machfus, Die Midaq-Gasse". Die Al Hussein Moschee betrete ich wie sonst üblich barfuß und mit Tuch auf dem Kopf. Sie ist ein großes Heiligtum und erst im Nachhinein erfahre ich, dass ich eigentlich gar keinen Zutritt gehabt hätte. Nun ja, ich habe mich respektvoll und unauffällig verhalten. Hussein war ein Enkel des Propheten Mohammed und sein gewaltsamer Tod führte zur Spaltung der Moslems in Sunniten und Schiiten.

Nichts für zarte Nerven ist der Kamelmarkt in Birqash. Da ist es laut und staubig. Vielen Kamelen ist ein Bein hochgebunden, damit sie nicht weglaufen. Sie blöken und protestieren auch manchmal recht lautstark. Auf den Ladeflächen von Lastwagen und Pick-ups sitzend werden sie abtransportiert. Offensichtliche Tierquälerei sehe ich keine.

Um einiges ruhiger geht es auf einer nächtlichen Ausfahrt auf einer Nilfelukke zu. Das ist nur ein kleiner Ausflug, bei dem man das nächtliche Kairo bewundern kann. Und nach einem taucht Wüstensohn A. auf. Er bringt seine Schwester zu einem Englischkurs und wir schauen uns so lange die Moschee Ibn Tulun an. Am nächsten Tag fahren die beiden wieder die vier Stunden nach Bahariya zurück.

Da ich oft so nah an den Menschen dran bin, bleiben mir auch ihre Kümmernisse nicht erspart und die nächste Rettungsaktion steht an! Man ruft mich an, Samir, der Freund aus Dahab, habe einen Autounfall gehabt und liege in einem Krankenhaus in Alexandria. Trotz zweier Knochenbrüche und einiger Prellungen wird er tags darauf schon entlassen und liegt nun im Haus seiner Großmutter. Also setze ich mich in einen Bus von Kairo nach Alexandria und besuche den armen Kerl. Natürlich lasse ich auch etwas Geld für die Behandlungskosten da. In der gleichen Nacht bin ich wieder zurück, denn anderntags geht mein Flugzeug in die Heimat.

Immer wieder treffe ich Menschen, die mich ein Stück weit in ihr Leben integrieren und mich herzlich aufnehmen. Und manchmal brauchen sie auch meinen Beistand. Schön, aber auch anstrengend. Ganz unmerklich ist mein Arabisch ein bisschen besser geworden und manche Leute freuen sich über meine Bemühungen. Aber nun darf ich wieder eine Weile Schwäbisch schwätzen, in shallah!

Bildergalerie + Tagebuchzeichnungen

San Roque
17.02.07

«EL GALLO»
CORO
18.12.06

Santa Marta
Colombia
8.1.07

Santa Catalina
Monasterio
30.03.07
Arequipa, Peru

7.3.07
Tortuga Bay
Galapagos

Isla del Sol
7.4.07

Cartagena
San Pedro
19.1.07

06.02.06 HANGA VARE VARE Tallados: Confección réplica aldea de Orongo

TU EJEMPLO
VIVE

एलोरा लेणी
Ellora Caves

9:30

Air Vanuatu

CENTRE OF NEW

FRUITS MAA TAHITI
UPU

Größere Zusammenhänge

Südfrankreich, Tunesien, Marokko, Spanien

Südfrankreich

Monsieur B. holt mich in Nizza vom Flughafen ab. Er ist ein guter Freund von H., dem Tunesier, den ich in Kairo vor der Abschiebehaft gerettet habe. H. hat ihm von mir erzählt und so kümmert sich dieser Gentleman der alten Schule rührend um mich. Wir fahren zusammen nach Cannes, wo er mir kostenlos ein Apartment mitten in der Stadt zur Verfügung stellt. Die Côte d`Azure erwartet mich zunächst mit Sonnenschein, aber im März kann es auch hier noch empfindlich kühl werden. Monsieur B. macht mit mir einen Ausflug nach Tanneron. Die Hügel dort sind mit knallgelb blühenden Mimosen-Bäumen übersät; dazu der Schnee auf den Gipfeln der Seealpen dahinter, was für ein Bild!

Bei einem Kaffee im berühmten Carlton Hotel in Cannes erzählt er mir eine lustige Anekdote: Als Makler wurde er vor vielen Jahren einmal in ein Haus gerufen, dessen Wert er schätzen sollte. Mit der Hausherrin wanderte er durch die Räume und sah dabei auch einen Mann am Klavier, der dazu sang. Monsieur B. meinte, die Musik sei schön, er sei begabt und solle etwas daraus machen. Danke, sagte der Musiker. Als Monsieur B. das abends seiner Frau erzählte, sagte die ihm zu seiner Überraschung, dass es sich dabei um Charles Aznavour gehandelt habe!! Der Künstler war aber wohl souverän und hatte sich nichts anmerken lassen!

Mit vielen guten Wünschen und Grüßen versehen, fliege ich weiter nach ***Tunesien***.

Am Flughafen in Tunis nehmen mich H. und seine Mutter in Empfang. Zuerst verfrachtet er mich in ein Hotel in Monastir, damit der Kulturschock für mich nicht so groß sein soll. Da kennt er mich aber schlecht! Ich kann mich anpassen, auch wenn das Badezimmer im Haus seiner Eltern in Beni Hassen gewöhnungsbedürftig ist. Eine Schwester hat dann ein Bett freigemacht für mich, und die Frauen zeigen mir auch, wie ich mit Badeschemel, Eimer mit heißem Wasser und Schöpfkelle umgehen soll. Hauptsache genug Wasser, Hauptsache warm! In der Küche darf ich aus einem Sud von Früchten einen Pudding zu Ehren von Prophet Mohammeds Geburtstag kochen. Ich rolle Couscous von Hand und schaue auch zu, wie Würste aus Schaffleisch hergestellt werden. Eine Schwester zeigt mir ihren üppigen Brautstaat und kleidet mich ein. Zum Glück möchte mich keiner heiraten!

Bei Ausflügen bestaune ich den Ribat von Monastir, eine islamische Verteidigungsanlage; das Mausoleum des Habib Bourguiba, des Vaters der tunesischen Unabhängigkeit; und der Welt drittgrößtes Kolosseum in El Djem. Die Kleinbusse heißen hier „louage" und die farbigen Streifen an ihren Seiten zeigen an, in welche Richtung sie fahren.

Viele Frauen tragen hier kein Kopftuch und erscheinen recht modern. Die Kaffeehäuser sind aber weitgehend Männerdomäne und haben oft keine Frauentoilette!

In der heiligen Stadt Kairouan darf ich nur vom Innenhof aus einen andächtigen Blick in die Moschee werfen. Es gibt alte römische Schöpfbrunnen und großzügige Wasserbassins. In der Medina findet man strahlend blau gestrichene Türen, die mit hübschen Nagelmustern verziert sind und an den Häusern zierliche Holzbalkone.

In der Familie arbeiten sie bei der Feuerwehr, auf dem Flughafen, eine Schwester hat ein kleines Buchgeschäft und H. bedruckt T-Shirts. Er träumt davon, nach Frankreich zurückzukehren, aber die „Festung Europa" ist nicht so leicht einzunehmen. Eine Schwester malt mir noch echte Henna Tatoos auf die Hände; nicht mit der potenziell giftigen schwarzen Paste, sondern mit echtem Henna, das über Nacht einwirken muss. Dafür verpackt sie meine Hände in Plastik und in ein Tuch. Am nächsten Morgen darf ich dann das Ergebnis bewundern. Das Muster verblasst nur nach und nach. Es hält einige Tage, je nachdem, wie oft ich mir die Hände wasche!

Marokko

Mein nächster Flug bringt mich nach Casablanca/Marokko. Der erste Gang führt zur Moschee Hassan II. 1993 eröffnet, ist sie die drittgrößte Moschee der Welt und hat Platz für 25.000 Gläubige. Ich sehe hier alles, was das marokkanische Kunsthandwerk zu bieten hat: Fliesenmosaike,

Zedernholzschnitzereien, Granit, Marmor, Stuck … ich kann herumwandern, aber ins Innere darf ich nicht gehen. Ein Postkartenverkäufer nimmt meinen Apparat mit und schießt drinnen Fotos für mich. Ich nehme einfach mal an, dass ich an so einer heiligen Stätte nicht bestohlen werde! Die Fotos sind schön, danke!

In einem Ladenstübchen teilt ein Berber seine Tajina mit mir. Das ist ein Eintopfessen in einem besonderen Tontopf mit spitzem Deckel geschmort, oft mit Kichererbsen, lecker! Dann schenkt er mir noch eine SIM- Karte mit einer marokkanischen Nummer für mein Handy. In seinem Laden decke ich mich mit Trockenfrüchten ein, die sind immer gut für unterwegs.

Solchermaßen gerüstet, überstehe ich die acht Stunden Busfahrt nach Essaouira und genieße die entspannte Atmosphäre dort. In der Altstadt fahren keine Autos. Also fangen junge Männer mit Handkarren die Besucher am Busbahnhof ab und geleiten sie samt Gepäck in das gewünschte Hotel. Meines hat eine Dachterrasse mit Blick auf die Atlantikwellen, einen Lichthof mit umlaufenden Geländern für jedes Stockwerk und viele Kissen, bunte Decken, schöne Lampen. Man erzählt mir, dass das Städtchen nach einem Besuch von Jimmy Hendrix bei den Hippies sehr beliebt gewesen sei. Und auch heute noch finde ich es hier sehr angenehm.

In so manchem Ladenstübchen trinke ich Pfefferminztee, pule Erbsen mit den Frauen, esse Couscous mit ihnen. Auf meinen Musikgeschmack angesprochen, gebe ich ein bisschen damit an, dass ich Alpha Blondy schon live gesehen habe und auch ein paar afrikanische Musiker kenne. Wenn ich dann noch meine schönen Henna-Tatoos an den Händen vorzeige und ein paar Worte Arabisch spreche, kommt unweigerlich wieder das Kompliment, dass ich keine Touristin sei, sondern eine Berberfrau …

In Marrakesch soll mich ein Couchsurfer vom Busbahnhof abholen. Soll … Nach einer Zeit des Wartens suche ich einen Bus, frage mich durch und finde bei strömendem Regen ein kleines Hotelzimmer. So was kann mal passieren, hält mich aber nicht davon ab, es einmal wieder mit Couchsurfing zu versuchen. Am gleichen Abend schaue ich mich auf dem berühmten Platz Djemaa el Fna um. Jeden Abend werden hier Garküchen aufgebaut; man kann zum Beispiel Schneckensuppe essen und frisch gepresste Säfte trinken. Zur orientalischen Atmosphäre tragen vielerlei Gaukler bei: Wahrsager, Geschichtenerzähler, Schlangenbeschwörer, Musiker, Hennamalkünstler. Im Souk wandere ich bis in die dunklen Ecken, wo die Handwerker hämmern und flicken. Weiter vorne ist alles bunt und poliert und verlockend für die Touristen.

Der Geschmack von Freiheit und Abenteuer lockt mich in Form eines Mietwagens in Begleitung eines Einheimischen. Ein Abenteuer verdiente diesen Namen nicht, wenn es nicht auch einmal schiefgehen könnte …

Mit einem Ford Fiesta fahre ich schwitzend aus Marrakesch heraus; da weiß ich noch nichts von engen Kasbah-Gassen, kreuzenden Eselskarren, rennenden Kindern und flitzenden Zweirädern! Auf den Landstraßen kann man aber ganz gut fahren, der Verkehr fließt relativ langsam.

Ouarzazate ist das marokkanische Bollywood. Es gibt Filmstudios und eine Unmenge an Antiquitäten aus halb Afrika. Man kann schöne Stücke kaufen. Meistens dienen sie aber dazu, Filme stilgerecht auszustatten. Es gibt Geschnitztes und Gemaltes und Geschmiedetes in allen Größen. So viel ursprüngliche Schönheit an einem Platz habe ich noch nie gesehen; eine Augenweide!

Mein Begleiter nimmt mich mit in seine Familien, wo ich mal wieder leckeren Couscous serviert bekomme. Aber den größten Gefallen tun mir zwei Frauen, die mich mit in den Dorf-Hamam nehmen. Da schrubben sie mich ab, nackt auf dem Steinfußboden sitzend. Es fließt viel Wasser, erst warm, dann etwas kühler. Die Frauen unter sich bewegen sich völlig frei.

In einer Marmorfabrik sehe ich Platten mit eingeschlossenen Fossilien. Daraus werden unter anderem Waschbecken und Tische hergestellt. Auch eine Augenweide!

Und dann ziehe ich mit Dromedaren durch die Wüste zur bekannten Düne Erg Chebbi und kann mit meinem Begleiter in einem Berberzelt übernachten. In der Morgendämmerung klettert man auf die Düne hoch und wartet auf den Sonnenaufgang in der Wüste; das ist überwältigend schön! Die Besitzer der Dromedare sind Tuareg und tragen diese leuchtend blauen Tücher. Auch wir Touristen dürfen uns damit ablichten lassen.

Eines Nachts gebe ich meinem Begleiter dummerweise meinen Autoschlüssel und er fährt ein paar andere Reisende zurück in ihr Hotel. Anscheinend haben sie noch zusammen ein paar Bier getrunken und am nächsten Morgen finde ich einen tiefen Kratzer am Auto vor. Natürlich ärgere ich mich und als er sich dann auch noch über Preisabsprachen hinwegsetzt, breche ich die Reise mit ihm kurzerhand ab. Später hat mir der Autoverleiher per Kreditkarte die Reparatur in Rechnung gestellt. Die war bezahlbar. Und verletzt worden ist ja zum Glück niemand.

Allein und immer noch mit Auto setze ich meine Reise fort, 400 Kilometer bis zur nächsten Etappe. Während einer Pause spricht mich jemand an, lädt mich zum Tee ein, macht mit mir einen Spaziergang unter Zedern, wo sich Affen durch die Bäume schwingen. Solchermaßen erholt fahre ich weiter bis Meknès, wo ich das Auto abgeben kann. In der Altstadt steht das großartigste aller marokkanischen Königstore, das Bab el-Mansour. Und auch wenn man sich eine alte Madrasa (Koranschule) oder ein Museum anschaut, ist man immer wieder überwältigt von der Schönheit der Architektur. Mir gefallen besonders die vielfarbigen Mosaike.

Der junge Mann von meiner Teepause neulich stellt sich als Couchsurfer heraus. Mit ihm und einer Clique von Bergwanderführern und Teppichhändlern verbringe ich vier vergnügliche Tage mit Wandern, Grillen unter Zedern, Ausflügen zu Berberdörfern und nach Volubilis, einer römischen Stätte. Sprachlich sind die Jungs erstaunlich fit; sie sprechen Berber, Arabisch, Französisch, manchmal auch Englisch, Spanisch und ein bisschen Deutsch. Ihre große Hoffnung ist der Tourismus.

Und noch einmal komme ich in den Genuss eines dörflichen Hamams. Man begleitet mich zum gut geschützten Eingang und ich zahle eine Art Trinkgeld dafür, dass eine Frau mir zeigt, wie das alles geht. Wo ich meine Kleider lassen kann, was ich mit dem Eimer anfange, den sie mir in die Hand drückt, wie ich mein Handtuch vor Nässe schütze.

Dann geht das Geschrubbe los! Ich beobachte auch eine Oma mit ihrer Enkelin, die liebevoll miteinander umgehen. Da kann ich mich entspannen und fühle mich großartig. Ein paar Tage später gehe ich noch einmal hin. Nun weiß ich ja, wie der Hase läuft und brauche keine Hilfe. Aber die gleiche Frau erkennt mich wieder und möchte mich gerne waschen, weil ich so schön sei!!! Was sagt man dazu? Ich bin die Einzige meiner Art, die Frauen finden es wahrscheinlich interessant, einmal so eine Westlerin aus der Nähe zu sehen. Sie starren nicht, sie schauen nur und sind freundlich, also sei's drum!

Mit dem Zug fahre ich von Meknès nach Fès, wo mich zwei Couchsurfer erwarten. Ich schlafe im Haus von Issam und seiner Mutter. Die Arme muss immer wieder die Gäste ihres Sohnes versorgen, versteht aber nicht viel von den Gesprächen. Als ich mein bisschen Arabisch hervorkrame, strahlt sie und schließt mich in ihr Herz! Issam spricht astreines Englisch, studiert außerdem Deutsch; wir kennen sogar zum Teil die gleichen Bücher. Später schicke ich ihm, von zu Hause aus, ein Paket mit Bildung und Schokolade! Leider haben sich im Haus noch andere Couchsurfer angemeldet, sodass ich ausgerechnet in der Semana Santa (Karwoche) eine andere Bleibe suchen muss. Zwei Tage in einem Riad und ich fühle mich wie eine Prinzessin! Von außen sieht so ein großes Stadthaus völlig unscheinbar aus, aber wenn man den Innenhof betritt, ist man in einer anderen Welt. Die zweiflügelige, geschnitzte Holztüre zu meinem Zimmer dürfte vier Meter hoch sein, unter dem Bogen oben befindet sich ein buntes Stuckornament. Daneben zwei schmiedeeiserne Fensterverkleidungen, an der Wand und auf dem Boden Zellij-Fliesen. Achteckige Tischchen mit bunten Holzarbeiten und einer Glasplatte darüber, filigran durchbrochene Lampen, handbestickte Leintücher, bunte Kissen, einfach eine Pracht! Auch der Brunnen im Innenhof zeigt diese farbigen Fliesenmuster. Da kann ich meine Wäsche waschen und auf der Dachterrasse aufhängen. Im Souk bleibe ich bei den Künstlern hängen. Am Abend spielt mir der Sohn eines Atelierbesitzers Musik auf einer Berbergitarre und begleitet mich des Nachts zu meinem Riad. Da der Papa weiß, wo der Sohn sich mit mir aufhält, brauche ich mir auch keine Sorgen zu machen. Die soziale Kontrolle funktioniert. Zum Abschied bekomme ich aus dem

Atelier eine Muschel geschenkt, die schon über und über mit Farbe bespritzt ist.

Mit einem Rasta aus Ludwigsburg mache ich einen offiziellen Stadtspaziergang. Man zeigt uns unter anderem eine Gerberei und eine Färberei mit vielen großen Becken. Es riecht nicht angenehm. Aber auch hier ist das Kunsthandwerk lebendig und wunderschön. Der junge Mann aus Schwaben landet übrigens als Couchsurfer zufällig bei den Jungs, mit denen ich bei Meknès in den Bergen gewesen bin. Sie erzählen ihm, dass eine Deutsche mit roten Haaren bei ihnen gewesen sei und er sagt, ja, die kenne er!

Meine Busfahrt nach Chefchaouen führt mich ins Rifgebirge. Kif im Rif ... weitgehend geduldet, wird hier Marihuana angebaut. Sogar mir wird etwas zum Rauchen angeboten. Ich wandere durch eine hübsche Altstadt mit verwinkelten, steilen Gässchen und blau getünchten Fassaden. Kleine Geschäfte locken mit Töpferwaren, Gewürzen, Lederwaren und Stoffen. Die blaue Farbe soll vor dem bösen Blick schützen.

Von meiner Billigabsteige in Tanger habe ich einen weiten Blick über den Hafen und kann sogar bis Spanien schauen. Für Einheimische mit Sehnsucht nach Europa sicherlich nicht so ein erfreulicher Anblick. Tanger hat eine extrem wechselvolle Geschichte hinter sich und ist ein Mix aus vielen Kulturen. Die Stadt liegt an der Straße von Gibraltar und bildet eine Verbindung zwischen Afrika und Europa.

Immer wieder komme ich mit Leuten ins Gespräch. Ein freundlicher Teppichhändler möchte mich dabehalten. Für einen anderen Herrn soll ich in Deutschland auf seine Kosten einen alten Mercedes kaufen und den dann nach Marokko fahren. Und wieder ein anderer will mit mir von hier über Mauretanien nach Mali reisen. Was mir die Leute alles zutrauen, Donnerwetter! Und gleich noch einmal passen muss ich, als ein einheimischer Lehrer mit mir über Heidegger diskutieren will.

Im Hafen kann ich einen Fahrschein für die Reise bis nach Madrid buchen. Auf der Fähre lerne ich zum Glück die Marokkanerin Emma kennen. Es dauert nämlich Stunden bis auch der letzte Lkw abgefertigt ist und die Überfahrt nach Algeciras endlich losgeht. So können wir uns die Zeit mit unseren Geschichten vertreiben. Emma ist in Madrid verheiratet und hat in Tanger ihren Bruder besucht. Sie schenkt mir leckere Küchlein von einem Hochzeitsfest. In Algeciras wartet ein Nachtbus, der uns nach Madrid bringt.

Spanien

Im Zentrum komme ich in einer Pension unter. Mit Couchsurfing habe ich kein Glück, aber es gibt immer mal wieder die Möglichkeit, jemanden zu treffen, auch wenn man nicht bei der Person wohnt. Ein netter Architekt geht mit mir ein Bierchen trinken und lecker Tapas essen. Nach all der meist positiven Aufmerksamkeit in Marokko, komme ich mir in einer europäischen Großstadt jedoch etwas verloren vor.

Im Prado sehe ich mir die alten Meister an. Aber ein Höhepunkt ist für mich zweifellos das Museo Reina Sofia: Ich möchte Picassos „Guernica" sehen. Dieses Bild stellt die Schrecken des Krieges dar und ist erst nach dem Ende der Franko-Ära nach Spanien gekommen.

Mein eigentliches Ziel liegt im Norden des Landes. Meine Tochter Malena studiert zu dieser Zeit an einer Tourismus-Schule in Berlin und ihre sehr rege Klassenlehrerin schlägt eine einwöchige Reise mit Wanderung nach Santiago de Compostela vor. Gut, da bin ich schon einmal gewesen, aber wenn ich meine Tochter dort treffen kann, hat das noch mal eine ganz andere Qualität!

Zunächst muss ich mein Gepäck auf das absolut Notwendige reduzieren, schließlich möchte ich 200 Kilometer mit dem Rucksack wandern. Ich suche Verpackungsmaterial und eine Post und schicke die überflüssigen Sachen an eine Nachbarin zu Hause. Ein Bus bringt mich nach Leon. Dort übernachte ich in einer Pilgerherberge und wandere am nächsten Tag die ersten 22 Kilometer. Den „Camino de Santiago" brauche ich wohl nicht weiter zu erklären, dieser mittelalterliche Pilgerweg ist mittlerweile wieder sehr bekannt geworden.

Dieses Mal treffe ich am Anfang oft nur Deutsche, bis ich in einer Herberge mit Bullerofen angeregte Gespräche mit einem jungen Madrileno führe, bis hin zu einer liebevollen Rückenmassage. Einmal komme ich ziemlich durchnässt in einer Herberge an. Da stehen fünf Leute mehrerer Nationen und nehmen mich gleich zum Abendessen mit. Solche Begegnungen gibt es oft auf dem Weg: Man bekommt etwas, was man dringend braucht oder umgekehrt kann man etwas geben. Meine Sprachkenntnisse sind gefragt bei der Suche nach einem Bus von Ponferrada nach Sarria. Dazwischen liegt der mühsame Aufstieg auf den O Cebrero. Den habe ich schon einmal gemacht und möchte ihn mir ersparen. Ein paar Damen aus Deutschland und Frankreich sind der gleichen Meinung und schließen sich mir an.

Ab Sarria sind es noch 100 Kilometer bis Santiago und die muss man laufen, wenn man als Fußpilger anerkannt werden möchte. Im Pilgerausweis wird jede Nacht abgestempelt und am Schluss bekommt man dann die begehrte Urkunde im Pilgerbüro in Santiago. Am 100-Kilometer-Stein stehen viele und lassen sich ablichten. Der liebe Gott sitzt bestimmt oben und macht eine Strichliste!! Kurz vor Portomarin treffe ich einen spanischen Busunternehmer mit Knieproblemen. Ich unterhalte mich mit ihm, um ihn von seinen Schmerzen abzulenken und besorge ihm Eisbeutel zum Kühlen. Später stellt er mich seinem Freund Joaquim aus San Sebastian vor. Der ist wiederum mit Francois aus Johannesburg unterwegs und wir haben einen unterhaltsamen Abend zusammen. Joaquim lädt mich ein, mit ihm und Francois weiterzuwandern und eine Nacht verbringen wir im Haus seiner Schwester in Ribaldiso. Was für ein Luxus! Jeder von uns hat ein Zimmer für sich; ohne Geschnarche und ohne das Plastiktüten-Geknister, wenn die ersten Pilger im Schlafsaal schon um halb sechs losziehen!

In Santiago angekommen, geht man natürlich zuerst in die große Kathedrale und legt der Jakobsstatue die Hände auf die Schulter! Meine beiden Begleiter wandern mit mir zum Fischmarkt, wo wir Jakobsmuscheln und Riesenkrabben kaufen. Diese Köstlichkeiten lässt man sich dann in einem Restaurant gegen ein kleines Entgelt zubereiten.

Ich habe noch Zeit und fahre nach Bilbao. Dort kümmert sich Joaquims Schwester um mich und zeigt mir die Stadt von allen Seiten: alte, traditionelle Bars in der Altstadt, eine Hängebrücke mit Fähre darunter, die Metro, eine Bergbahn, den Fluss und das Meer. Und dann ist da natürlich noch das spektakuläre Guggenheim-Museum. Unverwechselbar die moderne Architektur und interessant die verschiedenen Kunstrichtungen. In Santander versuche ich es mit Couchsurfing, keine Übernachtung finde ich, aber unterhaltsame Begleitung. Ein chilenischer Doktorand macht lange Strandspaziergänge mit mir und wir treffen uns zum Abendessen. Die Stadt liegt wunderschön in einer Bucht.

Und dann endlich ist es Zeit, meine Tochter vor der Kathedrale in Santiago in die Arme zu schließen. Es nieselt, ich stehe an der schmalen Straße, die von oben her an der Kathedrale vorbeiführt. Mit Argusaugen beobachte ich jeden, der mit großen Erwartungen hier vorbeikommt. Viele Menschen sind müde, haben unterschiedlich lange Wege hinter sich. Und da sind sie! Malena und ein paar ihrer Klassenkameraden! Große Freude, es geht ihnen gut! Wir stellen uns mitten auf den großen Platz, damit uns die Nachzügler aus der Gruppe leicht finden können. Auch die Lehrerin ist froh, dass alle glücklich angekommen sind. Malena berichtet, dass sich manche schon schwergetan haben, mit dem Tempo der Gruppe mitzuhalten. „Cada uno a su ritmo", jeder nach seinem Rhythmus. Ich begleite die Gruppe zum Pilgerbüro, wo sie schließlich alle stolz ihre Urkunde in den Händen halten. Um 12 Uhr ist Pilgermesse, da werden die Nationalitäten aller Pilger dieses Tages verlesen; unglaublich, wie viele Länder sich darunter finden! So manchen übermannt auch die Rührung und die Tränen kullern. Wenn man Glück hat, wird an diesem Tag auch das große Weihrauchfass über den Köpfen geschwungen. Ja und gesungen und gebetet wird natürlich auch. Nicht alle Anwesenden sind katholisch, aber zweifellos hat jeder etwas Besonderes erlebt und kann für sich die eigenen Schlüsse daraus ziehen.

Unsere Wege trennen sich wieder, Malena kehrt nach Berlin zurück, ich fliege nach Frankfurt/Hahn. Und in nicht allzu ferner Zukunft sollte ich sie auf der Osterinsel besuchen …

Häufig gestellte Fragen II EXKURS

Wie schaffst du das alles in deinem Alter?

Zwei Zauberworte: Zeit und Zuversicht.

Wenn ich mit Einheimischen zusammen bin und es Zeit ist für den Weg zum Flughafen, dann greife ich mittlerweile manchmal zu Notlügen. Ich kann es nämlich nicht ausstehen, wenn ich am Schluss dann doch spät dran sein sollte und ich in Bedrängnis gerate. Lieber sage ich, dass mein Flug früher startet und ich in Wirklichkeit dann aber Zeit zum Rumsitzen und Kaffeetrinken habe. Vorsorglich schon zu früh bereit zu sein, sei „ältlich“, sagte mir einmal jemand. Dann bin ich halt ältlich, auf jeden Fall muss ich meine Nerven schonen. Wenn ich an alles mit genügend zeitlichem Spielraum herangehen kann, ist vieles möglich, sehr vieles. Zeit ist ein Luxus.

Wenn etwas schiefläuft, muss ich aufpassen, dass ich nicht in eine Abwärtsspirale gerate und in Krankheit und Depression lande. Solange ich körperlich unversehrt bin und dazu alle wichtigen Dokumente noch in der Hand halte, werde ich auch in einer schlechten Situation meine Zuversicht nicht verlieren. Die meisten Menschen sind hilfsbereit und mir wohlgesonnen; und das quer durch viele Religionen und Kulturen.

Und was ist mit Souvenirs?

Eine Couchsurfing-Familie meinte einmal, ich sammle Menschen und keine Dinge.

Als Künstlerin liebe ich das Schöne, Interessante, Andersartige. Aber meine Wohnung soll kein ethnologisches Museum sein. Ein paar leicht transportierbare Einzelstücke gibt es schon. Und gelegentlich kaufe ich etwas Nützliches, was ich zu Hause auch gebraucht hätte. Schwach werde ich bei handgeschöpften Papieren. Die kann ich zu Collagen weiterverarbeiten.

„Haben oder Sein“ sagt Erich Fromm. Ich bin mehr für das „Sein“. Wobei ich gut reden kann, denn meine Grundbedürfnisse sind gedeckt. Manche meiner Dritte-Welt-Freunde können sich über das Thema „Haben“ nicht so leicht hinwegsetzen.

Oosterschelde

Kapverdische Inseln

Diese Geschichte beginnt eigentlich mit John, dem pensionierten Flugkapitän, den ich in Curacao kennengelernt habe. Er und zwei seiner radfahrenden englischen Freunde kommen bei mir in Sindelfingen vorbei. Bei einem gemeinsamen Abendessen erzählt mir einer von ihnen von einem Segeltörn mit der Oosterschelde. Nicht dass ich schon immer vom Segeln geträumt hätte, aber nachdem ich mich informiert habe, beschließe ich, diese Schiffsreise zu einem Teil meines Winterprogramms zu machen.

Die Oosterschelde ist ein dreimastiger Toppsegelschoner mit einer ganz besonderen Atmosphäre. Er lief 1917 in Rotterdam vom Stapel, durchlief mehrere Phasen und ist erst seit 1992 wieder als Segelschiff für Personenfahrten in Dienst gestellt. Es gibt 2- und 4-Bett-Kabinen, Raum für 24 Gäste an Bord.

Ich fliege zunächst einmal auf die Insel Sal/Kapverden und schnuppere atlantische Seeluft in Santa Maria. Sand zwischen den Zehen, Wind und Wellen, zum Baden für mich ein kleines bisschen zu kalt. Es ist Dezember und immerhin angenehm warm und sonnig. Ein junger Senegalese nimmt mich mit zu einer afrikanischen Mahlzeit in einem Hinterhof. In diesem „Restaurant" gibt es jeden Tag einen großen Topf mit Essen, das sehr preisgünstig verkauft wird. Da sitze ich nun in großer Runde und wir löffeln Reis mit Erdnusssoße von einer Platte in der Mitte. Überflüssig zu erwähnen, dass ich dabei die einzige Weiße bin. Abends gehe ich tanzen in einer Reggae Bar und kapverdische live Musik findet sich auch noch.

Kulturell bewegt sich dieser Inselstaat zwischen Afrika und Europa. Amtssprache ist Portugiesisch, Umgangssprache Kreol. Von den 15 kapverdischen Inseln sind 9 bewohnt. Und 6 davon habe ich mit der Oosterschelde besucht.

Mit einem Schlauchboot werden wir Gäste nach und nach an Bord gebracht. Ich krabbele an einer Strickleiter hoch und als ich gerade mühsam einen Fuß an Bord gesetzt habe, schnappt mich einer von der 5-köpfigen Mannschaft und dreht gut gelaunt ein Tänzchen mit mir. Was für ein Empfang! Hochklettern muss ich auch zu meinem Etagenbett. Die Kabine ist sehr eng, der Stauraum aber clever genutzt und meine drei mitreisenden Mädels sind sehr angenehm. Ein Lichtschacht führt zu einer Luke oben, sodass für frische Luft gesorgt ist. Bordsprache ist Englisch, viele Mitreisende sind Holländer. Wir bekommen die Grundbegriffe des Segelns erklärt: ich kann jetzt Kurs Süd-Süd-West halten, Seemannsknoten knüpfen, Backbord von Steuerbord unterscheiden und kenne die Bedeutung von roten und grünen Lichtern auf dem Schiff. Des Nachts werden wir gelegentlich zu 4-Stunden-Wachen eingeteilt. Da gibt es meistens nicht viel zu tun, es sei denn der Wind dreht sich und wir müssen Segel setzen. Tagsüber macht es uns großen Spaß, auf dem Schiff herumzustromern und da und dort mit Hand anzulegen; aber nur, wenn man möchte. An einer Strickleiter kann man am Mast hochklettern. Es reizt mich, das auszuprobieren. Ich werde angeschirrt, der sympathische Sohn des Kapitäns wartet unten mit meiner Handykamera und los geht`s! Ganz weit oben müsste man um den Mastkorb herumklettern; das mache ich nun doch nicht. Stattdessen halte ich eine Weile inne und genieße die weite Aussicht über das Meer.

In der Kombüse lerne ich von der Köchin, wie man eine leckere Zitronencreme zaubert. Auch hier kann man helfen, wenn man Lust dazu hat. Das festliche Weihnachtsessen wird wegen hohen Seegangs um einen Tag verschoben und zu Silvester tanzen wir auf schwankendem Boden! Einige von uns kämpfen zuweilen mit einem Anflug von Seekrankheit; ich zum Glück nicht!

Landgänge werden individuell und preisgünstig organisiert. Meldet man sich an, wartet ein Jeep an Land und ein einheimischer Führer übernimmt die Leitung. Wir klettern zu einem Vulkankrater, wandern zwischen grünen Terrassenfeldern, stapfen durch eine Wüste, bestaunen ein angeschwemmtes Wrack oder picknicken an einem stürmischen Strand. Leider machen Sandstürme aus der Sahara die Sicht oft milchig weiß, was wir dann scherzhaft unsere weiße Weihnacht nennen. Mit dem Schlauchboot werden wir jeweils an Land und zurück aufs Schiff gebracht. Die Mannschaft erfüllt uns auch Wünsche, wie zum Beispiel abends zu einer Bar gefahren zu werden. Wir hören live Musik, sitzen aber auch alle fleißig an unseren Handys, denn an Bord gibt es kein Wifi.

Schließlich wieder an Land, bleibe ich ein paar Tage in Palmeira auf der Insel Sal. Mein airbnb-Zimmer hat eine gemütliche Terrasse; meine Zimmernachbarin ist Brasilianerin und macht mich mit ihren Taucherfreunden bekannt. Zu Fuß erreiche ich eine Saline in einem Krater. In vielen Becken wird Salz gewonnen, in einem aber darf ich ausgiebig planschen. Der hohe Salzgehalt des Wassers gibt Auftrieb. Und dann wandere ich noch zum Blue Eye und staune über eine Höhle, deren Inneres blau leuchtet, wenn das Sonnenlicht schräg von oben einstrahlt.

Ein kurzer Flug bringt mich in die Hauptstadt Praia auf der Insel Santiago. Im „Praiadise Hostel“ komme ich gut unter. Die Stadt hat eine entspannte Atmosphäre, die Preise sind moderat, die Menschen freundlich. Von hier aus ist es dann nur noch ein Katzensprung nach Westafrika.

Große Erwartungen

Senegal

Beim viertägigen Afrikafestival in Würzburg spielt westafrikanische Musik jedes Jahr eine wichtige Rolle und dazu gibt es wiederholt eine große Modenschau mit senegalesischen Entwürfen.

Meine Freundin Erika hat ein Patenkind im Süden des Landes. Und einen Kontakt zu Couchsurfer Ibrahima habe ich auch.

Genug Gründe also, um mit einigen Erwartungen in den Senegal zu reisen.

Ibrahima schickt mir seine Frau Rama an den Flughafen in Dakar. Wir kennen uns nur von einem Foto, aber der Kontakt ist sofort da und wir machen uns auf zu einem privaten Quartier. Die Ankunft dort beschreibe ich im Kapitel „In fremden Betten". Sie studiert in Gambia, hat aber jetzt ein paar Tage Zeit für mich. In einer Piroge setzen wir zum Stadtstrand Ngor über, streifen durch die sandigen Gassen und bleiben eine Weile am Strand. Ich gehe baden, Rama nicht; sie ist Muslima, trägt ein Kopftuch und ist eher zurückhaltend. Das hindert sie aber nicht daran, am Abend mit mir zu einer Reggae Party zu gehen. Wir haben nämlich den Künstler Amadou kennengelernt, der uns zu der Party begleitet. Es gibt wenig Alkohol, viel Gelegenheit zum Tanzen und Rama ist das einzige Mädchen mit Kopftuch. Ihr Mann wundert sich, was wir Mädels so alles anstellen. Er ist zur Zeit nicht in Dakar, da er in einem entlegenen Dorf als Lehrer arbeitet. Rama und ich schauen uns auch auf der Sklaveninsel Gorée um und schließlich machen wir uns auf den Weg zu Erikas Patenkind Marie Ange. Die Sammeltaxis heißen hier „sept place", weil sie sieben Plätze haben. Wie in vielen Ländern fahren sie erst los, wenn alle Plätze belegt sind. Meist sind es grausige Schrottkarren. Kurz vor unserem Zielort Joal steigt ein Lehrer zu, ich komme mit ihm ins Gespräch und er kennt doch tatsächlich die Schule, die wir suchen und das Mädchen Marie Ange! Ich darf kurz in die Klasse gehen, sogar Fotos machen und später mit dem Lehrer sprechen. Sie schlägt sich so durch, wird mir erzählt. Nach Schulschluss am frühen Nachmittag treffen wir uns im Garten des kleinen Hotels, wo Rama und ich wohnen. Hat Marie Ange Hunger? Ja. Ihre Schulkameradin auch? Ja. So essen wir nun zu viert. Transport und Essen sind einigermaßen preiswert, Hotels recht teuer. Mit den Mädchen schlendern wir über eine Holzbrücke zu der Muschelinsel Fadiout. Es knirscht unter unseren Füßen, überall Muschelschalen auf dem Boden und keinerlei befestigte Straßen. Es ist hübsch hier und eine kleine Sehenswürdigkeit für Touristen. Marie Ange lebt mit Mutter und kleinem Bruder im Haus einer Tante, vom Vater keine Spur. Im Auftrag meiner Freundin Erika übergebe ich einen Brief mit Fotos und einem kleinen Geldbetrag. Sprachlich ist das Eis ein wenig dadurch gebrochen, dass Rama die lokale Sprache Wolof spricht. Ansonsten ist Französisch angesagt, was nicht jeder so richtig gut spricht.

Weiter geht die Reise bis Mbour, wo sich unsere Wege vorerst trennen. Rama fährt weiter zu ihrem Mann und Künstler Amadou nimmt mich mit nach La Somone, einem Ferienort am Strand. Wir gehen zu Tanzabenden mit senegalesischer Musik, das ist so ganz nach meinem Geschmack. Einmal schließt uns eine Gruppe Franzosen ins Herz; wohl auch deshalb, weil sich Amadou mit großer Geduld einer älteren, gehbehinderten Dame annimmt. Überhaupt imponiert mir seine ruhige Art zu beobachten und Verantwortung zu übernehmen. Er ist alleinerziehender Vater von zwei Söhnen, für die ich mich dann eine Zeitlang finanziell engagiere. Zu seinem Geburtstag fahren wir mit einem Bötchen zu einer kleinen Insel mit einem Rasta Restaurant. Dort ist alles auf Reggae und Bob Marley ausgerichtet. Ein idyllischer Ort. Hände waschen auf afrikanisch? Eine große Kanne mit Wasser und eine Plastikschüssel. Aus der Kanne gießt man Wasser über die Hände, in der Schüssel wird das Schmutzwasser aufgefangen. Oft isst man mit den Händen, aber Händewaschen ist ohnehin Pflicht. Wir lassen uns frischen Fisch schmecken und verbringen einen vergnüglichen Nachmittag. Auf dem Heimweg erklärt mit Amadou, dass die überall blühenden Bougainvillae nicht nur zur Schönheit da sind, sondern auch zum Schutz. Sie bilden dichte Dornenhecken und dadurch einen natürlichen Zaun.

Auf meinem Weg ins Landesinnere komme ich mir manchmal vor wie im Film: abenteuerliche Gefährte mit Schafen auf dem Dach oder mit lebenden Hühnern. Marktfrauen mit ihren Eimern, Schüsseln und Säcken. Blau gewandete Tuareg aus Mali, Muslima mit einem lockeren Schal über dem Haar und womöglich mit einem Spaghetti-Top, Straßenhändler jeglicher Couleur, an jeder Ecke Musik und dazwischen Muezzinrufe. Besonders fallen mir die hübschen, grazilen Frauen in ihren farbenfrohen Gewändern auf. Da sind sie wieder, die schönen, geschmackvollen Stoffe, die ich vom Afrikafestival her kenne. Auch die Schnitte sind ausgesprochen elegant, auch im Alltag; eine Augenweide. Meine Bitte, sie fotografieren zu dürfen, wird meistens abgelehnt, was ich natürlich respektiere.

Ein „sept place“ spuckt mich irgendwo bei Gossas aus, wo mich Rama und ihr Mann Ibrahima in Empfang nehmen. Da versorgt man mich in einer Großfamilie und will mich unter viel Gelächter auch gleich verkuppeln. Die Erwartung dahinter? Natürlich Europa! Am folgenden Tag geht es mit noch abenteuerlicheren Gefährten ins nächste Dorf, wo Ibrahima unterrichtet und in einem Lehrerwohnheim lebt. Zu dritt nächtigen wir dann in seinem Zimmer auf Matratzen. Das „Bad“ ist zum Schöpfen, die „Küche“ auf dem Boden; Rama kocht trotzdem, irgendwie. Es gibt wieder die leckere Erdnuss Soße, die mir auf den Kapverden schon so gut geschmeckt hat. Mit Lehrern und Schülern habe ich nette Begegnungen. Der Unterricht kann auf Französisch, Arabisch und Englisch stattfinden. Ein Lehrer bezieht mich einmal in seine Stunde ein und es macht Spaß, mit den Schülerinnen und Schülern zu interagieren. An einem Nachmittag nimmt mich Ibrahima zum Sportplatz mit und der Anblick der Fußball spielenden Mädchen überrascht mich! Von normaler Sportkleidung bis hin zu ziemlicher Verhüllung ist alles vorhanden. Der Platz ist sandig, wie eben die ganze Umgebung, die Sonne brennt, aber die Begeisterung ist groß!

Wieder zu Hause, erstatte ich Erika genauen Bericht. Das Mädchen wird aber ihren Erwartungen nicht wirklich gerecht. Ob sie die Chance nützt, ist noch nicht ganz abzusehen.

Amadou erwartet Hilfe für seine Söhne, die kann ich ihm geben; weitere Erwartungen kann ich aber leider nicht erfüllen.

Musik, Couchsurfing, die Schönheit Afrikas … so habe ich den Senegal erlebt.

Ein Subkontinent mit vielen Gesichtern

Indien

Indien ist genauso, wie ich es mir vorgestellt habe: laut, bunt, schmutzig, blitzsauber, hochtechnisiert, reich, bitterarm, spirituell.

Selbst ich als erfahrene Weltreisende, habe mich zunächst nicht getraut, da alleine herumzureisen. Zusammen mit meinem sehbehinderten Wanderkameraden Peter aus Thüringen bin ich also in einer 12-köpfigen Gruppe von djoser Reisen unterwegs. Unsere Reisebegleiterin Sabine tut alles, um uns die vielfältige Kultur nahezubringen. In Delhi führt sie uns zu einem Tempel des Affengottes Hanuman. Im indischen Epos Ramayana ist er ein treuer Helfer des Gottes Rama. In der bunten Welt der Hindugötter gibt es gute und böse, unterstützende und zerstörende. Unterstützend sind auch Menschen im Sikh Tempel. Da gibt es immer eine Großküche, die täglich gratis Tausende Menschen versorgt. Wir staunen über die überdimensionalen Töpfe und Pfannen.

Kleiner Exkurs: Bei mir zu Hause ist einmal ein couchsurfender Sikh zu Gast gewesen und hat mich in seinen Tempel in einem Nachbarort von Sindelfingen eingeladen. Nach einem Gottesdienst, von dem ich natürlich kein Wort verstanden habe, zeigt man mir das Heilige Buch und serviert mir das Essen, das für alle Anwesenden jeden Sonntag gekocht wird. Ich spüre eine große Offenheit und Gastfreundschaft.

Vegetarisches Essen ist in Indien abwechslungsreich und lecker und in jeder Region ein bisschen anders. Unsere Gruppe lässt sich von Sabine gerne zu manchen Genüssen verführen. Uns schmecken chai masala (Gewürztee), chapati (Fladenbrot) aus dem Tandoori-Ofen, dahl (Linsengerichte) und vor allem das thali: Auf einem großen Blechteller stehen viele Schälchen mit verschiedenen Gemüsen und Soßen, dazu gibt es Brot und Reis. Kellner gehen zwischen den Tischen umher und schöpfen nach. Es ist alles sehr einfach, wir sind die einzigen Touristen in diesem Lokal und genießen die Atmosphäre. Und dazu schmeckt ein Lassi (Joghurtgetränk).

In Delhi ist das Gewusel unvorstellbar: Rikschas und Motorrikschas, heilige Kühe, Busse, Autos und Menschen. Und trotzdem haben manche in dem ganzen Chaos noch ein Lächeln für einen übrig, unglaublich.

Ganz ruhig und andächtig stehen alle an der Gedenkstätte, wo Mahatma Gandhi eingeäschert worden ist.

In Mandawa besichtigen wir einige „Havelis", ca. 100 Jahre alte Häuser reicher Kaufleute an der Seidenstraße. Sie handelten mit Seide, Baumwolle und Opium. Die Innenhöfe sind prächtig mit Göttern aus dem Hinduhimmel bemalt, dazwischen mogelt sich auch einmal etwas Modernes, z. B. ein Zug oder ein Flugzeug. Ein Kamelritt bringt uns in die Wüste Thar. Wir und eine einheimische Touristengruppe genießen Gesang und Tanz unter dem Sternenhimmel. Übernachtet wird in Rundhütten mit Hirsestrohdächern.

Der beeindruckenden Paläste sind viele, was für eine Hochkultur! Und doch sehen wir gleichzeitig Frauen, die in Saris gekleidet auf Baustellen arbeiten und Kinder, die uns um Seife und Kugelschreiber anbetteln.

Die verlassene Hauptstadt Fatehpur Sikri, das „Baby-Taj Mahal" Itimad-ud-Daula und das Intgra Akbar Mausoleum sind nur Vorstufen zum großen Höhepunkt in Agra: das Taj Mahal, Denkmal einer großen Liebe. Zwischen 1632 und 1653 aus Marmor und vielen Halbedelsteinen aus aller Welt erbaut, ist es Ausdruck höchster Mogul-Baukunst. Der Dichter Rabidranath Tagore nennt das Mausoleum „eine Träne im Antlitz der Ewigkeit". Trotz der vielen Touristen bleibt es beeindruckend und ist wunderschön!

Eine etwas umständliche Anreise bringt uns in den kleinen Ort Khajuraho. Die Hauptattraktion hier sind Hindutempel, diesmal nicht bunt geschmückt. Warum also nehmen Besucher den weiten Weg auf sich? Im nach außen hin sehr prüden Indien rufen die vielen Steinfiguren an den Fassaden oft ein verschämtes Lächeln hervor. Es sind nämlich alle möglichen Stellungen der sexuellen Begegnung dargestellt! Fein in Stein gehauen und sehr explizit. Für uns Westler nichts Neues, aber schön! Da wir im Laufe der Reise auch immer wieder freie Zeit haben, bietet sich die Gelegenheit, mit zwei Einheimischen noch weitere

Tempel zu besuchen. Einer nennt sich Lucky und mit ihm werde ich auf meiner nächsten Reise eine Weile unterwegs sein.

Ein Höhepunkt fehlt aber nun noch: Varanasi, der heiligste Pilgerort der Hindus. Hier werden an den Stufen zum Ganges, genannt Ghats, die heiligen Waschungen vollzogen. Unsere Reisebegleiterin Sabine und jemand aus unserer Gruppe kleiden sich in die vorgeschriebenen Tücher und tauchen doch tatsächlich drei Mal vollständig im Flusswasser unter! Im gleichen Fluss wird auch Wäsche gewaschen und an zwei besonderen Ghats werden Leichen verbrannt, deren Asche dann im Ganges verstreut wird. Eine elektrische Verbrennung ist preisgünstiger als ein traditioneller Holzstapel. Todkranke Menschen kommen nach Varanasi in der Hoffnung, dass sie an diesem heiligen Ort sterben und verbrannt werden können.

Abends sehen wir eine Aarti-Zeremonie und weil das Divali-Lichterfest gefeiert wird, lassen auch wir von einem Boot aus 108 Bötchen mit Kerzen darin zu Wasser und den Ganges hinuntertreiben. Ein romantischer Anblick. Divali wird gefeiert, weil der Gott Rama mit seiner Geliebten Sita, nach Entführung und Exil, mit Hilfe des Affengottes Hanuman zur Erde zurückgeflogen kam. Die Menschen haben seine „Landebahn" mit Lämpchen hell erleuchtet. Es gibt auch Puja-Zeremonien zu Ehren der Göttin Lakshmi mit Gebeten, Kerzen, Feuerwerk und Süßigkeiten aus Büffelmilch. Und überall sieht man Lichterketten und bunte Blumen und die Menschen wünschen sich „happy Divali!" Ein bisschen wie Weihnachten und Silvester zusammen!

Die Route geht nun eigentlich weiter nach Nepal, aber ich möchte mit meiner Erzählung zunächst noch in Indien bleiben. Nach diesen doch recht guten Erfahrungen, traue ich mir ein Jahr später eine Reise auf eigene Faust zu.

Auf einer Reise durch die Philippinen lerne ich Andrew kennen, einen Engländer mit deutschen Wurzeln. Er empfiehlt mir, nach Goa zu reisen und mich in die erfahrenen Hände von Joby zu begeben. Joby bietet heilende Massagen an. Bei mir gibt es zum Glück nicht viel zu heilen, aber seine Massagen sind in der Tat besonders wirksam, ein echter Profi mit gutem Gespür für Verspannungen.

Goas Strände besuche ich kurz vor dem Anfang der Monsunzeit. Dort spazieren zu gehen und in den kleinen Geschäften herumzustöbern macht Spaß. Nach ein paar Tagen werden die vielen Stände geschlossen oder sogar ganz abgebaut. Auch in den Restaurants ist der Monsun ein Thema. Haben sie morgen noch offen? Wer hält die Stellung? Hähnchen aus dem Tandori-Ofen ist mein Lieblingsgericht.

Mit dem Nachtzug geht es nach Mumbai. Die Bänke im Zug werden zu schmalen Betten, ausgestattet mit Kissen und einer leichten Decke. Ich schlafe unten, über mir noch zwei Schlafgelegenheiten, um mich herum viele junge Leute. Mir gegenüber sitzt bzw. schläft eine indische Dame, auch schon etwas älter. Wie ich später erfahre, ist diese Verteilung kein Zufall: Über 60-Jährige bekommen die unteren Betten zugeteilt. Man mutet ihnen die Kletterei nicht zu. In meinem Hotel in Mumbai empfiehlt man mir eine City Tour. Die dauert 12 Stunden und ist theoretisch sehr unterhaltsam und informativ, wenn nur der Reiseleiter mehr als 10 Worte Englisch sprechen würde! Im Bus sitzen Inder und Pakistani, ganze Familien, aber ich bin halt die einzige meiner Art. In diesem Fall finde ich das gar nicht lustig! Ein junger Inder namens Raj sieht meine Not und begleitet mich durch den Tag. Er ist höflich, freundlich, gebildet, spricht Englisch, was für eine Wohltat! Wir sehen das Gate of India, die Hanging Gardens, einen kurzen Film in 3D, eine Moschee, einen Hindu-Tempel und abends stehen wir sogar eine Weile mit vielen anderen am Strand und schlecken zum Sonnenuntergang ein geschabtes Eis mit Sirup. Jahrelang halten Raj und ich über die sozialen Medien Kontakt …

In Vadodara holt mich Devendra am Bahnhof ab. Wie schön, dass da jemand steht und winkt und sich freut! Das tut mir gut in einem so fremden Land. Devendra ist Chirurg mit eigener Praxis, verheiratet mit Manjoo und sie haben zwei erwachsene Kinder. Ich kenne ihn als couchsurfing-Gast bei mir zu Hause. Es ist übrigens das einzige Mal bis jetzt, dass es zu einem gegenseitigen Besuch kommt. Normalerweise gehen die guten Taten von couchsurfing einfach sozusagen als Kette durch die Welt. Diese Familie gehört zur Oberschicht. Ich bekomme eines der „Kinderzimmer“ mit eigenem Bad und Terrasse. Manjoo kocht mit einer ganzen Batterie von Gewürzen, alles streng vegetarisch, bis hin zum Hund! Das habe ich noch nie gehört, ein vegetarisch ernährter Hund! In Devendras Club gehen wir alle zusammen schwimmen, der Sohn ist auch gerade zu Besuch. Und in der Arztpraxis schauen wir vorbei, da würde ich mich ohne Weiteres operieren lassen! Mittags essen wir in einem Restaurant leckere Dosas, eine Art südindische Pfannkuchen mit verschiedenen Soßen.

Mit dem Bus geht es zurück nach Mumbai, wo ich mich mit Lucky verabredet habe. Er ist aus Khajuraho und ich kenne ihn von meiner letzten Reise in Indien. Er muss in einem anderen Hotel übernachten als ich, Einheimische und Touristen zusammen, nein, nein, das geht nicht! Sein Bruder arbeitet in einem Reisebüro und organisiert uns einen Nachtbus nach Bophal und ein Hotel. Wir stehen also an einer Ausfallstraße und warten auf unseren Bus. Woran sehe ich, dass dies eine Bushaltestelle ist? Weil da viele Menschen warten! Wir fragen herum, ob außer uns noch jemand nach Bophal reisen möchte … nein? Auch Lucky wird zunehmend nervös. Und da biegt er um die Ecke, unser Bus, mit einer Stunde Verspätung. Und drinnen die große Überraschung: eine geräumige Schlafkabine für zwei mit Matratze und Decken und Vorhang davor! In den Hotels die prüde Sittenpolizei und hier soll ich auf einmal mit ihm in einer Kabine schlafen? Das verstehe wer will! In Bophal möchte Lucky unbedingt in einer christlichen Kirche eine Kerze anzünden, in einer Moschee staunen wir respektvoll über die schönen Teppiche und vor dem Besuch im Hindutempel werden Blütenblätter gekauft, die man vor den Götterstatuen niederlegt. Der Götterhimmel besteht unter anderem aus der hinduistischen Trinität: Brahma ist der Schöpfer, Vishnu der Bewahrer und Shiva der Zerstörer, aber auch der Erneuerer. Sein Symbol ist ein überdimensionierter Steinpenis, das Shiva Lingam.

Lucky empfiehlt mir einen modernen indischen Schriftsteller und ich kaufe mir doch gleich ein paar Bücher. Eines heißt „Revolution 2020, Love. Corruption. Ambition“ von Chetan Bhagat.

Viele Jahre vergehen, Raj schreibt immer wieder, ich solle ihn besuchen. Zu weit, zu teuer. Aber dann kommt Devendras Einladung zur Hochzeit seiner Tochter. Klar, dieses Ereignis möchte ich mir nicht entgehen lassen! Und so mache ich mich doch noch einmal auf nach

Indien. Zuerst besuche ich Raj und seine Familie, danach erlebe ich eine farbenprächtige Hochzeit und schließlich bin ich noch ein paar Tage einfach so und alleine im Süden von Indien unterwegs.

Davor bin ich schon eine ganze Weile in Sri Lanka und fliege von Colombo aus nach Chennai/Indien. Dort muss ich rasch vom internationalen Flughafen zum nationalen Flughafen wechseln und habe deshalb nur Handgepäck dabei. Sechs Kilo für drei Wochen! Die Kleider, die ich zur Hochzeit tragen werde, kaufe ich allerdings erst vor Ort. In Mumbai holt mich Raj vom Flughafen ab und wir stürzen uns ins Gewühl. Mit einem rappelvollen lokalen Zug geht es ein Stück raus aus der Stadt, dann weiter mit Taxi und schließlich zu Fuß. Raj ist Pharmazeut, hat sich eine Woche freigenommen und sich überlegt, was er mir zeigen will. Er hat mir von der Matheran Hill Station vorgeschwärmt. Besonders für die Menschen aus der Millionenstadt Mumbai muss es eine Wohltat sein, hier oben die frische Luft zu atmen. Es gibt wunderschöne Wanderwege über verschiedene Hügel mit weiten Ausblicken, kleine Wäldchen und Gebüsch, ansonsten ist es eher trocken. Das beste aber ist, dass es keinen Autoverkehr gibt. Einen kleinen Zug sehe ich, viele Pferde, Esel, Handkarren, Wanderer. Dazu ein paar Restaurants und Souvenirstände und ansonsten viel Natur. Auch die Hitze ist nicht so drückend hier oben. Meine Leggings dienen mir als Wanderhose und auch als Pyjama, denn es ist kühl in der Nacht. Später nimmt mich Raj mit zu seiner Familie, die mich sozusagen schon kennt, aus Videotelefonaten. Eine lange Zugfahrt mit reservierten Plätzen bringt uns nach Aurangabad ins Haus von Onkel und Tante. Und von da an werde ich als Ehrengast überall herumgereicht! Eine Teenagertochter teilt ihr Zimmer mit mir. Ich komme mit einigen Nichten und Neffen ins Gespräch und bin beeindruckt, wie modern sie sind. Die jungen Mädchen fahren Roller, machen Karate oder gehen zu Tanzkursen, sprechen alle gut Englisch, kleiden sich teils modern in Sportklamotten oder traditionell in Saris. Auch ich werde eingekleidet und geschmückt für eine Fotosession. Einen Sari richtig anzuziehen, erfordert Geschick, ich möchte bitte keinen geschenkt bekommen, was täte ich auch damit?! Aber auf den Fotos gefalle ich mir schon! Mit der Dame des Hauses spielen wir dann die ganzen hinduistischen Willkommens- und Segnungs-Zeremonien durch. Wenn ich bei den nächsten Verwandten als Gast ankomme, wird mir auf einem Tellerchen ein Stück traditionelle Süßigkeit gereicht, eine Kerze brennt und ich bekomme einen Punkt auf die Stirn, mein drittes Auge. Und die Hände werden zum Gruß aneinandergelegt, namastee.

Ein Verwandter hat ein großes Auto und wir fahren mit dem Familienclan zum Fort Daulatabad. Die jungen Leute klettern viel herum, während ich eher bei den hübschen Tanten bleibe. Am Vortag habe ich irgendetwas mit einer Betelnuss gegessen, was mir nicht bekommen ist. So ist meine Energie etwas begrenzt, zum Glück nicht für lange! Bei einem Ausflug zu den Ellora-Höhlen geht es mir schon besser. Es ist ein großes Areal mit 34 Höhlentempeln, die verschiedenen Religionen angehören. Die Arbeit der Steinmetze ist bewundernswert. Nach einem ausgiebigen Bummel genießen wir draußen frisch gepressten Zuckerrohrsaft.

An einem anderen Tag brausen wir auf zwei Rollern mit den Mädels zum Bibi-Ka-Maqbara Mausoleum, auch aus der Mogulzeit (16. bis 19. Jahrhundert). Es wird das Taj des armen Mannes genannt. Kleiner und kompakter als das Taj Mahal, wirkt es doch auch elegant. Die umgebenden Gartenanlagen sollen den Korangläubigen an das Paradies erinnern.

Und schließlich fahren wir am letzten Abend endlich zu viert zum Einkaufen in die Stadt. Die Mädels wollen mich beraten: Was soll ich zur bevorstehenden Hochzeit anziehen? Etwas nicht übermäßig Elegantes und Glitzeriges. Ich möchte etwas Schlichtes, aber hergestellt in Indien. Also entscheiden wir uns für einen Punjabi Dress: eine lange, bestickte Bluse mit seitlichem Schlitz und eine weich fließende Hose dazu, beides aus Baumwolle. Am nächsten Tag finden wir noch farblich passende Sandalen und jemand schenkt mir eine Halskette. Ich werde herzlich und tränenreich verabschiedet.

Raj und seine Kusine bringen mich zum Nachtbus und am nächsten Morgen um 5:30 Uhr komme ich in Vadodara an. Brautvater Devendra schickt mir ein Tuktuk; der Fahrer weiß, in welches Hotel er mich bringen muss. Für mich und andere Hochzeitsgäste sind Zimmer gebucht. Sohn Karan erwartet mich und überreicht mir ein Willkommensgeschenk: eine hübsche Tüte mit Snacks, Erfrischungstüchern und einem Programm für die nächsten drei Tage. Von Zeit zu Zeit muss ich mir erklären lassen, was hinter den Begriffen steckt und welche Zeremonie da nun stattfindet. Die verschiedenen Veranstaltungen finden in zwei schicken Hotels in der Nähe statt, die ich gut zu Fuß erreichen kann. Orts - und Zeitangaben sind klar aufgelistet, also alles sehr gut geplant. Das Fest fängt zunächst mit hinduistischen Segenszeremonien an und zwar für die Eltern von Braut und Bräutigam. Sie sitzen zusammen auf einem Podest, das mit Blumen und Tüchern reich geschmückt ist. In der Mitte brennt ein rituelles Feuer in einer Schale und ein Priester singt und spricht dazu. Am Eingang zum Saal sitzen zwei Damen und malen den Frauen traditionelle Hennamuster auf die Hände. Ich lasse es geschehen, muss die Paste eine Weile einwirken lassen und wasche mir dann vorsichtig die Hände. Devendra und Manjoo, die Brauteltern, begrüßen mich, müssen sich aber natürlich auch um die vielen anderen Gäste kümmern. Die Braut Karnika freut sich, mich kennenzulernen. Sie erzählt mir, dass sie und ihr Mann in der gleichen Firma arbeiten und sich da verliebt haben. Mittlerweile leben beide in San Francisco. Auch Sohn Karan hat aus Liebe geheiratet. Bei den Eltern Manjoo und Devendra war es noch eine traditionell arrangierte Ehe. Die beiden gehen respektvoll und liebevoll miteinander um. Also was soll ich sagen? Nur beobachten, nicht urteilen.

Beim Fest gibt es an langen Buffets abwechslungsreiches vegetarisches Essen. Das genieße ich, aber man sitzt nicht gemütlich zusammen und es gibt keinen Tropfen Alkohol. Nicht dass ich das dringend haben müsste; es fehlt mir jedoch so ein bisschen die gemeinsame Stimmung. Wunderschön anzusehen sind ein paar Tänze auf der Bühne, dargeboten z. B. von Freundinnen der Braut; schöne Choreographien und Farben, ein bisschen wie in Bollywood-Filmen. Auch Devendra und Manjoo machen eine gute Figur beim Tanzen und ernten viel Beifall. An einem Abend sind alle vor dem Hotel auf den Beinen und erwarten den Bräutigam zu Pferd, beide edel geschmückt. Die Braut schreitet unter einem Baldachin und man darf dann gratulieren. Wie das mit den Geschenken geht, habe ich nicht ganz verstanden. Jedenfalls kommen meine zwei kleinen selbstgemalten Aquarelle gut an.

Nach so vielen Menschen, Blumen, Farben und Tänzen finde ich mich nach einem Flug in Bangalore allein in einem Hostel wieder. Dank google maps finde ich sogar zu Fuß die Gallery of Modern Art, bummle im Botanischen Garten mit seinem Jugendstil-Glashaus und gehe mit einem jungen Mann vom Hostel abends südindisch essen. Bangalore ist eine sehr moderne Stadt, das „Silicon Valley" von Indien. Ein Nachtbus bringt mich nach Gokarna, wo ich im Hostel „La vie" gut unterkomme. Es ist heiß, der Ventilator läuft, meine Mitbewohner sind aus England und Schweden. Shanti ist Yogalehrerin, wir verstehen uns gut und wandern einmal vom Kudle Beach zum Om Beach und zurück. Sand zwischen den Zehen, herrlich! Im Ort Gokarna selbst wähnt man sich in einer anderen Zeit … es ist ein hinduistischer Wallfahrtsort mit vielen Tempeln. Manche darf man als Tourist betreten manche nicht. Bunt gekleidete Menschen, manche andächtig, manche ein bisschen hippiemäßig, bevölkern die Straßen. Kleine Cafés sind auf die vielen Besucher eingestellt, aus manchen Gesprächen entnehme ich, dass viele schon vor langem hier hängengeblieben sind.

Und weiter geht es Richtung Süden nach Kochi, einer Hafenstadt im Bundesstaat Kerala. Hierher komme ich vor allem wegen der Ausflüge in die Backwaters. Mit Hausbooten schippert man in einer kleinen Gruppe durch ein verzweigtes Wasserstraßensystem. An Land zeigt man uns Pfefferpflanzen und an einer anderen Stelle werden Seile aus Kokosfasern gemacht. Kleinere Booten werden mit langen Stangen weiterbewegt. Manche Kanäle sind mit Wasserhyazinthen überwuchert, wir sehen Mangroven und Kautschuk-Plantagen und Cashewbäume.

Zurück in Kochi habe ich zweifaches Glück: An einem Abend tanze ich unter freiem Himmel bei einem live Reggae Konzert. Und außerdem findet gerade eine ganz hochkarätige Kunst-Biennale statt. Da wandere ich bis zur Erschöpfung durch die Hallen und Gärten und genieße all das Schöne, was die moderne Kunst zu bieten hat: Bilder, Skulpturen, Videos, Installationen und Mitmach-Aktionen. Und am Abend tauche ich in die ganz traditionelle Welt des Kathakali-Theaters ein. Jemand empfiehlt mir, schon eine Stunde vorher hinzugehen und mir anzuschauen, wie einige Charaktere der Schau geschminkt werden.

Das ist die vollständige Verwandlung! Mit Trommelbegleitung werden Szenen aus den Hindu Epen Ramayana und Mahabharata gespielt.

Nun habe ich die letzten Stationen meiner Reise in Indien gut und gefahrenlos alleine gemeistert. Von Kochi aus ist es nur ein kurzer Flug zurück nach Colombo, Sri Lanka.

Bunte Vielfalt und freundliche Menschen

Sri Lanka

Kurz nach dem verheerenden Tsunami 2004 reise ich mit meiner Tochter Malena nach Sri Lanka. Sie hat schon einmal ein paar Monate dort gelebt und kennt viele junge Männer mit Tuktuks. Nun machen wir uns an ein paar Hilfsaktionen: Schüler mit Stoffen für Schuluniformen versorgen, die Schule mit Lehrmaterial für den Englischunterricht und ein Waisenhaus mit Reis und Linsen und Hygieneartikel und Malstiften. Die Jungs helfen tatkräftig mit.

Mehr als 10 Jahre später tippt mir beim Afrikafestival in Würzburg jemand auf die Schulter und sagt „Mama Malena?" Ähm … ja? Er ist einer von den Jungs von damals, mittlerweile in Bayern verheiratet! Ich erzähle ihm, dass ich nun wieder mehrfach in seiner Heimat gewesen bin und ich treffe dort auch in der Tat Menschen wieder, die ihn kennen. Auch Tuktuk-Fahrer Jagi treffe ich später nach vielen Jahren in Sri Lanka wieder. Seine Frau lädt mich zum Tee ein und seine Zwillinge machen mittlerweile Abitur.

Doch der Reihe nach …

Allein und mit Rucksack beginnt meine Winter-Reise wie üblich in einem Hostel, diesmal mitten in Colombo. Über die couchsurfing website habe ich bekannt gemacht, dass ich im Land bin und habe zahlreiche Einladungen bekommen. Auf der Dachterrasse meiner Bleibe treffe ich mich mit ein paar Leuten, die hier in der Nähe wohnen. Ein Pärchen ist ein bisschen dubios, ein anderes Paar erzählt, sie seien aktive Christen und dann ist da noch ein erfahrener Geschäftsmann.

Er bringt es doch tatsächlich fertig, mich und meine Freundin Jolante im folgenden Jahr in Deutschland zu besuchen.

In Colombo trifft sich ein Couchsurfer mit mir am Busbahnhof und nimmt mich mit ins Haus seiner Freundin in Horana. Nur ist die nicht auf meinen Besuch vorbereitet! So muss ich weitgehend auf meine eignen Ressourcen zurückgreifen: Meine Vliesjacke ist mein Kopfkissen und mein Pareo meine Zudecke, eine Matratze gibt es immerhin! Zum Frühstück besorgen sie mir gebackenes Fladenbrot in Körbchenform mit einem Spiegelei drin, lecker. Bei meiner nächsten Familie in Rathnapura bleiben keine Wünsche offen. Mein Gastgeber nimmt mich mit zu seiner Edelsteinmine. Ich erwarte Höhlengänge und tiefe Löcher, mitnichten! Auf ebenem Terrain hebt man eine Grube aus, in der man noch stehen kann und flutet sie. Ein Arbeiter steht im Wasser und siebt Portion für Portion den Aushub im Wasser durch. Zurück bleiben große und kleine Steine, zwischen denen sich manchmal Saphire finden lassen. Ich schaue zu und in einer Pause gibt es in einem Lehmbau mit Wellblechdach leckere Bällchen aus frisch gemahlenen Kokosflocken und eine Tasse Tee. Im Haus der Familie gibt es eine Schleiferei. Die Edelsteine werden für die Schmuckherstellung weiterverkauft. Ich bekomme einen kleinen Granatstein geschenkt. Mit der Frau, einer Grundschullehrerin, den Kindern und der Großmutter habe ich auch guten Kontakt. Mit letzterer mehr mit Händen und Füßen! Alle anderen in der Familie sprechen gut Englisch. Eine Nichte kommt noch dazu und alle zusammen machen wir Ausflüge; mal zum Tempel Viniharama, in einem anderen Jahr zum Tempel Rathganga in den Bergen. Wir legen Lotusblumen nieder und entzünden Öllämpchen. An einem Fluss erfrischen wir uns und in einem Restaurant, was ich als solches nicht erkannt hätte, finden wir etwas zu essen. Es handelt sich um ein Ladenstübchen, wo eine Frau ein Gericht kocht und verkauft, so lange der Vorrat reicht. In dieser Familie bin ich immer wieder willkommen. Sie sind freundlich und weltoffen, haben auch andere Couchsurfer zu Gast, so soll es sein.

Trincomalee liegt in Nordosten der Insel und dahin bringt mich ein Nachtzug. Als ich verschlafen aus dem Zug stolpere, steht da ein anderer Couchsurfer und holt mich ab. Bei ihm kann ich zwar nicht wohnen, aber ein bisschen Begleitung ist immer schön. Bis das anvisierte Hostel seine Pforten öffnet, sitzen wir in der Morgendämmerung am Strand. Mein einfaches Zimmer teile ich später mit einer jungen Schweizerin. Mit ihr und anderen jungen Leuten unternehme ich einen Bootsausflug zum Pigeon Island, wo ich beim Schnorcheln aber leider in etwas zu seichtes Wasser gerate. Ein paar Korallen schneiden mir in die Haut. Meine coole Tochter meint (per WhatsApp), das sei nicht weiter schlimm! Abends gehe ich mit meinem Couchsurfer-Freund essen. Ich finde es immer besonders schön, wenn ich nicht alleine beim Essen sitzen muss.

Das muss ich auch bei meiner nächsten Station nicht. In Maho am Bahnhof steht ein Couchsurfer mit seinem Motorrad bereit. Der hat Nerven! Und wenn ich jetzt einen Rollkoffer dabeigehabt hätte? Nun denn, ich schwinge mich samt Rucksack hinten drauf und ab geht's zu seiner Familie auf dem Land. Sie haben ein Zimmer ausgebaut, hübsch mit Malereien an den Wänden, aber mit einem brettharten Bett. Zur Toilette und Dusche gelange ich über sandige Wege durch den Garten. Am Rand grasen Milchkühe und der Mann der Familie bricht nachts auf, um Elefanten von seinen Maisfeldern fernzuhalten. Die Mutter bekocht mich liebevoll, man isst üblicherweise mit den Händen, wenn's sein muss auch ein Spiegelei! Beim Couchsurfen kann man üblicherweise ein Bett und ein Frühstück erwarten. Mangels anderer Gelegenheiten esse ich aber auch alle anderen Mahlzeiten im Haus. Dafür biete ich dann etwas Geld an, was die Frau etwas beschämt annimmt. Da brauche ich immer etwas Fingerspitzengefühl. Man zahlt ja eigentlich gar nichts, bringt vielleicht ein kleines Geschenk mit, ansonsten kann man sehen, woran es eventuell fehlt. Mit dem Sohn kraxele ich die vielen Stufen zur Felsenfestung Yapahuwa hoch. Als wir aus dem Haus gehen, hat er einen Schirm dabei. Regnet's? Nein, wegen der Sonne! Also ich brauche keinen Schirm! Abends geht es dann noch mit einem Kanu über einen nahegelegenen See zum Vögel beobachten. Der junge Mann hat eine Ausbildung zum Reiseführer angefangen und hat mit mir ein bisschen geübt, prima!

Von Colombo aus geht es mit einem Zug (rumpel, rumpel, klong, klong, tuut) die Südküste hinunter nach Weligama. Im Auftrag meiner Freundin Andrea soll ich einem Mönch in einem buddhistischen Kloster etwas Geld bringen. Der lädt mich zu einer Zeremonie ein und ich bin gespannt. Es geht um eine Grundsteinlegung und auch ich darf einen symbolischen Stein in die Baugrube legen. Mit langen weißen Baumwollfäden sind alle Anwesenden miteinander verbunden. Kleine Schnipsel davon werden später um das Handgelenk gebunden und man soll und kann diesen Segen so lange tragen, bis das Band abfällt. Bei Milchreis und Tee kann ich mich noch ein wenig in freundliche Gespräche mit Frauen verwickeln lassen. Und eine Audienz beim Mönch gibt es natürlich auch. Ein Jahr später besuche ich ihn wieder und stolz zeigt er mir das fertige Gebäude und Andrea freut sich über meine Fotos.

Und dann ist es endlich so weit! Ich schließe meine Freundin Jolante am Flughafen in Colombo in die Arme! Es ist ihre erste Backpacker-Reise dieser Art und sie stürzt sich mutig in das Abenteuer! An das Hostel-Leben kann sie sich gewöhnen; sofern wir dort kein Doppelzimmer finden, klettert sie auch ohne Murren auf ein Stockbett in einem Mehrbettzimmer. Wir wandern gleich einmal zum Seema Malaka Tempel, der malerisch im Beira See liegt. Ein Ort zum Ausruhen und Meditieren. Es gibt schöne Buddha-Statuen, ein paar bunte hinduistische Gottheiten, alles ist luftig und offen. Der Blick geht zu den modernen Hochhäusern der Stadt. Unweit dieses angenehmen Ortes liegt der wichtige Tempel Gangaramaya, eigentlich eine kleine Stadt für sich. Es gibt ein Museum mit vielen eleganten kleinen und großen Statuen und andere Zeugnisse des Kunsthandwerks, Versammlungsräume, Büros und Räume für soziale Anliegen wie alte Menschen oder Waisen und natürlich die Orte der Anbetung mit großen Buddha-Statuen in einem heiligen Raum. In einem Innenhof steht ein heiliger Bodhi-Baum, ein Ableger des Baumes, unter dem Buddha in Indien seine Erleuchtung erfahren hat. Jolante und ich holen uns so wie die anderen Frauen einen Blechbecher mit Wasser und reihen uns ein in den Strom der Gläubigen, als einzige Ausländerinnen. Wir umrunden den Baum und geben seinen Wurzeln Wasser.

Dann braucht Jolante erst mal Erholung am Meer und wir nehmen den Rumpelzug nach Galle. Dort klettern wir auf dem Fort herum, trinken Saft aus grünen Kokosnüssen und lassen uns von einem Tuktuk zum Disna Guest House bringen. Auf dessen Dachterrasse wähnt man sich mitten im Dschungel. Auf bequemen Liegen kann man sich ausstrecken und bei einem Bierchen den Sonnenuntergang zwischen Palmen bewundern. Tharindu, der freundliche Sohn der Wirtsfamilie, verwöhnt uns zum Frühstück, erklärt uns den Weg zum Strand und hält auch später noch Kontakt.

Zum Schwimmen suche ich immer geschützte Stellen zwischen einem Riff und dem Strand. Die Wellen brechen sich draußen am Riff und so kann man drinnen angenehm und gefahrlos schwimmen.

Das kann man auch in Aluthgama. Dort wartet außer dem Meer aber auch noch Jagi auf uns, mein Tuktukfahrer von 2005! Unglaublich, so eine alte Freundschaft und die hält bis heute. Er macht mit Jolante und mir einen Ausflug zum Madu River. Da zeigt man uns, wo der Pfeffer wächst, später können wir unsere Füße zu einer Fischpediküre ins Wasser hängen und zwischendurch geraten wir mit unserem Boot in einen heftigen Regenguss und müssen unter einer Brücke Zuflucht suchen. Während die Touristen im Boot neben uns missmutige Gesichter machen, lassen wir uns die gute Laune nicht verderben und Jolante fängt zum nicht geringen Erstaunen aller an, ein fröhliches polnisches Lied zu singen! Im Lauf der Tage sehen wir noch, wie kleine Schildkröten aufwachsen und wie seltene Pflanzen im „Brief Garden“ gehegt und gepflegt werden. Abends entspanne ich mich bei einer Ayurveda-Massage, die Jagi mir vermittelt und dann sind wir auch noch bei ihm und seiner Familie zu Hause eingeladen.

Was fehlt denn jetzt noch zu Jolantes Glück in Sri Lanka? Kandy und der Zahntempel. Dort nimmt sich Couchsurfer und Fotograf Chan unser an. In diesem weitläufigen Tempelkomplex soll ein Zahn Buddhas aufbewahrt sein. Jedes Jahr im August gibt es die große Kandy Perahera, ein Umzug, wo die Reliquie auf einem Elefantenrücken durch die Straßen getragen wird. Wir sehen immerhin einige hinreißende Folklore-Tänze und einen Feuerlauf. In unserem Zimmer weist uns ein Schild darauf hin, das Fenster geschlossen zu halten, denn es könnten Affen hereinkommen. Und die nehmen alles mit, was ihre Neugier erregt!

Und dann noch Elefanten in Pinnawela! Die kommen aus einem Waisenhaus in der Nähe und werden ein Mal am Tag zu einem Fluss getrieben. Ein Aufpasser trötet erst mal laut auf einem Horn, die Touristen sollen an der Seite bleiben. Große und kleine Elefanten trotten vorbei und baden dann mit offensichtlichem Vergnügen.

Sozusagen ein Abfallprodukt fasziniert mich: Aus Elefantendung wird handgeschöpftes Papier gemacht. Ich lasse mir in der Fabrik alle Produktionsschritte erklären und decke mich mit einem Vorrat bunter Papiere ein. Zu Hause gestalte ich damit Kunstpostkarten. Wenn ich diese an meine Freunde verschenke, kommt immer die gleiche Reaktion: Man riecht daran. Nein, sie stinken nicht, diese Papiere!

Negombo liegt nicht weit weg vom Flughafen und auch hier habe ich mittlerweile meine Anlaufstellen.

Sowohl Fernando als auch sein Bruder und seine Frau Sidoni vermieten Zimmer in Strandnähe. Als mein alter Freund Pit und seine Partnerin Yrma zu Besuch kommen, wohnen wir Seite an Seite. Ein paar Ziele steuern wir zu dritt an, ein paar Ziele entdecken sie alleine, weil ich ja vieles schon kenne. In Ella steigen wir auf den Little Adam's Peak und wandern zur Nine Arches Bridge. Über die Brücke gehen viele Menschen zu Fuß zwischen den Gleisen. Und wenn ein Zug kommt? Dann tritt man halt rechtzeitig zu Seite, so einfach ist das! Unsere Zugfahrt am nächsten Tag von Ella nach Kandy ist spektakulär! Angeblich ausgebucht, gibt es aber in der Dritten Klasse noch Fahrkarten und viel Platz. Zwischendurch setzen wir uns an die offenen Türen, lassen die Beine baumeln und bewundern die vorüberziehenden Landschaften; schroffe Berge, liebliche Hügel mit Teeplantagen, grüne Täler.

Ein anderer Höhepunkt ist der Pilgerort Kataragama. Wir beobachten eine buddhistische Prozession und werden von den Teilnehmern mit Süßigkeiten verwöhnt. Dann besuchen wir mehrere hinduistische Schreine und bekommen einen roten Punkt auf die Stirn. Wir gehen barfuß in eine Moschee und sehen Menschen, die Andacht halten an einem Sarkophag. Und die indigenen Veddas haben hier auch ihre heiligen Orte. Das Gelände ist weitläufig, die Atmosphäre wirkt entspannt; könnte es nur überall auf der Welt so friedlich zugehen zwischen den Religionen!

Und eine andere Gegend interessiert mich auch noch: Der Norden, wo die Tamilen wohnen. Von 1983 bis 2009 ging es in diesem Bürgerkrieg zwischen Singhalesen und Tamilen nicht so friedlich zu. Auch heute noch merkt man, dass die Gebiete im Norden nicht so weit entwickelt sind und sich erst langsam dem Tourismus öffnen. Ich fahre mit verschiedenen lokalen Bussen bis Kalpitiya und werde unterwegs immer wieder von anderen Passagieren neugierig angesprochen. Zum Beispiel von jungen Mädchen, die von der Schule kommen und ihr Englisch üben wollen.

Im „Sun Wind Beach Hotel" wohne ich in einer Hütte mit Palmdach, hergestellt von der Großmutter der Familie. Die Mutter kocht, die beiden Söhne geben Kitesurfing-Unterricht. Daran wage ich mich nicht, aber ich werde im Boot mitgenommen, überquere die Lagune und freue mich an Wasser und Sand und fröhlichen Menschen. Auf dem Gelände des Gästehauses findet man überall kleine Kunstwerke aus Muscheln, Treibholz und Steinen. Auch die Dusche ist ziemlich originell: Statt eines Duschkopfes findet man eine große Muschel, über die das Wasser fließt und auf einen herunterplätschert.

Soweit es mir möglich ist, werde ich dieses Land und seine Menschen immer wieder besuchen.

Es geht auch ohne Luxus

Malediven

Hurra, ich bin auf Huraa! Wo bist du?, werde ich gefragt. Habe ich doch eben gesagt, kein Schreibfehler!

Die Verbindung vom Flughafen in Malé zum Schnellboot zur Insel Huraa ist abends knapp, also nehme ich mal wieder besser nur Handgepäck mit, damit ich schneller durch die Kontrollen komme. Der Besitzer meines kleinen Gästehauses kommt mir zum Glück den ganzen Weg entgegen und begleitet mich. Er ruft sogar den Kapitän des Bootes an, dass wir auf dem Weg seien. Am nächsten Morgen steht er mit seinem Motorrad bereit und zeigt mir die kleine Insel. Hier ist es ruhig, die Straßen sind sandig, außer ein paar wenigen Nutzfahrzeugen gibt es keine Autos, nur Zweiräder. Die Einteilung der Strände muss man verstehen: Die öffentlichen sind für alle, da kann man nur voll bekleidet baden, denn die Malediven sind ein streng moslemisches Land. Der Strand für Individualtouristen wie mich liegt etwas versteckt, da kann ich mich auch im Bikini sehen lassen. Und dann gibt es natürlich noch die Privatstrände der großen Resorts für schlappe 1000 Euro die Nacht! Einen kleinen Kompromiss habe ich noch gefunden: Im Pearl Sand Resort kann ich mir für einen Tag Zutritt verschaffen, bekomme eine Sonnenliege, ein Mittagessen, aber auch hier keinen alkoholischen Cocktail zum Sonnenuntergang. Den gäbe es nur für teures Geld in den Luxusresorts, aber das muss ich nicht haben. Eine Woche ganz ohne, das kann ich doch aushalten!

Die Strände sind strahlend weiß, das Wasser schimmert türkis. Im Sand beobachte ich kleine Muscheln, die sich bewegen und wenn ich näher komme … zack! Unbeweglich! Darunter befinden sich winzige Krabben und im feinpudrigen Sand kann ich sogar die Spur ihrer Füßchen erkennen.

Beim Schnorcheln sehe ich Manta-Rochen, kleine Haie, knallblaue Schwärme und fast durchsichtige Fische, die sich kaum vom Meeresboden abheben. Mein Gastgeber stürzt sich mit mir ins Wasser, macht mich auf vieles aufmerksam, erkundet die Gegend mit einem Boot und fotografiert mich auf einer Sandbank mit zwei Palmen. Was für ein Geschenk!

Abends gehe ich dort essen, wo die Einheimischen hingehen. Ein paar kleine Supermärkte für den Tagesbedarf gibt es auch. Seit ein paar Jahren ist es erlaubt, private Gästehäuser zu bauen, also kann ein Urlaub auf den Malediven jetzt durchaus erschwinglich sein.

stopover

Seychellen

Und noch ein Inselparadies ... die Seychellen liegen sozusagen auf dem Weg von Colombo nach Frankfurt. Mein englischer Freund John hat mich dazu animiert, ihn dort zu treffen. Am Flughafen auf Mahé erwartet er mich mit einem strahlenden Lächeln und einem Mietauto. Beides mehr als willkommen!

Die Seychellen bestehen aus über hundert Inseln. Die äußeren bestehen aus Korallengestein, die inneren aus Granit, der von einem Kontinent zwischen Afrika und Indien stammt. Die riesigen, meist abgerundeten Felsbrocken sind eine Art Wahrzeichen der Insel und sind manchmal sogar in die Bauweise eines Hauses integriert ... ein Stück Naturfelsen als Teil einer Wand!

John war einmal mit zwei Freunden bei mir zu Gast und übernimmt jetzt großzügig die Übernachtungskosten. Muss er nicht, aber auch das ist willkommen! Von unserem hübschen Gästehaus ist es nur ein Katzensprung zum Strand. Erst mal ein langer Spaziergang am Meer entlang und dann auf einer Terrasse einen Cocktail schlürfen, herrlich! Zum Schwimmen gehen wir öfter, zum Schnorcheln ist das Meer manchmal zu aufgewühlt. Einmal machen wir einen Ausflug zum „Four Seasons“ Resort. Dort ist es sündhaft teuer, aber der Trick besteht darin, dass per Gesetz alle Strände öffentlich zugänglich sein müssen. Also fahren wir fröhlich dorthin, melden uns an der Pforte an und werden mit einem Elektrowägelchen zum Strand gefahren. John zückt seine Kreditkarte und bestellt zwei Pinacoladas. Als ich frage, was das gekostet hat, winkt er ab und sagt „You don`t want to know!“ Der Strand ist feinsandig und weiß, Gäste erscheinen mir etwas eleganter als wir es sind, aber sei's drum, wir haben einen schönen Nachmittag.

Bei anderer Gelegenheit sagen wir in einem Botanischen Garten hallo zu steinalten Riesenschildkröten und bewundern die berühmten Coco de Mer. Das sind große, runde Kokosnüsse, deren Form eindeutig an einen wohlgeformten Frauenpopo erinnern!

John fliegt nach England zurück und ich nehme eine Fähre zur Insel Praslin. Die Gästehäuser bieten alle Zimmer mit kleiner Küche für „self catering“ an. Ich liebe es eigentlich nicht besonders, unterwegs zu kochen, aber bei diesen Preisen hier macht das durchaus Sinn! Das Umweltmanagement ist vorbildlich: Am Strand nicht ein Fitzel Plastikmüll und im Supermarkt muss man sich mit einer wiederverwendbaren Tasche eindecken, Plastiktüten gibt's keine. Auch hier sind die Strände zugänglich. In einem schönen Hotel in meiner Nähe gehe ich abends einmal zu einer Tanzshow unter freiem Himmel, durch das Gelände stromere ich täglich, kein Problem. Mit dem Bus erkunde ich der Welt schönste Strände Anse Georgette und Anse Lazio: feiner weißer Sand, das Meer türkis und kobaltblau, Palmen und viel Grün drumherum. Im Inselinneren liegt der Nationalpark Vallée du Mai; auch da gibt es wieder die sexy Kokosnüsse, riesige Lianen und uralte Bäume.

Alles recht und gut, aber keine Backpacker und wenig Kontakt mit Einheimischen. Die Menschen sind freundlich und an Gäste gewöhnt. Also muss ich mich mit meinem normalen Touristendasein begnügen!

Hoch hinaus

Nepal

Zurück nach Asien! Von Indien aus geht es nach Nepal. Nein, den Mount Everest habe ich nicht bestiegen, aber gesehen habe ich ihn; auf einem Rundflug mit „Buddha Air“! Jeder der 16 Passagiere hat einen Fensterplatz, eine Stewardess erklärt die Namen der umliegenden Gipfel und als wir uns dem Mount Everest nähern, darf jeder einmal vorgehen zum Flugkapitän und ein paar Fotos schießen. Eine Stunde Rundflug durch den Himalaya, einfach himmlisch!

Mit Peter aus Thüringen bin ich immer noch ein paar Tage in der Gruppe von djoser-Reisen unterwegs. In Pohara lassen wir uns über den Phewa See rudern und haben den Sonnenuntergang über dem Annapurna-Massiv vor Augen. Am nächsten Morgen machen wir uns mit

Taschenlampen an den steilen Aufstieg zum Sarankot und werden mit einem grandiosen Sonnenaufgang belohnt! Die Sonne färbt nach und nach die Spitzen der vor uns liegenden Himalaya Berge, unvergesslich!

Dann endlich sind wir in der Hauptstadt Kathmandu. Nepal, einst ein Hindu-Königreich, ist heute eine etwas instabile Demokratie, eingeklemmt zwischen den mächtigen Nachbarn Indien und China.

Wir besuchen die Weltkulturstätte Bhaktapur. In seinem mittelalterlichen Stadtkern bestaunen wir großartige Paläste und Tempel. Die Pagodenform soll hier und nicht in China erfunden worden sein. Eine Wanderung führt uns an vielen Weihnachtsstern-Bäumen vorbei durch ländliche Gebiete nach Patan mit ähnlich schöner Altstadt.

Unsere Reisebegleiterin Sabine bringt uns in einem Ashram mit einem echten Sadu zusammen. Er lächelt milde, beschenkt uns mit heiligen Ketten aus Samen und scheint der Welt ziemlich entrückt. In Boudhanath treffen wir auf ein bekanntes Fotomotiv: Von einer hohen Stupa aus schauen uns zwei riesige Buddha-Augen an. Man kann das Gebäude umrunden und dabei den Gebetsmühlen immer wieder einen Stups geben, damit sie sich drehen. Die darin enthaltenen Gebete sollen Licht in unser Dasein bringen und zu gutem Karma verhelfen. Gleichzeitig ist die Umrundung auch ein spirituelles Symbol für den Lebensweg des Menschen.

Die djoser-Gruppe reist ab und ich bleibe noch ein paar Tage in Kathmandu. An einem alten Stufenbrunnen beobachte ich Menschen, die sich selbst und auch ihre Wäsche waschen. Zum Trocknen werden die Teile mit Steinen beschwert auf die Stufen gelegt; ein Bild wie aus der Zeit gefallen.

auf dem weg in die moderne

Myanmar

Wie aus der Zeit gefallen wirkt auch so manches in Myanmar: Altmodische Hotelzimmer mit altersschwachen Ventilatoren; Busse, die zum Abkühlen des Motors eine Weile auf freier Strecke stehenbleiben müssen; Pferdewagen, die Touristen zu den Tempeln in Bagan kutschieren.

In der Hauptstadt Yangon gerate ich gleich in eine Feier zum Vollmond: Tausende Menschen auf der Straße, Trommelmusik, eine Art Tombola und viele Gläubige in und um die Shwedagon Stupa. Sie ist riesig, vergoldet und von vielen kleineren Tempeln mit Buddha-Statuen umgeben. Da und dort sitzen Menschen und beten, meditieren, telefonieren, lesen Zeitung oder unterhalten sich leise. Manches Mal lasse ich mich da auch nieder und denke nach oder beobachte die Szenen um mich herum. Frauen wie Männer tragen oft noch einen Sarong um die schlanken Hüften. Das sieht gut aus. Zur Tradition gehört auch die Thanaka-Paste im Gesicht. Sie ist aus einer Pflanze hergestellt, von weißer Farbe und dient zum Sonnenschutz und sorgt generell für eine schöne Haut. Von einem jungen Lehrer und einem befreundeten Mönch erfahre ich viel über ihr Leben und ihre Motivation. Dann führen sie mich im Tempel an eine Stelle, die ich ohne sie niemals entdeckt hätte: Ich sehe einen Diamanten hoch oben auf der Stupa funkeln; und wenn ich meinen Standort geringfügig verändere, funkelt der Stein jedes Mal in einer anderen Farbe. Da bleibt mir vor Staunen der Mund offenstehen! Etwas überrascht bin ich auch, als der Mönch mich bittet, ihm aus Deutschland doch bitte ein paar Mars-Riegel zu schicken! Wird erledigt und ist tatsächlich auch angekommen, Adresse im Kloster!

An den Straßenständen schneiden sie mit einer Schere Samozas und andere Küchlein klein, darüber kommt eine heiße Suppe, lecker! In gekochten Bananenblätterpäckchen befindet sich auch so manche Köstlichkeit. Manchmal weiß ich nicht so genau, was ich esse, aber alles bekommt mir gut. Wenn mir Einheimische etwas empfehlen, beobachten sie gespannt, was ich beim Essen für ein Gesicht mache und sind dann glücklich, wenn es mir schmeckt.

Eine Tagestour auf dem Inle-See bringt mich zu mehreren Klöstern, wo z. B. ein paar Buddha-Statuen dermaßen mit Goldplättchen zugepflastert werden, dass ihre Formen kaum mehr erkennbar sind. Diese Goldplättchen sind hauchdünn. (Später einmal schaue ich zu, wie sie mit viel Muskelkraft und Geschick hergestellt werden.) Auf dem See gibt es Stelzenhäuser und schwimmende Gärten, wo ich Tomaten wachsen sehe! Beliebte Fotomotive sind die Fischer, die in einer merkwürdig einbeinigen Haltung auf ihren Booten zu Werke gehen.

In Mandalay entgehe ich den üblichen Touren und folge dem Rat meines Reiseführers „lonely planet". Ein Mototaxi bringt mich bei Sonnenuntergang zum Yankin Hill, wo ich als einzige Besucherin auf einen meditierenden Mönch treffe. Sein Englisch ist nicht gut, aber er zeigt mir eine Meditationshaltung. Hat mir's geholfen? Na ja … Der weite Blick vom Hügel ist eine Freude. In einem anderen Kloster habe ich eine lange Unterhaltung mit einem Mönch und dessen Meister. Wir einigen uns darauf, dass eine Religion, ganz gleich welche, den Menschen helfen sollte, mit ihrem Leben zurechtzukommen.

An einem Abend gehe ich zu einem Marionettentheater mit live Musik. In einer Szene tanzt eine Puppe neben einer lebendigen Tänzerin. Sie lässt einen Puppenspieler über sich agieren, sodass es aussieht, als ob sie an seinen Fäden tanzt, einmalig! Und noch etwas sehr Eindrückliches erlebe ich in Mandalay: In einer Gasse neben einem Tempel sind die kleinen Büros der Wahrsager aufgereiht. Ich suche mir einen aus, der Englisch spricht, gebe ihm meine Geburtsdaten und meine Hand zum Lesen. Er weiß gar nichts von mir. Manche Sachen kann er ja ableiten von meiner Erscheinung: Ich reise gerne (offensichtlich), ich bin nicht arm und nicht reich (auch fast offensichtlich). Den Rest höre ich gerne: Ich bin ziemlich gesund, habe höchstens eine kleine Operation, bin nie in einen Unfall verwickelt, werde weit über 80 Jahre alt. Ich helfe vielen Menschen, habe viele Freunde und werde im Tourismus arbeiten. Zu Letzterem hat mich meine Tochter Malena auf der Osterinsel einmal genötigt, als sie dringend eine englischsprachige Bootsführung brauchte. Sie meinte, mein Wahrsager habe mir das doch empfohlen! Sie selbst arbeitet im Tourismus und organisiert unter anderem Bootsausflüge.

Weiter geht die Reise per Boot auf dem Ayeyarwady-Fluss nach Bagan. In den Ebenen rund um die Stadt gibt es circa 3000 Tempel, Stupas, Ausgrabungen, alle um die 1000 Jahre alt; Backsteinbauten, Steinmetzarbeiten wie in Indien, verputzt, vergoldet, restauriert, alte Fresken in strahlenden Farben. Die Händler stürzen sich auf einen, ich komme zurecht. Für die Einheimischen bin ich genauso exotisch wie sie für mich und manchmal werde ich lachend von ganzen Jugendgruppen zum Fotografieren vereinnahmt! Gelegentlich lande ich auch in einer Schule. In einem buddhistischen Zentrum nimmt mich eine Lehrerin in ihre Klasse mit; strammer Frontalunterricht. In der Mittagspause teilen sie im Lehrerzimmer ihr Essen mit mir. Und natürlich lasse ich auch einen Obolus für die Schule da.

Überhaupt ist es meistens sinnvoller, den Frauen Geld in die Hand zu geben als den Männern. Bei einem Ausflug mit einem Mototaxi erzählt mir der Fahrer, dass er jung verheiratet sei und dass sie nachts frieren, weil sie nur eine Decke hätten. Da schmilzt mein Herz doch gleich und ich biete an, am Abend zusammen mit ihm auf den Markt eine zu kaufen. Er macht Ausflüchte, nein morgen, da sei es billiger. Zurück im Hotel treffen wir seine junge Frau, die da arbeitet. Sie versteht kein Englisch, aber er erklärt ihr, worum es geht. Sie strahlt mich an und ich möchte ihr einen Betrag geben. Was macht sie? Schüttelt den Kopf und sagt, das sei zu viel und gibt mir die Hälfte zurück! Naiv? Unerfahren? Auf jeden Fall ehrlich! Der kleine Ausflug an diesem Tag mit ihrem Mann ist sehr vergnüglich. Die Fahrt geht durch einfache Dörfer, an einsamen Stränden vorbei, zu kleinen Stupas am Meer. Und wenn Wasser in die Quere kommt, wird das Motorrad über ein Brett mit Muskelkraft auf ein kleines Boot gehievt.

An einem Busbahnhof werde ich frühmorgens von Einheimischen mit Mandarinen beschenkt. In Kin Pun angekommen, begleitet mich jemand freundlich zu meinem Gästehaus. Und dessen noch nicht genug, fährt mich der Inhaber mit seinem Motorrad persönlich zu einem Treffpunkt. Manchmal frustriert mich die Sprachbarriere, aber solche überaus freundliche Gesten versöhnen mich dann wieder mit meinem Los!

Bei diesem Treffpunkt handelt es sich um die Haltestelle für einen Lastwagen, auf dessen Ladefläche man den Mount Kyaiktiyo hochrumpeln kann. Eine Stunde Fußmarsch bis zum Golden Rock schließt sich an. Unterwegs ziehen Sänften an mir vorbei: Da sind zwei dicke Bambusstangen, in einer Art Gartenstuhl in der Mitte sitzt eine Person und vier kräftige Männer marschieren im Gleichschritt. Aber ich lasse mich nicht tragen und das schicke Hotel auf dem Berg oben brauche ich auch nicht! Aber was für ein Anblick dieser heilige Pilgerort bietet! Zusammen mit ein paar Mitreisenden bewundere ich den riesigen vergoldeten Felsbrocken, der auf einer winzigen Grundfläche auf einem anderen Felsen aufsitzt. Der Legende nach wird er von einem Haar Buddhas im Gleichgewicht gehalten! Drumherum gibt es viele kleine Tempel für die Andacht, viele Menschen sind hier, aber es gibt auch viel Rummel. Den Menschen und den Händlern sei die Freude gegönnt! Abends zurück im Gästehaus lädt mich ein glutäugiger, langhaariger Burmese zu einem Whisky ein. Das sei mir gegönnt!

nasse Füße

Thailand

Obwohl Überschwemmungen angekündigt sind, halte ich an meinem Plan fest und fliege nach Bangkok. Nach 11 Stunden Flug komme ich relativ frisch an und habe sogar den Nerv, meine Herberge mit öffentlichen Verkehrsmitteln anzusteuern. Im gleichen Flughafenzug habe ich bei der Weiterreise später übrigens noch ein überraschendes Erlebnis: Ich kaufe mir eine Fahrkarte und muss dann umsteigen. Auf dem Bahnsteig kommen zielstrebig zwei Thai-Polizisten auf mich zu! Habe ich etwas verbrochen? Sie versuchen, mir klarzumachen, dass mein Geldbeutel an der Kasse in der Station vorher liegengeblieben ist. Die Kassiererin muss die Polizisten angerufen haben, sie sollen einer rothaarigen Touristin Bescheid sagen! Ich fahre also zurück und nehme das Verlorene dankbar in Empfang. Viel Geld habe ich als Tagesbedarf nie dabei, ich finde es jedoch rührend, wie man sich um mich kümmert!

Jetzt ist aber zuerst einmal der Tempel Wat Pho im Zentrum der historischen Altstadt in Bangkok angesagt. Die Dächer sind geschwungen, die vorherrschenden Farben rot, grün und gold. Viele Buddha-Statuen, eine Pracht, wohin man schaut. Leider fallen aber auch weniger prächtige Bauten ins Auge. Überall werden Mäuerchen hochgezogen und Sandsäcke gestapelt. Man erwartet die Wassermassen aus dem Norden und wer kann, verlässt die Stadt. Als ich mich in Flussnähe wage, bekomme ich prompt nasse Füße. Auf einer Brücke stehen viele Schaulustige, einige TV-Teams und dazu ein paar stoische Angler. Und – oh weh – vom anderen Flussufer kommen Lastwagen voll mit Evakuierten! Am folgenden Tag schaffe ich es trockenen Fußes und im Besitz meiner ganzen Barschaft (s. o.) zum Flughafen und fliege mit Thai Airways nach Chiang Mai. Von oben sehe ich gewaltige Wassermassen. Hier im Norden ist es trocken und warm. Abgesehen von Touristen treffe ich auch Einheimische aus den Überschwemmungsgebieten, die warten bis die Fluten wieder sinken. In meinem Gästehaus sieht mir ein junger Hotelangestellter meine Begeisterung für Reggae an? Steht mir das auf der Stirn geschrieben?! Jedenfalls nimmt er mich auf seinem Motorrad mit zu einer Bar mit live Musik. Ein junger buddhistischer Mönch lädt mich zur Abendandacht in seinen Tempel ein und ist jetzt mit mir auf Facebook befreundet. Das sind so die kleinen unerwarteten Freuden.

Eine große Freude, aber auch mit einigen Anstrengungen verbunden, ist mir eine dreitägige Wanderung. In Begleitung eines Einheimischen, dessen Stamm ich vergessen habe, geht es über Stock und Stein. Eine Nacht schläft die kleine Gruppe sozusagen bei seiner Familie, die andere Nacht auf dünnen Matten in einer Bambushütte auf Stelzen. Geduscht und gekocht wird mit Flusswasser, bei den Toiletten steht eine Wassertonne. Einmal bemerke ich vor mir auf dem Weg Bewegung und höre einen Aufschrei; eine Schlange ist von einem Baum gekracht und auf einen Iren aus unserer Gruppe gefallen. Wer von beiden sich wohl mehr erschrocken hat? Kippelige Vergnügen sind eine Fahrt auf einem Bambusfloß und eine Flussüberquerung mittels einer „monkey bridge". Das ist eine dicke Bambusstange, über die die Füße gleiten wie bei einem Seiltänzer. Zum Festhalten sind ein paar dünnere Bambusstangen an einer Seite festgebunden und unter uns rauscht der Fluss! Ich schaue zuerst, wie es die anderen machen und muss mich dann wohl oder übel auch hinübertasten, barfuß. Und wenn jetzt einer von uns richtig Angst gehabt hätte, Panik? Wahrscheinlich gibt es ein paar hundert Meter weiter eine richtige Brücke und wir sollen das hier nur machen, damit wir etwas zu erzählen haben! Die Backpacker in meiner Gruppe trinken viel, schauen dauernd auf ihre Elektronik und haben viel vorgebucht. Nicht gerade mein Stil. Auf der nächsten Etappe meiner Reise treffe ich zunächst ein buntes Völkchen, mit dem ich mich sehr wohl fühle.

eine entschleunigte welt

Laos

Eine Reise von Chiang Mai/Thailand, nach Luang Prabang/ Laos dauert drei Tage; zwei davon verbringe ich auf einem sogenannten „Slow Boat". Das Boot ist lang, fasst ein buntes Völkchen von Reisenden und ist sehr langsam auf dem Mekong River unterwegs. Bei Huang Xai überquert man die Grenze zu Laos. Und in Pak Beng hält man an für eine Zwischenübernachtung. Am kleinen Hafen stehen viele Einheimische und bieten Zimmer mit Abendessen an. Ich tue mich mit einer abenteuerlustigen Architektin aus Argentinien zusammen und wir lassen uns in ein Privathaus mitnehmen. Nach einem einfachen warmen Essen mit Klebreis machen wir noch einen abendlichen Bummel durch den Ort. Meine Güte! Die Geschäfte bieten ein wildes Durcheinander an Waren an, die Beleuchtung ist sehr spärlich, nicht alle Straßen sind befestigt. Immerhin sind unsere Betten in Ordnung und am nächsten Morgen steigen wir wohlbehalten auf unser langsames Boot.

Luang Prabang ist eine fotogene Stadt mit täglichem, pittoreskem Nachtmarkt, zahllosen Tempeln und grünen Hügeln, wo traditionelle Bergvölker wohnen. Kinder kommen gerannt und rufen „farang" (Weiße, Fremde). An einem Marktstand erfahre ich, dass man durchaus etwas für Kinder tun kann: Ich kaufe „Big Brother Mouse"-Bücher und frage mich am folgenden Tag zu einem Dorf mit einer Schule durch. Dort lasse ich die Sachen als Unterrichtsmaterial bei einer Lehrerin. In den Büchern werden einfache Sachverhalte sowohl auf Englisch als auch auf Lao erklärt, super Idee!

Laos ist im Vergleich zu seinen Nachbarn Thailand und China noch nicht so weit entwickelt. Während des Vietnamkriegs ist das Land heftig bombardiert worden und es gibt auch heute noch zahllose Blindgänger. Man sollte also bei Wanderungen tunlichst auf den Wegen bleiben. Die Laoten sind gelassen und freundlich, der Wille zum Anschluss an die Welt ist vorhanden, kein Hausboot ohne Satellitenschüssel. Der Tourismus entwickelt sich bis jetzt anscheinend ohne allzu große Konzessionen an die westliche Welt: Bei Tempelbesuchen soll man anständig angezogen sein, an den Straßenständen isst man mit Stäbchen und sobald man ein Haus betritt, auch ein Gästehaus, zieht man die Schuhe aus und geht also barfuß zur Rezeption.

Gute 400 km bergiger Landstraße zwischen Luang Prabang und der Hauptstadt Vientiane machen einen langen Reisetag. Wenn der Bus voll ist, werden kurzerhand kleine Plastikhocker in den Mittelgang gestellt.

Beim Tempelfest an der Pha Tat Lang Stupa in Vientiane liegen Kitsch und Kunst, Andacht und Aberglaube, Lautes und Leises dicht beieinander: Ein ohrenbetäubender Jahrmarkt; morgens viele buddhistische Mönche, vor denen in langen Schlangen die Gläubigen warten, um Nahrungsmittel und Geld zu spenden; dazwischen lagern ganze Familien auf dem Boden und picknicken. Abends umrunden Tausende Gläubige mit Kerzen und Blumen in den Händen die vergoldete Stupa. Räucherkerzen verströmen ihren Duft, Mönche zünden ein Feuerwerk und weißgekleidete Nonnen knüpfen gegen einen Obolus Baumwollbändchen ans Handgelenk. Ich treffe meine argentinische Mitreisende wieder. Wir besorgen uns leihweise einen traditionellen

Wickelrock und dürfen uns dann bei den Gläubigen einreihen. Aus einem Becher mit Stäbchen schütteln wir später ein Orakel. Meins verheißt Gesundheit und Glück, aber keinen boyfriend, nun denn … !

An den Ständen gibt es frittierte Maden zu essen und gebratene Vögelchen, Gedünstetes in Bambusblättern, Klebreis und allerlei Undefinierbares. In kleinsten Käfigen flattern Vögel, die man freikaufen kann. Dann fliegen sie davon und man hat etwas für sein gutes Karma getan. Ein merkwürdiger Kreislauf!

Nach so viel Aufregung tut eine Lao-Style-Massage gut. In einem hübschen Gebäude mit viel Holz, angenehmer Musik und freundlichen Frauen kann ich es mir gutgehen lassen. Ich darf vorher duschen und dann setzen die Frauen nicht nur ihre Hände, sondern auch ihre Füße und ihr ganzes Körpergewicht ein!

Auf den Straßen flanieren viele Menschen mit Sonnenschirm und Atemschutzmaske. Der Verkehr hält sich zwar in Grenzen, aber die vielen Tuktuks verpesten die Luft. An vielen Stellen kann man auch Fahrräder leihen. Im Nationalmuseum lese ich vom Sieg des Kommunismus 1975. Seit den 80er Jahren öffnet sich das Land allmählich und die USA heben 2004 das Handelsembargo auf. Meines Wissens gibt es zum Glück aber bis heute kein KFC oder McDonald's im Land!

Auf dem Weg weiter in den Süden nach Pakse leistet mir ein Flug mit Lao Airlines gute Dienste. Auf dem Bolaven Plateau wird Kautschuk und Kardamom angebaut, Pfeffer, Tee und Kaffee auch. Mir fällt das fairtrade-Siegel auf und ich finde das prima. Ich sehe auch einfache Behausungen mit archaisch anmutenden Menschen animistischen Glaubens. Jemand bietet mir eine Art Wasserpfeife zum Rauchen an. Das ist mir dann doch einen Tick zu exotisch!

Mit dem Boot reise ich in zwei Stunden über den Mekong nach Champasak und besichtige Wat Phu, eine bedeutende Khmer Tempelanlage aus dem 11. bis 13. Jahrhundert. Sie ist teilweise restauriert mit schönen Steinmetzarbeiten, an vielen Stellen finden aber immer noch Ausgrabungen statt.

Und eine weitere kleine Reise über den Mekong bringt mich zur Insel Don Khon, die zu den Four Thousand Islands gehört. Dort ist es heiß, beschaulich, erholsam. Doch halt! Mit dem Sohn der Gästehausfamilie und dessen Freunden gehe ich zu einer großen Party mit live Musik und tanze bis morgens um drei. Wenige Stunden später bringt mich ein Bötchen zurück zum Festland.

Kultur und Krieg

Kambodscha

Über den Mekong aufs laotische Festland kommend, finde ich ein Grüppchen versprengter Rucksacktouristen und wir schauen uns um, wie es weitergeht nach Kambodscha. Ausreise - und Einreisestempel sind mal wieder vonnöten. Ein findiger selbsternannter Reiseleiter sammelt unsere Pässe ein und erledigt das Notwendige gegen ein geringes Entgelt. Trotzdem ist es irgendwie immer ein mulmiges Gefühl, seinen Pass aus der Hand zu geben. Während des Wartens komme ich mit einem jungen Mann ins Gespräch, zunächst natürlich in Englisch, bis wir feststellen, dass Markus in Süddeutschland lebt und wir die gleiche Sprache sprechen! Wir haben die gleichen Reiseziele, den gleichen Reisestil und beschließen, zusammen weiterzureisen. Wir mieten jeder ein Zimmer, aber teilen Tuktuk, Mahlzeiten, Freude und Eindrücke.

Ein Blick in unsere Pässe bestätigt, dass die entsprechenden Stempel vorhanden sind, und wir können zu Fuß die Grenze nach Kambodscha passieren.

Eine lange Busreise bringt uns nach Siem Reap. Die Stadt ist eine Touristenhochburg und Ausgangspunkt für den Besuch der berühmten Tempel von Angkor. Zwischen dem 9. und dem 12. Jahrhundert hatte dieses weitläufige Areal einmal hunderttausende Einwohner. Angesichts der vielen Bauwerke tut man gut daran, eine Eintrittskarte für drei Tage zu lösen. Der gleiche Tuktuk-Fahrer holt uns jeden Morgen im Hotel ab. Wir sitzen in einem Motorradanhänger für zwei und lassen uns zu den verschiedenen Tempeln fahren. Dann kann man ohne Zeitdruck herumstiefeln, solange man Lust und Puste hat, und der Fahrer wartet an einem zentralen Punkt; ein sehr praktisches und stressfreies System. Den riesigen Angkor Wat besuchen wir bei Sonnenaufgang: Drei hochaufragende Tempeltürme, die in pagodenartigen Stufen nach unten verlaufen, Steinreliefs, die Geschichten erzählen, und die Vermutung, dass der Tempel dem Gott Vishnu geweiht wurde. Das Bauwerk ist auf der kambodschanischen Nationalflagge abgebildet und gehört zum Weltkulturerbe. In der Tempelstadt Angkor Thom sehen wir Anlagen ganz verschiedenen Charakters: den Bayon mit großen, in Stein gehauenen Gesichtern, die Terrasse mit den dreiköpfigen Elefanten, Ta Keo mit schmalen sehr steilen Steintreppen, Ta Prohm mit tentakelartigem Wurzelwerk alter Bäume, die das Bauwerk fast erwürgen, den Tempel Preah Khan, der Buddha und auch hinduistischen Gottheiten geweiht ist … staunend und aufmerksam lassen wir die vielen Eindrücke auf uns wirken. Am dritten Tag haben wir dann genug Steine gesehen und unser Fahrer fährt uns am Schluss noch spontan zum Tonle Sap, dem größten See Südostasiens. Ein Boot bringt uns zu einem Dorf auf Stelzen im Wasser, es gibt schwimmende Gärten und viel Verkehr mit kleinen Kanus. Kinder tollen im Wasser herum, kreischen und spritzen. Unser Boot fährt uns ein Stück über den See und der Bootsmann bedeutet uns, dass wir uns auch in die Fluten stürzen könnten. Wie das? Wir haben keine Schwimmsachen dabei! Wir lassen einfach unsere Kleider an und freuen uns über die Erfrischung. Bei dieser Hitze werden wir ganz schnell wieder trocken. Unser Tuktuk-Fahrer nimmt uns wieder in Empfang und zurück im Hotel kommen wir noch überein, dass er uns an einen befreundeten Fahrer in Phnom Penh sozusagen weiterreicht.

Am Busbahnhof in der Hauptstadt Phnom Penh hält dann tatsächlich der nächste Fahrer ein Schild mit unseren Namen hoch und bringt uns in die gebuchte Unterkunft, eine einfache Pension mit Dachterrasse.

Und dann absolvieren wir das Pflichtprogramm: Man weiß um die Grausamkeiten der Roten Khmer unter Pol Pot, trotzdem verschlägt es mir die Sprache. Zuerst besuchen Markus und ich das Tuol Sleng Genozid Museum. Eine Schule wurde in das Lager S-21 umgestaltet. Aus Schulräumen wurden 2 Quadratmeter große Minizellen und den Rest möchte ich lieber nicht beschreiben. Der nächste Schritt sind die

Killing Fields von Choeung Ek. Zwischen 1975 und 1979 fanden hier Tausende den Tod. Massengräber wurden dann später entdeckt und heute steht eine durchsichtige Gedenk-Stupa mit Gebeinen der Toten an einem zentralen Platz. Ringsherum schöne Wege und blühende Bäume. Da sind sogar die lärmenden koreanischen Touristengruppen still. Allein wäre ich da wohl nicht hingegangen und auch mit Markus an der Seite ist der Ort schwer zu ertragen.

Unser Fahrer hat einen Narren an uns gefressen. Wir sind zwar kein Paar, haben aber wohl eine positive Ausstrahlung und lassen uns von ihm gerne Vorschläge machen, die er zu moderaten Preisen umsetzt. Vor allem gefällt uns das Nationalmuseum mit den wunderschönen Khmer Skulpturen. Schön finde ich die 7-köpfige Schlange Naga, die Buddha vor einem Sturm beschützt haben soll; und den Garuda, halb Mensch, halb Vogel. Die zwei sind traditionell verfeindet. Findet man sie gemeinsam an einem Ort, dann herrscht Frieden; so sei es …

Ich lese über ein Blinden-Projekt, „Seeing Hands". Wir gönnen uns zur Entspannung eine Massage. An der Rezeption nehmen sehende Mitarbeiter Wünsche und Daten auf. Dann werden wir zu den Massageliegen gebracht, wo Blinde sehr geschickt und wohltuend massieren.

Im Bus nach Sihanoukville beschert mir eine Klimaanlage eine dicke Erkältung. Mit viel Meerwasser wird meine Nase aber alsbald wieder frei. Hier herrscht sonniges und fröhliches Strandleben. Händler kommen mit Obst, Sonnenbrillen und Schmuck vorbei; Frauen bieten ambulant kosmetische Dienste an. Und die Liegen direkt am Meer kann man kostenlos benutzen, wenn man vom Café dahinter auch nur einen Eiskaffee bestellt. Aber … man sieht auch viele verstümmelte Minenopfer, die um Almosen bitten. Die Angestellten sind alle superjung, die erfahrene ältere Generation fehlt.

Auf Facebook gibt mir der befreundete Kameramann aus Holland einen Hinweis: Er hat im „Cambodian Children's Painting Project" einmal einen jungen Künstler porträtiert. Ich mache die Kunstschule tatsächlich ausfindig und treffe auch das talentierte Kind und die Lehrerin und andere Kinder. Sie zeigen mir mit großer Freude ihre Werke und ich lasse ein wenig Geld für Material da.

Noch ein bisschen schwätzen und lachen mit anderen Backpackern, mit Markus zur Fisch-Pediküre gehen, mich beim Billardspielen ein bisschen dämlich anstellen, lecker Mojito trinken und Khmer Amok essen (Fischcurry mit Cocoscreme) … dann sind unsere Tage in Kambodscha gezählt. Markus reist nach Deutschland zurück und ich mache mich auf den Weg nach Vietnam.

alte wunden und fleißige menschen

Vietnam

Um von Sihanoukville/Kambodscha nach Can Tho/Vietnam zu gelangen, brauche ich 12 Stunden und 5 Busse. Als ich gerade mal wieder an der Sprachbarriere verzweifle, hilft mir ein Einheimischer am Abend, ein kleines Hotel zu finden. Eine Bootstour durch das Mekongdelta am nächsten Tag lässt sich leicht arrangieren. Mein Führer macht zuerst bei einem Boot halt, wo eine Frau Brot mit Spiegelei und dazu Tee zum Frühstück verkauft. Der bunte, schwimmende Markt ist klar organisiert: An langen Stangen sind als Beispiel die Waren befestigt, die es da zu kaufen gibt, vor allem Obst und Gemüse. An einigen Nebenarmen des Mekong sehe ich ringsum tropische Natur, Häuser auf Stelzen, Reisfelder, und in einer Fabrik darf ich zusehen, wie Reisnudeln hergestellt werden. Die Masse wird zuerst plattgewalzt und dann in feine Nudeln geschnitten. Auf dem Rückweg flicht mein Bootsführer ein Armband und eine Blume aus Palmblättern für mich.

Als ich eine glänzende Ho Chi Minh-Statue fotografiere, lerne ich zwei einheimische Studentinnen kennen. Sie laden mich zu einem Sonntagsausflug ein. Am nächsten Morgen erscheinen sie zusammen mit einer Kusine. Wir frühstücken zuerst an einem einfachen Straßenstand und sitzen dazu auf sehr niedrigen Stühlchen an einem kleinen Tisch. Dann geht es los mit zwei Motorrollern. Sie haben sogar einen Helm für mich mitgebracht. Aber welch ein Unterschied in unserem Aussehen! Ich genieße die Sonne, habe ein Kleid mit schmalen Trägern an und Sandalen an den Füßen. Die drei sind eingepackt mit Jacken, Handschuhen, langen Hosen, Socken und Mundschutz. Wie das? Frieren sie etwa? Nein, Sonnenstrahlen sind einfach „bä". Sie machen die schöne helle Haut dunkel, sie verursachen Kopfschmerzen und Schweiß!! Wir besuchen zusammen einen Vergnügungspark. Da gibt es Zirkus und Zoo in Kleinformat; wir rudern auf einem See und sehen einem Schweinerennen zu. Wie man die Tiere dazu bringt, um die Wette zu laufen, ist mir ein Rätsel, den Zuschauern gefällt's. Unter schattigen Bäumen trinken wir Kaffee und üben Englisch.

In Saigon folge ich manchen Spuren des Vietnamkriegs. Gegen den habe ich 1968 als Studentin in Heidelberg mit „Ho Ho Ho Chi Minh-Rufen" demonstriert. Heute würde ich manches anders einordnen … Ich besuche die Wiedervereinigungshalle, wo sich 1975 der Süden dem kommunistischen Norden ergab. Im Kriegsrestemuseum sind unter anderem die schrecklichen Folgen von Agent Orange dokumentiert. Und da wären noch die Tunnelanlagen des Vietcong, aber die erspare ich mir.

Vergnüglich ist ein Besuch im Wasserpuppentheater: Da fauchen die Drachen, spritzen die kleinen Ruderboote und tanzen die Puppen. Alles live begleitet von Trommeln und Sprechgesang, einzigartig!

In Cholon, so heißt hier Chinatown, finde ich mit Mühe eine bestimmte Pagode. Dort darf ich eine Reisepferdstatue tätscheln, das soll mir Glück auf meinen Reisen bringen. Eine bunte Meerjungfrau fasziniert mich, in zahlreichen sandgefüllten Kesseln glimmen Räucherstäbchen. Der Besuch ist wie das Eintauchen in eine andere Welt.

Draußen ist sie auch ganz ungewohnt, vor allem an Straßenkreuzungen. Von allen vier Seiten kurven Horden von Zweiradfahrern umeinander herum, dazwischen ein paar Autos und sogar Busse. Da kann ich nur noch die Augen schließen, vor allem, wenn ich hinten auf einem Moped sitze! Wenn man versucht, in so einer Situation die Straße zu überqueren, geht man am besten im Windschatten von Einheimischen. Ansonsten soll man einfach loslaufen und ein gleichmäßiges Tempo beibehalten. Die Fahrer kalkulieren dann genau, wo man sich in den nächsten Sekunden befindet und kurven um einen herum! Einmal frage ich eine Frau nach einem Geschäft, sie deutet auf die andere

Straßenseite, es ist dunkel und es nieselt. Ich stehe und schaue und warte, es gibt keine Lücke im Verkehr und ich traue mich nicht rüber. Da kommt die Frau herbei und steuert mich am Ellbogen über die Straße! Ein echter Freundschaftsdienst in einem fremden Land!

Nun mache ich mich mit einem „open bus ticket" auf den ca. 1500 km langen Weg von Saigon nach Hanoi. Und zwar kaufe ich die „sleeping"-Variante. Das heißt kurze Strecken werden bei Tag gefahren, lange Strecken bei Nacht. So ein Nachtbus hat kleine Schlafkojen, in denen ich mich gerade so ausstrecken kann. Mein Reiserucksack ist schon verstaut, ich steige ein und der Fahrer hält mir eine offene Plastiktüte hin. Wie? Bin ich grün im Gesicht? Wozu brauche ich eine Tüte? Nun ja, wir sind in Asien, da betritt man kein Haus mit Schuhen. Immerhin bin ich im Bus in meinem „Schlafzimmer" und nehme deshalb meine Schuhe in dieser Tüte mit zu meinem Bett. Unterwegs kann ich in jeder größeren Stadt haltmachen und ein paar Tage bleiben. Nur muss ich mich dann beim Busunternehmen melden, wenn ich wieder weiterreisen möchte.

In Mui Ne peitschen Wind und Regen die Wellen, da kann man den Strand vergessen. Dafür mache ich mit einem kundigen Moto-Taxi-Fahrer einen Ausflug zu mehrfarbigen Sanddünen und zu einem Fischerdorf, wo ich fleißige Menschen in kleinen, runden, geflochtenen Booten ihrer Arbeit nachgehen sehe.

Auch in Nha Trang zeigt sich die Sonne nicht. Auf einer City Tour schlägt man der kleinen Gruppe den Besuch eines Mineralbades vor. Und ich finde mich unversehens mit einem Paar aus Moskau und einem Herrn aus Singapur in einem warmen Schlammbad wieder! Zum Mittagessen drehen wir uns selbst dünne Frühlingsrollen und in meiner angenehmen Unterkunft verwöhnt man mich wegen des schlechten Wetters mit heißer Zitrone.

Von Hoi An aus besuche ich die Cham Ruinen von My Son, von den Franzosen „entdeckt", im Krieg heftig bombardiert und heute zum Weltkulturerbe erklärt. Die Backsteinbauweise ist bis heute nicht hinreichend erforscht. Eine neu gebaute Mauer ist nach wenigen Jahren grün überwuchert, eine tausend Jahre alte ist immer noch glatt und schön.

In Danang ist dieser Kultur ein Museum gewidmet. Dort sieht man auch Skulpturen von Shiva, Vishnu und Brahma, Götter der Zerstörung, Erschaffung und Bewahrung, ein ewiger Kreislauf. In den Marmorbergen von Danang findet man alle möglichen Gottheiten in Höhlen und Nischen, dazu Pagoden und jede Menge Räucherstäbchen. Und auf einem Hügel steht eine riesige, sehr ungewöhnliche Buddha-Statue: Schaut man genau hin, dann bemerkt man, dass sie weibliche Merkmale hat!

Die Zugstrecke nach Hue durch grüne Hügel und teils hoch über dem Meer soll landschaftlich reizvoll sein. So lasse ich mein Busticket für eine Weile sausen und nehme den Zug. Das hätte ich mir sparen können, denn das schlechte Wetter lässt nicht viel schöne Aussicht zu.

In Hue gibt es tagelang heftigen Dauerregen. Die Moto-Fahrer hüllen sich alle in praktische Ponchos. Ich kaufe mir auch einen und verschenke ihn später wieder. In einem Restaurant empfiehlt mir ein junger Kellner einen „hot pot" und zeigt mir begeistert, wie ich den essen soll. Es handelt sich um eine Art Fondue, am Tisch zubereitet. Lecker und vor allem wärmend. Und dann lädt er mich nach Dienstschluss auch noch in eine Disko ein. Ein bisschen tanzen wärmt auch. Bei diesem nasskalten Wetter einen Freund vor Ort zu haben ist ein Geschenk des Himmels. Er nimmt mich mit zum Kartenspielen mit seinen Freunden, zeigt mir, wie man mit Stäbchen Nudelsuppe isst und stellt mir seinen Onkel vor. Dort zeigt er mir auch sein Zimmer. Die Ausstattung meines Hotelzimmers plus das, was ich in meinem Rucksack habe, ist mehr, als ich in dieser kargen Behausung vorfinde. Mit seiner Familie kann ich mich nur schwer unterhalten, Englisch kann man nicht überall erwarten. Gelegentlich treffe ich aber ältere Einheimische, die Deutsch sprechen. Wie das? Sie haben eine Weile im kommunistischen Bruderstaat DDR gelebt.

Die letzte Nachtbusstrecke führt Richtung Hanoi. Ich möchte aber als Einzige schon vorher, in Ninh Binh, aussteigen. Der Beifahrer weckt mich. Rückwärts über zwei schlafende Iren krabbelnd steige ich aus. Mein Rucksack liegt schon auf dem Bürgersteig und – zack – ist der Bus schon weg! Habe ich auch alles? Erst mal wieder Schuhe anziehen. Es ist morgens um fünf, stockdunkel, kaum jemand unterwegs. Aber keine Sorge, die Magie des Reisens entfaltet sich einmal mehr und nach kurzer Zeit finde ich mich in einem kleinen Hotel wieder. Zwei Tage bin ich mit einem Moto-Fahrer unterwegs, der mir die Umgebung von Ninh Binh zu Füßen legt. Bizarre Kalksteinformationen prägen die Landschaft; ich sehe sattgrüne Reisfelder, erlebe den Hoang Long Fluss nebst vielen Kanälen und staune über Frauen, die ihre Boote mit den Füßen rudern. In einem solchen Boot lasse ich mich zu den Tam Coc Höhlen bringen. Auf dem Rückweg bietet mir die Frau ihre Handarbeiten zum Verkauf an, selbstgestickte Decken. Eine weitere Bootsfahrt bringt mich zum Kenh Ga Village, einem Dorf auf dem Wasser wie aus der Zeit gefallen. Fischer werfen ihre Netze aus, Kinder rudern zur Schule, Bauern an Land pflügen mit Wasserbüffeln. Viel ländliches Vietnam. Und der Glaube darf dabei natürlich nicht fehlen. In der Bai Dinh Pagode finden sich über 500 Buddha-Figuren in verschiedenen Stilrichtungen und unterschiedlichen segnenden Gesten. Ein Fest für die Augen.

Auch an meinem nächsten Ziel kann man nicht genug schauen: die Halong Bucht im Südchinesischen Meer. Es gibt ungefähr 3000 Inseln, manche davon sind wegen der Nähe zu China militärisches Sperrgebiet. Um das Gebiet zu erkunden, buche ich eine Tour. Eine Nacht bleibt man auf dem Schiff, eine Nacht verbringt man in einem Gästehaus auf der Insel Cat Ba. Hochaufragende, weitverstreute Felsformationen sorgen für atemberaubende Ausblicke. Unterwegs macht das Schiff bei einem schwimmenden Fischerdorf halt und man kann eine kleine Kajaktour unternehmen. Wer fährt mit mir? Wer hat Ahnung? Eine junge Frau aus Singapur steigt mit mir ins Boot. Aber oh weh! Sie paddelt immer in die falsche Richtung, bis ich ihr sage, sie solle es bitte ganz sein lassen. Die Anlandung schaffe ich einigermaßen, nur die letzten Meter zieht mich ein Mitarbeiter an meinem Paddel vollends an die richtige Stelle! Auf der Insel Cat Ba besichtigen wir eine Stellung der vietnamesischen Armee und in der Nähe gibt es eine große Höhle, die als Krankenhaus genutzt wurde, gänzlich vor dem Feind verborgen. Den 24. Dezember feiere ich fröhlich mit aufgeschlossenen Reisenden aus aller Welt. Wir tanzen und lachen auf unserem Schiff, klettern auch auf das Nachbarschiff und wünschen fröhliche Weihnachten!

Der 25. ist ein Reisetag und bringt mich in die Hauptstadt Hanoi. Dort finde ich ein angenehmes kleines Hotel mittendrin im Trubel. Es herrscht hektische Betriebsamkeit und die schnurrenden kleinen Hondas und Yamahas nehmen wieder überhand. Was diese Zweiräder so alles transportieren ist einfach unglaublich: ganze Familien, lebende Hühner, 4 große chinesische Vasen, 10 Kästen Bier und noch Snacks obendrauf, Zementsäcke, Blumen … dazwischen Straßenverkäuferinnen mit ihren zwei Körben an Stangen über der Schulter. Sie schleppen auch viel, meistens Obst und Gemüse. An einem künstlichen See mitten in der Stadt hat man einer Riesenschildkröte mit einem Schwert im Maul ein Denkmal gesetzt. Sie soll einmal die Stadt in einer Schlacht beschützt haben. Das größte aller Denkmäler ist jedoch das Ho Chi Minh-Mausoleum. Onkel Ho wollte eine Feuerbestattung. Stattdessen wird nun sein Leichnam einmal im Jahr nach Russland geschickt, von wo er frisch einbalsamiert wiederkehrt. Im Museum nebenan geht es um hehre Ziele. Leider klaffen Anspruch und Wirklichkeit auseinander und er hat seinem Volk nicht nur Gutes gebracht. Der herrschende Personenkult ist für Besucher eher unangenehm. Man wird gefilzt und tendenziell unfreundlich behandelt. Wesentlich entspannter geht es in einem Frauenmuseum zu. Da wird den Soldatinnen diverser Kriege Tribut gezollt, aber auch Hochzeitsbräuche und modernes Stoffdesign sind zu finden. Im ethnologischen Museum gibt es wunderschöne Lackarbeiten, Stoffe in Ikat-Weberei, Schattenspielpuppen und im Außenbereich wiederaufgebaute Häuser der verschiedenen Völker Nordvietnams.

Mehr als Hochhäuser

Hongkong und Macao

Hongkong: Vier Großregionen, 294 Inseln, hypermodern, hohe Bevölkerungsdichte. 1997 von den Briten an China zurückgegeben, ist Hongkong nun eine SAR, eine Special Administrative Region. Die aktuelle Entwicklung ändert sich ständig …

Mein Wanderfreund Peter aus Thüringen hat mir klargemacht, dass ein kurzer Stopover der Stadt nicht gerecht werde. Und so habe ich doch tatsächlich volle zwei Wochen hier eingeplant und es nicht bereut.

Auf der Suche nach meinem gebuchten Hostel muss ich mich an einem Hochhaus orientieren. Eines der vielen Stockwerke ist mein Ziel. Das Wetter ist kalt und ungemütlich, aber heißes Wasser für einen Tee scheint hier so eine Art Menschenrecht zu sein. Wo auch immer ich bin, kann ich mich auf diese Weise aufwärmen. Eine andere Idee, mich fit zu halten, ist das morgendliche Qigong im nahen Park. Ich schaue den vielen Gruppen zu und wage es, in einer stillen Ecke auch meine Übungen zu machen. Das kümmert oder wundert anscheinend niemanden und mir tut es gut.

Mit dem öffentlichen Verkehr komme ich bald ganz gut zurecht. Mit der Geldkarte Octopus kann man bargeldlos in allen Verkehrsmitteln bezahlen. Busse fahren nach Lantau, Kowloon oder zu den New Territories; mit der Trauma geht es so extrem steil auf den Hongkong Peak hoch, dass die umgebenden Gebäude einen Moment lang extrem schief erscheinen, und die U-Bahn (MTR) fährt fast überall hin. Die zweistöckige Tram durchquert einmal Hongkong Island, da kann man sich prima orientieren. Das neue Jahr wird im Freien mit Blick auf den IFC- Turm angezählt. Dort kann man die Sekunden ablesen, dann gibt es rund um das Gebäude ein Feuerwerk. Besonders rauschend ist das aber nicht. Und auf den Straßen ist nicht sehr viel los. Ein einheimisches Paar meint, Hongkong sei klein und übersichtlich. Na ja … immerhin finde ich den Weg zu meiner Unterkunft zu Fuß zurück.

In meinem Zimmer feiern wir dann, vier Mädels aus drei Nationen, noch ein bisschen weiter.

Von den Fähren hat man den typischen Blick auf Hongkong: Wolkenkratzer von allen Seiten, nachts besonders beeindruckend. Auf Lantau erlebe ich große Gegensätze. Eine Seilbahn bringt mich hoch zu einem riesigen Buddha, in dessen Inneren eine Reliquie schlummern soll. Die Fahrt dahin führt spektakulär über mehrere Buchten und Hügel hinweg. Menschenmassen strömen und dann ... ein paar Schritte weiter findet man einsame Wanderwege. So schön die Hügel, die Sonne und die Ruhe! Weniger einsam ist es im Stadtteil Lan Kwai Fong. Mit Andrew aus England, Lehrer in China, ziehe ich ein wenig durch die Bars und genieße die Lichter und das Nachtleben. Am Tag schaue ich mir mehrere Tempel an. Viele Riten drehen sich um verschiedene Götter, um die Ahnen und um Geister; viel Aberglauben und „good luck" ist wichtig! Eine große Freude ist das Treffen mit meiner Spanischlehrerin und ihrem Mann. In VHS-Kursen hat sie mir vor Jahren einiges beigebracht, was ich immer wieder auf meinen Weltreisen brauchen kann. Zufällig haben wir uns, noch in Deutschland, über unsere derzeitigen Pläne unterhalten und festgestellt, dass wir zur gleichen Zeit in Hongkong sein werden! Und sogar unsere Unterkünfte liegen nicht weit weg voneinander an der gleichen U-Bahn Linie. Zusammen machen wir einen Ausflug zum Stanley Market. An vielen Straßenständen und kleinen Geschäften findet man Kitsch und Kunst, Seidenkleider und Goldfische, Sportartikel, Schmuck und Souvenirs; bei Einheimischen und Touristen gleichermaßen beliebt.

Eine Fähre bringt mich in einer Stunde nach Macao, eine chinesische Sonderverwaltungszone, bekannt für ihre Spielcasinos. Die interessieren mich weniger. Die Altstadt ist Kulturerbe und geprägt von der portugiesischen Kolonialzeit. Christliche Kirchen stehen neben chinesischen Tempeln, Ost trifft West. Man spricht Kantonesisch, etwas Englisch und auch noch Portugiesisch. Wegen des nasskalten Wetters ist es mir aber leider nicht gerade nach Besichtigungen zumute; nicht einmal in den Restaurants ist es geheizt. Mangels Sprachkenntnissen gibt es Speisekarten mit Fotos des Angebots. Ich zeige auf etwas, bekomme auch „etwas" zu essen, weiß aber bis heute nicht, was es gewesen ist! In meiner kleinen Unterkunft kann ich mir einen Tee bereiten und einen Fön gibt es auch zu leihen, immerhin. Meine Abwehrkräfte müssen schwer arbeiten; das hier ist nicht meine bevorzugte Jahreszeit!

vergnüglicher stopover

Singapur

In Singapur komme ich spätnachts an, also mühe ich mich gar nicht erst mit öffentlichen Verkehrsmitteln ab, sondern steige gleich in ein Taxi. Aber oh weh! Der Fahrer lässt mich am Anfang einer Fußgängerzone aussteigen. Und jetzt? Da und dort sitzen noch Leute in der lauen Nacht vor den Bars. Ich gehe vorbei, schaue die Hausnummern an. Eine Frau nickt mir zu und deutet auf ein Gebäude. Das ist mein Hostel! Woher weiß sie, dass ich dahin möchte? Na ja, mein Rucksack, mein suchender Blick. Per E-Mail hat mir der Besitzer einen Code mitgeteilt, den ich nun in ein kleines Gerät am Eingang tippe, und ich bin erleichtert, als die Tür sich öffnet. Drinnen hängt ein Brief für mich an einer Tafel. Darin wird der Weg zum Schlafsaal beschrieben und mein Bett ist dann auch deutlich gekennzeichnet. Leise richte ich mich ein, suche noch das Badezimmer und schlafe dann tief und fest.

Am nächsten Morgen werde ich freundlich begrüßt und setze mich zum Frühstück zu einer jungen Holländerin. Sie blättert im „lonely planet". Was ich mir hier denn anschauen möchte, fragt sie und schnell sind wir uns einig, dass wir zusammen losziehen wollen.

Singapur ist eine Insel und ein Stadtstaat mit vielen Gesichtern. Wir wohnen im moslemischen Viertel „Kampong Glam", ganz in der Nähe einer Moschee. Der Muezzin ruft; wir werden auch freundlich hereingebeten, nachdem wir unsere Häupter mit Tüchern bedeckt haben. Zu Fuß schaffen wir es sogar bis zum Stadtviertel „Little India" und gehen dort lecker vegetarisch essen. Chinatown verlangt uns weitere Wege ab. Eine junge Vietnamesin schließt sich uns an und ist abends ganz kaputt, unser Tempo hat sie ein bisschen überfordert! Am Abend jedoch sitzen wir entspannt zu viert auf dem Bürgersteig vor einer Bar und rauchen zusammen eine Wasserpfeife mit Ananas-Geschmack.

Ein rot-goldener Buddha-Zahntempel und bunte Hindutempel beeindrucken, ebenso das „Museum of Asian Civilizations". Und dann müssen wir natürlich noch im berühmten Raffles Hotel einen Singapore Sling trinken! Ein Zimmer dort kann ich mir natürlich nicht leisten, aber an der langen Theke einen Cocktail schlürfen, das geht allemal!

Singapur habe ich mir steril und nur auf Finanzen und Shopping ausgerichtet vorgestellt. Nun bin ich positiv überrascht. Es ist vielfältig und bezahlbar. Ach ja und beinahe hätte ich länger bleiben müssen. Eine Aschewolke eines unaussprechlichen isländischen Vulkans beeinträchtigt den weltweiten Flugverkehr. Mein gebuchter Flug nach Hause findet aber dann doch planmäßig statt.

Größtes Land Südostasiens

Indonesien

Laut „lonely planet" ist Jakarta, die Hauptstadt Indonesiens, „a hard city to love". Wie wahr! Verkehrsmäßig erlebe ich den totalen Kollaps. Man braucht Stunden, um irgendwohin zu kommen. An einem Tag bin ich zudem vier Mal falsch geschickt worden! Bus … Nationalmuseum … Reisebüro … ich könnte ausflippen, wenn die Leute mir irgendetwas erzählen, anstatt zu sagen, dass sie meine Frage leider nicht beantworten können. Ich habe einen Ausdruck in der Hand, wo mein Ziel beschrieben ist und frage die Frau am Schalter, ob dieser Bus dahin fährt. Sie sagt „ja" und verkauft mir eine Fahrkarte. Vor mir in der Schlange warten vielleicht hundert Leute, nicht übertrieben! Die Masse schiebt sich mehr oder weniger geduldig vorwärts und in den dritten Bus schaffe ich es schließlich. Einem Mann neben mir zeige ich meinen Ausdruck und frage, ob dieser Bus da hinfährt. Die Antwort ist „nein"!!! Das sind die Freuden des individuellen Reisens, der Preis der Freiheit, ha, ha! Zum Glück kommt so etwas ja nur höchst selten vor. In meinem Hotel hat mir dann wenigstens jemand geholfen, den Nachtbus nach Yogyakarta zu buchen und zu finden. Und von da an wird dann alles besser …

Yoyakarta liegt, ebenso wie die Hauptstadt, auf der Insel Java. In dieser Stadt lässt es sich angenehm bummeln, es wird behauptet, dass Reisende hier viel länger hängenbleiben als geplant; verständlich. In meinem Hotel im Backpackerviertel nimmt mich an der Rezeption gleich mal Moko in Empfang. Er ist auch Bauherr eines kleinen Gästehauses und außerdem Batikkünstler. Ich selbst habe schon mit Tjanting und Pinsel Wachsbatiken auf Seide geschaffen und lasse mich mit Freude in eine Batikgalerie entführen. Da hüpft mein kreatives Herz! Wir schauen auch den Sultanspalast an und hören Gamelan-Musik. Männer hocken vor langen und großen Xylophonen, dazu gibt es Gongs und Trommeln. Auch auf Bali werde ich später diese traditionellen Orchester noch einige Male hören. Kota Gede ist die „silver city“ und ich kaufe ein Fußkettchen für meine Tochter Malena. Mit einer schnurrenden Honda geht es zum rauchenden Vulkan Merapi und zu Mokos Tante auf dem Land, wo ich würzigen Fisch vorgesetzt bekomme. Und schließlich besuchen wir noch die Tempelanlage Borobudur. Auf neun übereinanderliegenden Plattformen befinden sich viele Reliefs und über 500 Buddha-Statuen, gekrönt von einer Stupa an der Spitze. Der größte buddhistische Tempel der Welt beeindruckt mich sehr und es macht Freude, Stufe um Stufe zu erklimmen und viele einzelne Szenen aus Buddhas Leben zu betrachten.

Und alle diese Ausflüge ganz umsonst? Na ja, nicht ganz. Ein paar Backsteine in Mokos Gästehaus im Bau habe ich finanziert und gehören sozusagen mir. Und ich lasse auch noch ein wenig Geld da. Später schickt mir Moko zwei Fotos von neuen Toiletten auf meine Facebook-Seite. Ich werde von Freunden gefragt, was das denn soll? Das ist der Beweis, dass er mit meiner Spende zwei „international toilets“ gekauft hat! Also Toiletten zum Sitzen sind gemeint. Sein kleines Gästehaus hat er mittlerweile fertiggestellt, das ist prima.

Vorerst begleitet mich Moko noch ein paar Tage in Bali. Wir sind mit bezahlbaren Taxis zum Genung Kawi Tempel, zum Pulu Hindu

Relief und zum Tirta Empul Tempel unterwegs. Nach so viel Staunen und Kultur lassen wir unsere Blicke über die sattgrünen Reisterrassen schweifen und besuchen eine Kaffeeplantage. Dort dürfen wir Kaffee mit Ingwer oder mit Schokolade probieren, lecker! In Ubud weist uns mein Pensionsbesitzer auf eine KECAK-Tanzaufführung hin, die uns ziemlich authentisch scheint. Es werden Szenen aus dem Ramayana dargestellt, begleitet von einem 100-stimmigen Männerchor. Es geht wie immer um Gut gegen Böse und der Affengott Hanuman hilft Rama und Sita. Am Schluss kommt ein Tänzer im Pferdekostüm. Er ist in Trance und lässt mit bloßen Füßen die Funken aus einem brennenden Haufen Kokosschalen stieben; ein unglaublicher Anblick!

Moko fliegt wieder zu seiner Arbeit im Hotel und zu seiner Baustelle zurück. Er will mich nicht heiraten; das heißt, er will mich nicht als Brücke nach Europa benutzen. Und so steht einer weiteren Freundschaft nichts im Wege!

Kunst gibt es auf Bali traditionell eigentlich nur im Zusammenhang mit Tempeln, Festen und Palästen. Heutzutage aber gibt es viele Galerien mit Bildern, Holzschnitzereien und Steinmetzarbeiten. Viele sind durchaus schön anzusehen, aber ich bleibe wie fast immer standhaft und belaste mich nicht mit schweren Dingen.

Vergängliche Kunst findet man vor vielen Häusern jeden Morgen auf dem Boden: flache Bananenblätter-Körbchen mit Blüten darin und kleinen Opfergaben und geflochtenen Dekorationen. Das soll die Dämonen besänftigen. Am ersten Februar findet die Galungan-Zeremonie statt, so wie alle sechs Monate. Die Hindufamilien gedenken ihrer Ahnen, suchen das Positive und stellen hohe, geschmückte Bambusstangen auf, die auch „Gottestelefone“ genannt werden. Die Stangen sind kunstvoll umwickelt und umflochten, oben gebogen und daran baumeln kleine Kunstwerke; fächerartig oder wie Lampions. Ganze Straßenzüge sind so geschmückt.

Ein Fahrer nimmt mich mit zur Zeremonie in seinem Familientempel. Von seiner Mutter bekomme ich ein Tuch, das ich mir um die Hüften wickle und einen zeremoniellen Gürtel geliehen. Man ist begeistert, dass ich mich mit Kundalini-Yoga auskenne, und so darf ich zuerst einmal vor einem kleinen Altar meditieren. Dabei habe ich frische Blüten zwischen meinen betenden Händen. Dann werde ich mit heiligem Wasser besprüht und man drückt sich ein paar Reiskörner feucht an die Stirn. Körbe mit Obst stehen zum Verzehr bereit und ich sitze noch eine Weile mit den Frauen zusammen.

Hinduistische Tempel auf Bali sind nicht etwa begehbare Gebäude, sondern weitläufige Anlagen mit kunstvollen Dächern auf Podesten, meistens nach allen Seiten offen. Man stelle sich einen in Stufen nach oben schmaler werdenden Turm vor, schneide ihn in der Mitte durch und stelle die zwei Hälften auseinander. So sind hier viele Tempel-Eingänge gestaltet. Richtig interessant wird es erst, wenn eine Zeremonie stattfindet: mit Gesang und Tanz, Gamelan-Musik, Opfergaben aus Früchten und Blüten.

In meinem Gästehaus in Ubud bin ich gut aufgehoben. Zum Frühstück gibt es Bananenpfannkuchen mit Sirup, Limone und frischen Kokosraspeln. Ein Mitarbeiter spielt abends oft Gitarre und verbringt auch mal einen Strandtag mit mir in Sanur. Einmal kommt ein Trupp Kinder mit Schweinemasken verkleidet vorbei. Sie ziehen mit Trommeln von Haus zu Haus und sammeln Geld für ihren Tempel. Das erinnert mich ein wenig an unseren Brauch mit den Heiligen drei Königen!

Ein Gedankensplitter: Die Holländer haben sprachlich ihre Spuren in Indonesien hinterlassen, z. B. stempel, dokter, apotek, bensin, aber was bitte ist ein „knalpot“? Na, ein Pott, der knallt ... also ein Auspuff.

Bei einer weiteren Reise lande ich noch einmal in Denpasar/Bali und treffe einige Freunde wieder. Aber dann ziehe ich weiter. Ein Schnellboot bringt mich von Padangbai zu einer der drei Gili-Inseln, nämlich Trawangan. Am Hafen angekommen, gerate ich in einen Platzregen und renne mit meinem Rucksack einem Kerl hinterher, der mir ein schönes Quartier verspricht. Er hat nicht gelogen: Mein kleines Zimmer ist hübsch mit Holz und Bambus gestaltet und auf meiner Terrasse finden sich gelegentlich Musiker, Künstler und Katzen zu einer Jamsession ein!

Auf Gili Trawangan gibt es weder Autos noch Motorräder. Pferdewagen transportieren Touristen und andere Güter. In zwei Stunden umrunde ich die Insel zu Fuß und lerne unterwegs einen jungen Kellner kennen. Anderntags nimmt er mich mit zur Nachbarinsel Lombok und zeigt mir voller Stolz seinen neuen Hindu-Familientempel. Ich darf an den Zeremonien teilnehmen. Seine Frau und die ganze Familie verwöhnen mich. Und wo soll ich die Nacht verbringen?! Der junge Mann macht sich irgendwo im Haus ein Bett zurecht und ich darf mit der Ehefrau und ihrem Baby das Bett teilen. Eine etwas gewöhnungsbedürftige Ehre, aber zum Glück kann ich ja fast überall schlafen! Der jungen Frau schenke ich mein Kleid, das ihr so gut gefällt. Natürlich nicht gleich, denn ich habe nichts zum Wechseln dabei. Zurück auf Trawangan gebe ich es später ihrem Mann und bedanke mich herzlich für seine Gastfreundschaft.

Das neue Jahr sollte mir eine Überraschung bringen, die ich so nicht geplant habe! Den Silvesterabend verbringe ich teils mit den Jungs von meiner Unterkunft, teils in einer Reggae Bar. Da ich nicht viel Alkohol trinke, bin ich dann auch am Neujahrsmorgen keineswegs verkatert. Ich gehe frühstücken, es sind noch nicht viele Menschen unterwegs. Beim Bummeln fallen mir einige Tauchschulen ins Auge. Meine Tochter Malena und ihr Mann sind gerade dabei, eine solche zu eröffnen. Deshalb nehme ich das Angebot hier näher in Augenschein, um zu sehen, wie so was aufgebaut sein könnte. Ein Tauchlehrer spricht mich an und erklärt mir das Prozedere. Ich habe keinen Bikini dabei, genügend Geld auch nicht. Macht alles nichts. Meine Oberbekleidung lasse ich einschließen, ich zwänge mich in einen Tauchanzug und nach einer kurzen Einführung finde ich mich mit Sauerstoff-Flasche und allem was dazu gehört mit noch zwei anderen Tauchern auf einem Boot wieder. Hoppla, damit habe ich überhaupt nicht gerechnet! Rückwärts lasse ich mich vom Boot ins Wasser fallen und befinde mich dann eine knappe Stunde in ca. 12 Metern Tiefe. Schildkröten, Korallen, Fische … habe ich beim Schnorcheln auch schon gesehen, aber es ist doch noch ein bisschen aufregender. So kann das neue Jahr beginnen!

Am Abend gibt es eine kleine Abschiedsparty mit den Jungs meiner Unterkunft. Sie kennen so ziemlich jeden Hit und mit Gitarre, viel Gesang und noch mehr Reiswein geht meine vergnügliche und interessante Zeit auf den Gilis zu Ende.

Große Aufregung

Philippinen

Manila, Hauptstadt der Philippinen, ist zwar nicht ganz so schwierig zu bereisen wie Jakarta, aber auch extrem anstrengend.

Zum Glück treffe ich in meinem Hostel gleich einen jungen Franzosen und wir ziehen einen Tag lang zusammen los. Ein Fort, die Altstadt, ein paar Museen, nichts wirklich Herausragendes. Man bewegt sich mit Jeepneys; das sind nach hinten verlängerte Jeeps mit zwei Sitzbänken in Fahrtrichtung, laut, bunt, billig. Ich lerne einen Seemann kennen und zusammen mit seiner Familie gehen wir lecker Spanferkel essen. Das ist hier eine Spezialität. Sie gehen mit mir auch noch zu einer Kirche, ganz aus Metall gebaut und mit einer Orgel, deren Pfeifen aus Bambus bestehen.

Auf meinen Streifzügen durch viele Inseln der Philippinen fühle ich mich ziemlich sicher. Na ja, bis auf die Katastrophe später …

Ein Bus und ein Boot bringen mich auf die Insel Mindoro. Ein kleiner Bungalow auf Stelzen mit Ritzen im Bambusboden sorgt für das tropische Ambiente. Es regnet, also gleich weiter mit einem Ausleger-Boot nach Abra de Ilog und von da mit einem Rumpelbus teilweise durch ausgetrocknete Flussbette nach Sablayan. Hier kann man einen Ausflug zu einer Gefängnisfarm machen. Die leichten und die mittelschweren Jungs dürfen Kontakt mit Touristen haben. Ein Mann führt mich und meinen Moto-Taxifahrer durch den Siburan-Regenwald, ein anderer macht mit uns eine Runde um einen See. Später schicke ich Päckchen mit Fotos und Süßigkeiten an diese beiden Gefangenen. Auf der Farm werden Reis, Mungobohnen, Ananas etc. angebaut. Diese Arbeit erscheint mir sinnvoll. Mein Fahrer nimmt mich mit zu einem Mittagessen in seiner Familie. Das jüngste ihrer drei Kinder, ein kleines Mädchen, klettert gleich vertrauensvoll auf meinen Schoß. Ich werde gefragt, ob ich nicht die Kinder finanziell unterstützen könne. Ich lehne zunächst ab, da ich schon mehrere solche Projekte laufen habe. Später erzähle ich meiner Freundin Jutta davon und wir kommen überein, dass ich den Kontakt mit der Familie halte und Jutta mir etwas Geld für sie gibt. Das läuft nun schon einige Jahre so und funktioniert sehr gut.

Die Wirtin meines Hotels in Sablayan lotst mich zu einem Sonderpreis in ihr noch nicht eröffnetes Resort auf der Insel Pandan. Ich schlafe in einer Bambushütte und mein Bad besteht aus einer Wassertonne mit Schöpfkelle. Eine Familie kocht für mich, ich kann an meinem Privatstrand schnorcheln und abends kommen die beiden schüchternen Bootsjungen vorbei. Wir unterhalten uns mit wenig Englisch, viel Zeichensprache bei Kaffee, Musik und Gelächter. Zurück auf Mindoro reise ich weiter nach San José und finde mit Mühe eine Fähre nach Coron auf der Insel Palawan. Das Schiff liegt weit draußen im Meer und Stocherkähne bringen Mensch und Fracht durch die flache Brandung da hin. Über das Gestänge der Ausleger klettere ich an Bord und mein Rucksack wird mir nachgereicht. Und wieder einmal bin ich froh, dass sowohl mein Rucksack als auch ich so leicht zu transportieren sind! Auf dem harten Deck kann man sich niederlassen, sieben Stunden dauert die Überfahrt, nicht gerade bequem. Meine Flipflops und ein Tuch dienen mir als Unterlage und ich versuche zu ruhen.

In Coron auf der Insel Palawan finde ich eine Bleibe in einer Pfahlbauten-Unterkunft, hergestellt aus Holz und Bambus. Der Steg führt weit ins Meer hinaus und des Nachts spüre ich manchmal mein Bett schwanken. Auch hier habe ich wieder Familienanschluss. Die Mutter kocht, mit der 16-jährigen Tochter tausche ich Kleider und mache Bootsausflüge. Beim Schnorcheln fasziniert mich wieder die Unterwasserwelt. Es gibt einen sogenannten Korallengarten, auch ein Schiffswrack ist zu sehen und natürlich Fische in allen möglichen Formen. Vorherrschende Farben über und unter Wasser sind kobaltblau, türkis, grün, aber auch pink, orange und gelb, phantastisch!

Die Fähre nach El Nido auf der Insel Palawan ist diesmal ein richtiges Personenschiff und die sieben Stunden an Bord verbringe ich in Gesellschaft von Andrew. Er ist Gärtner in London, hat eine deutsche Mutter und kommt auch tatsächlich später mal bei mir in Deutschland vorbei. Die nächsten Tage auf Palawan tun wir uns gelegentlich als Reisekameraden zusammen. Grandios sind die Landschaften wegen der verkarsteten Kalksteinformationen, die aus dem Wasser ragen. Bei Ausflügen in kleinen Gruppen mit Auslegerbooten gehe ich schnorcheln. Und bei ruhiger See kann man sogar durch einen engen Durchlass schwimmen; dahinter verbirgt sich der „Secret Beach". Bei einem dieser Ausflüge gibt die Schiffsschraube den Geist auf und wir werden zu einem Inselchen geschleppt, wo wir an Land schwimmen. Auf einer Art Tisch balancierend wird das Tagesgepäck und der Proviant schwimmend an den Strand gebracht. Die Jungs vom Boot zaubern Gegrilltes zum Mittagessen und bis wir mit Genießen fertig sind, ist das Ersatzboot längst da. Und weiter geht's zu mehreren Stopps zum Schnorcheln. Die Abende verbringe ich mit Andrew, zum Beispiel in einem Restaurant draußen sitzend mit den Füßen im Sand beim Sonnenuntergang.

In Puerto Princesa, immer noch auf der Insel Palawan, muss ich mein Visum verlängern lassen. Das klappt sogar ohne große Mühe. Nach Sabang fahre ich, weil ich den Underground River sehen möchte. Gegen einen Öko-Obolus darf man in einem Boot auf dem Fluss in die Höhlen fahren, Fledermäuse inklusive. Übernachtung finde ich in einer Bambushütte im Palmenhain und mit vier Stunden Strom am Abend.

Ein kurzer Flug bringt mich nach Cebu City auf der gleichnamigen Insel. Nach so viel Natur ist die Stadt ein großer Kontrast und gefällt mir nicht besonders gut. Immerhin besuche ich die Stelle, wo Magellan 1521 ein Kreuz errichten ließ und damit wohl die Christianisierung der Philippinen einläutete.

Mit einem Schnellboot geht es weiter nach Tubigon auf der Nachbarinsel Bohol. Ein Tricycle Taxifahrer (Motorrad mit Beifahrersitz) bringt mich zu den Chocolate Hills. Die rundlichen Hügel sind in die Landschaft gestreut und sehen aus wie Schokolade, wenn sich die Vegetation braun verfärbt. Eine weitere Attraktion sind die Tarsiere, die kleinsten Säugetiere der Welt! Acht bis sechzehn Zentimeter lang und mit riesigen Augen sind diese Koboldmakis eine Affenart. Sie jagen nachts und schlafen tagsüber und so sollte man sie in ihrem Gehege möglichst in Ruhe lassen. Jedenfalls sind sie niedlich anzusehen.

Die nächste Fähre ist riesig und stellt sogar Betten zur Verfügung für die dreistündige Überfahrt nach Larena auf der Insel Siquijor. Da soll es schamanische Heiler geben. In meiner Backpacker-Unterkunft lerne ich Susanne aus der Schweiz kennen und wir reisen ein paar Tage zusammen. Mit einem Motorroller erkunden wir einsame Strände, Korallengärten, schwimmen unter einem Wasserfall und landen schließlich auch einmal bei einer Schamanin. Als Heilerin zieht sie die negative Energie mittels eines Steins in einem Glas Wasser aus dem Körper. Das Wasser färbt sich braun, beim nächsten Durchgang wird es klarer. Man versteht es nicht, aber geschadet hat es uns auf keinen Fall! Abends gönne ich mir eine wunderbare Massage, auch von einem Heiler. Und am Strand gibt es ein Lagerfeuer mit Jamsession: Gitarren, Trommeln Didgeridoo, Tanz. Diese Insel hat eine besondere Atmosphäre.

Susanne und ich kommen auf den letzten Drücker auf die nächste Fähre nach Negros. Wir hüpfen mit unserem minimalen Gepäck schnell an Bord, die Leute lachen und los geht's. Und gleich weiter mit einem kleinen Boot vom „Festland" zum kleinen Apo Island. Zum Glück sind wir gewarnt worden, dass auf diesem kleinen Boot kein Faden am Körper trocken bleibt und so lassen wir uns bei Sonnenschein und Fahrtwind im Bikini nassspritzen. Unser Gepäck ist in einer wasserdichten Ladeluke verstaut. Auf der Insel gibt es nur Fußwege, alles wird mit Karren von Menschenhand bewegt. Um halb zehn werden überall die Generatoren abgeschaltet und es ist stockdunkel. Im Bad unserer Unterkunft gibt es ein Becken mit Süßwasser und Schöpfkelle und die Vollpension ist alternativlos; es gibt sonst nichts auf der Insel! Richtig urig das Ganze! Vor der Haustür kann man schnorcheln gehen und Korallen sehen und jeden Morgen begrüße ich Schildkröten mit wunderschöner rotbrauner Zeichnung auf dem Rücken.

Zurück auf Negros lerne ich im Bus einen jungen Einheimischen kennen. Und ein kleines Abenteuer nimmt seinen Lauf! Bernie ist auf dem Weg zu seinem Cousin Jimboy. Der ist Pfleger auf einer Intensivstation und hat gerade einen Unfall überstanden. Ich steige zusammen mit Bernie aus und wir besuchen den Verwandten. Er ist halbwegs wiederhergestellt, hat alle seine Arztrechnungen bezahlt und ist nun pleite. So gerne würde er seine Mutter besuchen. Es ist Nachmittag und wir schmieden einen Plan. Wir nehmen einen Bus in das Heimatdorf der beiden. Und wer zahlt die Fahrkarten? Ach so ja, ich! Die Familie weiß Bescheid, dass wir kommen und wir verursachen einen großen Auflauf. Alle sind auf den Beinen und ich werde als exotischer Gast empfangen. Die beiden Jungs sind glücklich, es wird gefeiert. Tante Jovy gibt mir ihr Bett, aber ich schlafe schlecht. Am nächsten Tag ziehe ich in das Haus einer anderen Tante um, da steht ein ordentliches Bett und ich kann die Tür hinter mir schließen. Wir gehen Obst und Gemüse kaufen auf dem Markt, das ist relativ teuer. Überhaupt wird hier ungesund gegessen. Wenn nichts anderes vorhanden ist, gibt es nur weißen Reis oder ansonsten eben oft fast food. Für Bernies Mutter kaufe ich in Bacolod einen Geburtstagskuchen, den ersten ihres Lebens und sie ist zu Tränen gerührt. Eine Freundin in Deutschland hat mir eine kleine Spende mitgegeben, die ich nach Gutdünken einsetzen soll. Hier kaufe ich einen Sack Reis davon. Für Bernie bezahle ich einen Schweißkurs, der führt aber leider zu nichts. Er arbeitet weiterhin als Lkw-Fahrer. Wenn Erntezeit ist für Zuckerrohr, donnern die Lastwagen auf dem Weg zur Mühle hoch beladen über die Straßen. Mehr Aussicht auf Erfolg haben vielleicht die Frauen, die sich mit Mikrokrediten eine kleine Existenz aufbauen. Ich bin einmal bei so einer Zusammenkunft dabei. Eine Frau bekommt zum Beispiel einen Sack voll BHs finanziert. Die kann sie dann gewinnbringend weiterverkaufen. Eine übliche Abendunterhaltung ist Karaoke, da ziehen wir alle zusammen in eine Bar, manche Lieder kenne ich sogar und alle singen und amüsieren sich.

Nach diesem ungeplanten Aufenthalt in privaten Familien, mache ich mich nun wieder auf und bin ganz normale Besucherin auf der kleinen Insel Boracay, einer Touristenhochburg. Feiner weißer Sandstrand, viele Gruppen, wechselhaftes Wetter. Mal ist es schön zum Schwimmen, mal ist es grau und stürmisch. Wie grau und stürmisch es hier werden kann, sollte ich anlässlich eines zweiten Besuchs hier erfahren … !

Taifun Jolanda ist im Anmarsch. Meine philippinischen Freunde schicken mir besorgte Nachrichten. Überall am Strand werden Liegen und Sonnenschirme weggeräumt. An vielen Gebäuden werden die Fassaden mit Brettern vernagelt. Alle öffentlichen Räume sind wie leergefegt. Ich wohne in einer einfachen Bambusherberge, ziehe dann aber rechtzeitig in ein großes Hotel mit stabilen Mauern um. Dann geht die Welt unter: Der Strom fällt aus, das Internet empfängt kein Signal mehr, draußen ist kein Mensch unterwegs. Der Taifun begehrt Einlass in mein Hotelzimmer im vierten Stock. Der Regen peitscht durch die nicht ganz dichten Fensterritzen. Draußen wiegen sich die Palmen im Sturm, brechen nicht, büßen aber viele ihrer Wedel ein. Es ist laut: Regen und Wind rauschen, und ab und zu hört man ein Scheppern von irgendeinem herabstürzenden Gebäudeteil. Am Himmel keine Wolken, sondern ein gleichmäßiges, drückendes Grau.

Im Hotel gibt es nur stundenweise warmes Wasser, um die Energie für den Generator zu sparen. Im Restaurant wird man immerhin versorgt. Die kleinen Buden habe auch noch Tage später nichts zu verkaufen. Es kommt kein Nachschub, die Insel ist eine Woche lang abgeschnitten. Auch von den Nachrichten; mir ist nicht bewusst, welch verheerende Schäden der Taifun auf anderen Inseln angerichtet hat. Es gibt keinerlei Information von außen. Später erfahre ich, dass meine Taxifahrer-Familie auf Mindoro evakuiert worden ist. Aber sie sind wohlauf. Ebenso wie meine Familie auf Negros.

Ein Problem für viele Reisende sind auch die Zahlungsmittel. Die Banken sind geschlossen, die Geldautomaten empfangen keine Signale und funktionieren also auch nicht. Für Notfälle habe ich immer ein paar Euro und ein paar Dollar in bar dabei.

Der Rest der Welt ist bestens über die Katastrophe informiert, nur ich selbst weiß nicht viel und ich kann mich auch bei niemandem melden. Meine Tochter fragt sogar beim Auswärtigen Amt nach mir, alle meine Freunde machen sich große Sorgen. Nachdem der Sturm vorbei und die große Welle ausgeblieben ist, ziehe ich wieder in meine Bambusherberge und bin in Sicherheit; nur weiß das noch keiner! Auf der anderen Seite meiner Insel hat es anscheinend ein paar Gebäude erwischt, Tote hat es hier meines Wissens keine gegeben; auf anderen Inseln aber schon.

Mit einer Fähre kann ich nach einer Woche endlich Boracay verlassen und sitze am nächsten Flughafen; auch hier kein Internet. Erst in Manila bin ich wieder zurück in der Welt. Da sehe ich mit Bestürzung die Fernsehnachrichten. Und es gibt Internet. Für den Rest des Tages komme ich nicht mehr von meinem Tablet los und melde mich überall zurück. Was für eine Erleichterung!

Häufig gestellte Fragen III Exkurs

Wie schaffst du das mit dem minimalen Gepäck?

Hier einfach ein paar Beispiele: Kleider aus dem Sportgeschäft sind leicht und trocknen schnell, was man von Jeans nicht gerade sagen kann.

Leggings sind vielseitig verwendbar, als Pyjamahose, unter die Wanderhose, wenn es kalt ist oder als Teil eines Outfits mit langer Bluse.

Eine Fleecejacke mit Kapuze ersetzt einen warmen Pullover. Zwiebelprinzip ist angesagt. Und wenn man doch einmal etwas braucht, kann man es sich vor Ort kaufen, meist billiger als zu Hause.

Cremes und andere Kosmetika nicht auf Vorrat mitnehmen. Etwas Pflegendes kann man überall bekommen. Vorsicht ist in Asien geboten. Da enthalten viele Produkte „Whitener“ um die Haut aufzuhellen! Als Zahnpasta nehme ich immer eine Tube Ajona mit, damit könnte man ein halbes Jahr reisen, so konzentriert ist die! Als Seife reicht Shampoo: für Haare, duschen und auch für die Handwäsche.

Handtücher gibt es auch im einfachsten Hostel. Manchmal muss man danach fragen oder es kostet zwei Dollar extra. Sei's drum!

Ein Pareo kann als Rock, Kleid oder Zudecke dienen. Auch ein Frotteetuch für den Strand erübrigt sich.

Schuhe: Wanderschuhe, Sandalen, Flipflops, ein Paar für abends zum Ausgehen.

Und der Rest: das Übliche. Alles rollen, nicht falten.

Meine Rucksackgröße: 45+10SL, innen stecke ich als Erstes eine große Mülltüte. Die schützt etwas vor Staub und Nässe. Und eine Regenhaut außen herum ist auch kein Fehler.

Sorry Männer, für euch wird es ein bisschen schwerer, aber nicht viel und ihr habt ja auch ein bissle mehr Kraft als ich!

Sicher und schön I

Taiwan

Jolante lässt sich wieder auf ein Abenteuer mit mir ein und ist mittlerweile eine erfahrene Rucksackreisende!

Der Anfang ist schon gleich mal spannend! Das Bugrad der KLM-Maschine gerät auf dem Flughafen Stuttgart in ein Loch, und die Maschine kann nicht fliegen. Auf mein Handy wird mir zügig eine Umbuchung geschickt. Statt über Xiamen/China haben wir nun einen Direktflug nach Taipeh. Wir kommen nicht am nächsten Morgen, sondern erst gegen Abend dort an. Das ist letztendlich unser Glück! Wir schaffen es doch tatsächlich, mit öffentlichen Verkehrsmitteln vom Flughafen zur „main station" in Taipeh zu kommen. Aber dieser Bahnhof ist ein Labyrinth mit tausend Ausgängen. Wir wissen, dass unser Hostel in der Nähe sein muss, bloß wo? Auf der Straße spreche ich einen jungen Mann an, der an diesem Abend von einem Treffen mit Freunden kommt. Er begleitet uns nicht nur zu unserer Unterkunft im 10. Stock des Asia Plaza Tower, sondern geht dann auch noch mit uns in einem Studentenlokal Nudelsuppe essen. Wären wir einen halben Tag früher angekommen, hätten wir ihn sicher nicht zufällig getroffen! Aus unerfindlichen Gründen nennt er sich „Klaus" und weicht uns drei Tage kaum von der Seite. Er spricht hervorragend Englisch, ist ein wandelndes Lexikon und hat oft Zeit für uns, weil er freiberuflich arbeitet.

Zusammen besuchen wir das Palastmuseum und staunen: Es beherbergt die weltweit größte Sammlung chinesischer Kunstwerke. Die Exponate stammen ursprünglich aus der Verbotenen Stadt in Peking und wurden von Chiang Kai-Shek nach Taipeh gebracht. Tausende Objekte aus Tausenden von Jahren der Geschichte: Stücke aus Jade und Bronze und Porzellan, dazu Gemälde und Kalligraphien. Die politischen Beziehungen zwischen Taiwan und China sind oft angespannt, aber solange diese Schätze sich in Taipeh befinden, wird China Taiwan nicht angreifen. So hat es uns jedenfalls unser Begleiter erklärt.

Meine Freundin Jolante wünscht sich eine Teezeremonie. Klaus macht es möglich. Sie möchte eine kurze Aufführung einer Peking Oper hören, auch die finden wir. Aber die Musik tut meinen ungeübten Ohren weh! Zur Entspannung gehen wir zu dritt zum Massieren. Zuerst gibt es ein Fußbad und dann ab auf die Liege … in Kleidern? Ja, aber trotzdem ist das eine sehr intensive Erfahrung. Dann gehen wir auf dem Nachtmarkt gekochte Austern mit glasierten Tomaten essen. Und Carambole Saft gibt es auch.

Im Longshan Tempel bestaunen wir die traditionelle chinesische Architektur, vom Innenhof aus kann man sich vielen kleinen Andachtsstätten nähern oder auch sein Orakel mittels Stäbchen befragen.

Ein Zug bringt uns zu den Beitun Hotsprings, einem Thermalbad im Freien mit verschieden heißen Becken. Wir sind so ziemlich die einzigen Europäerinnen; alles geht sehr entspannt zu. Manche massieren und klopfen sich nach dem Bad. Das erinnert mich an mein Qigong und wir klopfen auch ein bisschen!

Mit dem Zug geht es nach Tainan, einer modernen, bunten Stadt. Im Chikkan Tower gibt es chinesische Holzhäuser und im Innenhof live Musik. Zu Konfuzius' Geburtstag sind wir in einem Tempel, die Weisheit will aber nicht so recht über uns kommen. Sehr interessant finden wir das Museum of Modern Art und später eine Folklore-Aufführung im Anping Fort.

Und dann noch ein bisschen Strandleben! Zug, Bus und Fähre bringen uns zur Insel Xiaoliuqiu. Wir landen im Divers Hostel, dürfen mit Gutschein in einer kleinen Garküche gegenüber frühstücken und machen lange Wanderungen. Dann die Sache mit dem Geld! Kein Geldautomat akzeptiert ausländische Kreditkarten! Am nächsten Morgen gehen wir zu einer Bank und tauschen etwas Bargeld, Problem gelöst.

Zurück in Taipeh verbringen wir den letzten Abend mit Klaus und einer Couchsurferin, mit der ich Kontakt aufgenommen habe. Wir gehen zu viert in ein typisches Restaurant. Meine Güte, was für ein Geräuschpegel und wie viele Schälchen mit Essen auf unserem Tisch! Klaus lotst uns durch den Abend und Jolante bestellt doch tatsächlich die Spezialität „stinking tofu". Einmal und nie wieder; das Gericht trägt seinen Namen zurecht!

Taiwan ist sicher, sauber, die Züge sind pünktlich, man kann sich gut zurechtfinden. Eine fremde Welt, aber eine sehr gute Erfahrung!

sicher und schön II

Südkorea

Gute drei Stunden Flug sind es von Taipeh/Taiwan nach Seoul/Südkorea. Obwohl des Lesens und Schreibens unkundig, finden meine Freundin Jolante und ich uns meistens ganz gut zurecht. Menschen zu treffen, die einem auf Englisch etwas erklären können, ist allerdings schwierig. Einmal beobachten wir eine große Demonstration auf den Straßen der Hauptstadt Seoul, wir fragen einige Passanten, aber so richtig hat es sich uns nicht erschlossen, worum es geht.

Im Palast und im dazugehörigen Museum flanieren am Sonntag traditionell kostümierte Paare. Wir finden dann heraus, dass man sich diese farbenfrohen Kleider in Geschäften für ein paar Stunden leihen kann. Erstaunlich, dass offensichtlich auch viele junge Männer daran Gefallen finden, mit ihren Partnerinnen auf diese Weise einen schönen Nachmittag zu verbringen. Gleichzeitig besitzt dieses Land aber auch eine hochentwickelte Technik und eine sehr lebendige moderne Kunstszene.

Ein Zug, selbstverständlich modern, sauber und pünktlich, bringt uns nach Busan. Dort machen wir uns schnell mit dem Metroplan vertraut. Die Auswahl an Stränden ist groß, die Badesaison eigentlich vorbei. Ein bisschen Sonnenbaden vor der grandiosen Kulisse glitzernder Wolkenkratzer in Haeundae ist aber schon möglich. Aus Plastikabfall ist ein Zelt errichtet und Schilder weisen auf die Umweltverschmutzung hin. Der Strand selbst ist sauber und gepflegt, in den Nebenstraßen gibt es viele Fischrestaurants und Straßenstände. Am Dadaepo Beach geht es ruhiger zu. Im weitläufigen Gelände sind Kunstwerke aufgestellt, z. B. Fahnen mit Schildkrötenbildern darauf. So richtig belebt ist es erst am Abend: Zum Sonnenuntergang versammeln sich viele Zuschauer um einen großen, runden Platz, der zunächst unspektakulär aussieht. Aus zahllosen Düsen schießen dann aber Fontänen bis zu 50 Meter hoch in den Himmel, choreographiert durch verschiedene Musik und begleitet vom ah und oh der Zuschauer. Das ständig wechselnde Farbenspiel tut ein Übriges. Diese Schau ist wirklich einmalig und sehr sehenswert.

Jolantes Urlaub ist mittlerweile zu Ende und ich ziehe alleine weiter.

In Andong schaue ich mir zuerst den riesigen Jebiwon Buddha an. In einen großen und breiten Felsblock sind die Konturen des Körpers eingearbeitet. Der Kopf wurde getrennt geschaffen und dann auf den Felsen gestellt, vermutlich im 11. Jahrhundert. Zusammen mit einem Tempel ist es ein ruhiger Pilgerort.

Der Wirt in meinem Hostel nennt sich Peter Pan und erweist sich als freundlich und entgegenkommend. Ich habe nämlich keine lokale Telefonnummer und er hilft mir, mit einer Couchsurfing-Familie Kontakt aufzunehmen. Sie haben auf meine Anfrage auf der Couchsurfing-Seite geantwortet; jetzt brauche ich aber einen direkten Kontakt und Peter Pan ruft für mich an. Das Paar holt mich tatsächlich in meiner Unterkunft in Andong ab und verbringt den Tag mit mir in ihrem Haus auf dem Land. Es ist ein altes, traditionelles koreanisches Haus und selbstverständlich nicht mit Schuhen zu betreten. Am niedrigen Tisch sitze oder knie ich auf kleinen Bänken, die Tapeten sind mit handgeschöpftem Papier geklebt und dann wundere ich mich auch noch, wo die Wärme herkommt. Von außen, an einem niedrigen Mauervorsprung am Haus, kann man ein Türchen aufmachen. Da hinein wird Holz geschoben und ein kompliziertes System unter dem Fußboden verteilt Feuer und Wärme bis ganz weit in das Gebäude hinein, beeindruckend!

Im Hahoe Folk Village gibt es schöne alte Holzhäuser zu sehen, jedoch sind die Masken und die Maskentänze das herausragende Ereignis. Masken sind ein altes Kulturgut. Im Museum findet man auch solche aus anderen Ländern, Rottweil ist bis jetzt leider nicht vertreten!

Gyeongju war früher die Hauptstadt und ist reich mit historischen Stätten gesegnet. Mitten im Stadtgebiet sieht man da und dort runde Hügel aufragen. Das sind Königsgräber und in jedem findet man mindestens eine wertvolle Krone. Man hat mir erzählt, dass es nirgendwo auf der Welt so viele Kronen auf einmal gebe.

Im Hostel gibt es endlich mal wieder Backpacker-Feeling: Man geht zusammen essen, besucht die eindrucksvolle Tempelanlage Bulguksa, setzt sich abends fröhlich zusammen mit vielen Nationen an einen Tisch und tauscht Tipps aus. An einem anderen Abend macht der Besitzer einen langen Spaziergang mit seinem Hund und ich darf die beiden begleiten. Es wird schnell stockdunkel, ein Palast wird in rot und grün angestrahlt und wir sollen auf dem Rückweg einen Fluss überqueren … keine Brücke? Nur mit flachen Steinen im Wasser? Da soll ich rüber?? Etwas zittrig versuche ich, die Steine zu erkennen und das Gleichgewicht zu halten. Der Mann will mich dann auch noch dazu animieren, von der Mitte des Flusses den Palast zu fotografieren. Nein, das mache ich doch lieber erst, wenn ich wieder festen Boden unter den Füßen habe! Bei Tag sieht das Ganze dann aber nicht mehr so furchterregend aus!

Mit einem Schnellzug 1. Klasse mache ich mich auf den Weg zurück nach Seoul, wo der nächste Flieger auf mich wartet.

eigenartig und fremd

Japan

Von Seoul/Südkorea nach Osaka/Japan ist es mit dem Flugzeug nur ein Katzensprung. Das „HIVE Guesthouse" ist wie ein Hostel mit Mehrbettzimmern organisiert. Die Dusche befindet sich auf einem anderen Stockwerk als mein Zimmer und für den Weg dahin soll man sich möglichst so eine Art Hausanzug ausleihen. Im Gemeinschaftsraum herrscht eine ganz ruhige Atmosphäre und auch am nächsten Tag beim Frühstück kommt keine Kommunikation zustande. Als ich mutig mein Gegenüber am Tisch anspreche, kommt die Antwort „Sorry, no English". Das sollte ich noch öfter zu hören bekommen. Wenn ich eine Frage habe, spreche ich für gewöhnlich junge Leute an. Das hat, zumindest in Osaka und Kyoto, zufolge, dass die Leute zuerst beinahe erschrecken und dann sofort ihr Smartphone zu Rate ziehen. Ungelogen: In 10 Tagen habe ich keine drei zusammenhängenden Sätze mit Einheimischen gesprochen!

Nach einer Stippvisite im Osaka Castle nehme ich einen Zug nach Kyoto, dem eigentlichen Ziel meiner Reise.

Zunächst übernachte ich in einem traditionellen alten japanischen Holzhaus: viel Holz, Schiebewände, bepflanzter Innenhof. Das hätte mir bei schönem Wetter sicher gefallen. So aber hält im Innenhof und in der Küche nur eine Plastikplane notdürftig den Regen ab und mich fröstelt es. Draußen, im Haus und im Bad hat man jeweils andere Schuhe beziehungsweise Schlappen an. Das muss seine Ordnung haben. Selbst in so einem alten Haus findet man aber eine typisch japanische High-Tech-Toilette: Menge, Temperatur und Ziel der Wasserstrahlen kann man wählen und geföhnt wird man auch, das gefällt mir!

Die letzten drei Tage meines Aufenthalts leiste ich mir dann doch ein Drei-Sterne-Hotel. Man bietet mir einen Hausanzug für meinen Weg zum Badezimmer an. Dahin komme ich mit einem Aufzug, in dem ich dann auch mal ankommende Gäste mit Koffer treffe, also nix mit Nachthemd! Die Technik in meinem kleinen Zimmer muss ich mit einem Tablet steuern. Zum Glück lässt sich wenigstens das Fenster öffnen, sodass ich mich nicht von einer Klimaanlage anblasen lassen muss.

So viel zu den äußeren Bedingungen. Mein Hauptinteresse gilt dem berühmten Fushimi Inari Taisha Shinto-Schrein. Kyoto ist eine Millionenstadt, trotzdem spürt man da und dort eine besondere, spirituelle Atmosphäre. Inari ist die Göttin der Fruchtbarkeit, des Reisens und der Füchse. Diese Tiere gelten als die Boten der Inari und ihre Statuen sind über das weitläufige Gelände verteilt. An einer Stelle sehe ich ein Kätzchen, das es sich zwischen den Pfoten einer Fuchs-Statue gemütlich gemacht hat. Als ich nach Stunden dort wieder vorbeikomme, schläft das Kätzchen, offensichtlich gut beschützt, immer noch! Der Aufstieg führt durch viele hintereinander gestaffelte, rote Tore nach oben. Unterwegs kann man an zahlreichen kleinen Schreinen meditieren. Oder man genießt eine Tasse Tee und den weiten Blick über die Berge.

Mit den U-Bahnen finde ich mich ganz gut zurecht und auch zu Fuß kann ich mich orientieren. Ich stromere durch den Palastgarten, besuche einen Zen-Tempel, das Museum of Kyoto und bin auch zufällig am richtigen Ort, um eine große Parade mit Musik- und Tanzgruppen auf der Straße zu sehen. Kimonos und Schirmchen in allen Farben, so stellt man sich das alte Japan vor. Sehr traditionell sehen auch die Gebäude in der „Shinbashi Road“ aus, angeblich die schönste Straße Asiens. Kleine Brücken führen über einen Kanal, Geishas trippeln für Fototermine über das Kopfsteinpflaster und die Kirschblüte soll dort atemberaubend schön sein.

Und dann noch einmal die Sprachbarriere: An der Rezeption meines Hotels ist man nicht in der Lage, mir eine Fahrkarte für den Bus von Kyoto zum Flughafen in Osaka zu besorgen. Ich fahre am Tag zuvor zum riesigen Bahnhof und finde dann auch die richtige Fahrkarte. Das bestellte Taxi erscheint pünktlich früh am nächsten Morgen. Der Fahrer trägt eine Mütze und sieht korrekt aus wie in einem alten Film. Wir fahren los, er spricht etwas in sein Smartphone und zeigt mir dann die Übersetzung: „Is the temperature okay for you?“ Ja danke!

Busse, Bahnen, Taxis und Flugzeuge … alle supersauber und superpünktlich. Aber auf keiner meiner Reisen habe ich mich jemals so allein gefühlt. Ich habe das ja geahnt und bin auch damit zurechtgekommen. Aber mein Lieblingsland kann Japan nicht sein!

Rote Felsen und weites Land

Australien

Meine Reise beginnt in Perth, ganz im Westen Australiens. Diese Stadt liegt weitab von anderen Metropolen im Land, ist aber groß, modern und voller Leben. Auch morgens um zwei gibt es ein Flughafen-Shuttle, das mich bis vor die Tür des YHA (Jugendherberge) bringt. Dort finde ich eine bunte Mischung von Menschen vor: eine Tamilin, die in Malaysia wohnt, eine Schweizerin mit einer ecuadorianischen Mutter, eine

Chinesin, die mit einem Australier verheiratet ist und einen Ukrainer, der beinahe seinen Anschlussflug in Singapur verpasst hat, weil er sich um einen Tag vertan hat (Datumsgrenze!). Das bunte, pralle Leben eben und jeder in einer anderen Mission unterwegs. Ich schnuppere zuerst einmal ein bisschen Seeluft bei einer Fahrt auf dem Swan River zum Indischen Ozean und schaue mich in einem Maritim-Museum um. Dann aber geht es weiter nach Coral Bay im Ningaloo Maritime Park.

Das Ningaloo Riff ist ca.250 Kilometer lang und an manchen Stellen nur 100 Meter vom Strand entfernt. In Coral Bay kann ich nach Herzenslust schnorcheln gehen. Auf dem Wasser zu liegen und nach unten zu gucken … einfach herrlich! Bei zwei Schnorchel-Ausflügen mit dem Katamaran gibt es auch jede Menge bunte Meeresfauna zu sehen. Auf der Rückfahrt wird einmal ein Netz an das Heck des Bootes gespannt; ich darf mich reinlegen und die Wellen zischen unter mir weg, ein irres Gefühl!

Über Perth fliege ich weiter nach Adelaide. Zum ersten und einzigen Mal auf allen meinen Reisen passiert es mir, dass ich einfach keine Unterkunft finde; ich habe vorher alles versucht, sogar Couchsurfing, nichts zu machen. Wegen eines Kricket-Turniers ist alles dicht. Auf dem Flughafen frage ich einen Polizisten, ob ich wenigstens im Flughafen bleiben könne. Nein, der wird geschlossen und geputzt. Was nun? Ich verbringe die Nacht auf der Bank einer Kaffeehausterrasse neben dem Flughafen. Der Rucksack ist mein Kopfkissen, der Pareo meine Zudecke. Ich bemerke, wie sich die Putzkolonne auf den Weg macht und die ersten Taxis sich bereithalten. Eine Nacht, die ich zwar unbequem, aber unbehelligt überstehe.

Am vereinbarten Treffpunkt holt mich Adam ab, Fahrer, Koch und Reiseleiter für eine 7-tägige Reise ins Outback. Über 2000 Kilometer von Adelaide nach Alice Springs. Wir sind 12 überwiegend junge und reiseverrückte Europäer und fahren mit einem Bus mit Anhänger. Darin sind unsere Rucksäcke, Küchenutensilien und unsere „Betten“ verstaut. In den Bergen der Flinders Ranges sehen wir unsere ersten Kängurus und Emus, wir wandern in einem wilden Tal und bewundern Wandmalereien der Aborigines unter einem Felsvorsprung. Wir kaufen uns Fliegennetze, die man sich über Hut und Gesicht stülpt. Die Fliegenschwärme sind dermaßen penetrant, dass man kaum atmen, geschweige denn sprechen könnte, ohne sie ständig zu verschlucken.

In Coober Paddy könnte man reich werden, so man die entsprechenden Opale fände! Ich bewundere Edelsteine in vielen Farben. Um sie zu finden, werden Löcher in die Erde gegraben. Als Nebeneffekt gibt es solche „dugouts" auch als Wohnungen, Kirchen und Bars. In einer solchen Felsenhöhle schlafen wir sehr angenehm. Weniger angenehm sind die meisten anderen Nächte, die wir in unseren „swags" unter freiem Himmel verbringen. Das ist ein Sack aus stabilem Canvas um eine aufrollbare Matratze gehüllt. Man schiebt sich hinein, zieht den Reißverschluss zu und schläft so relativ geschützt. Nur dass am Morgen unter jeder Schlafstätte hunderte schwarzer Käfer hervorkommen!

Nach langen Fahrten kommen wir in Yulara an, dem Einfallstor für den Uluru/Ayers Rock und die Olgas. Die Gebäude des Ortes sind erdfarben und gerundet, also sehr schön an die umgebende Wüste angepasst. Es regnet dort nur alle Jubeljahre mal. Kurz vor unserer Ankunft muss es jedoch geregnet haben, denn wir sehen mit Staunen eine bunt blühende Wüste! Die Krabbeltiere mögen die Blumen wahrscheinlich auch, denn es gibt deren viele in dieser Nacht und wir verkriechen uns so tief wie möglich in unseren merkwürdigen Säcken! Das sind Nebensächlichkeiten, denn die wunderbaren Landschaften belohnen uns reichlich. Bei unserer Ankunft sehen wir die Sonne hinter dem Uluru-Felsen untergehen und auch zum Sonnenaufgang sind wir wieder zur Stelle. Wir wandern einmal die 9 Kilometer rund um den riesigen Monolithen. Er gilt den Aborigines als Sitz der Ahnen und darf mittlerweile nicht mehr erklettert werden, recht so! Bei Backofentemperaturen ist man für zwei Schattenplätze dankbar, an denen man auch seine Wasserflaschen auffüllen kann. Die gerundeten Felsformationen der Olgas gelten als feminin und dort kann man im Valley of the Winds wandern. Und schließlich gibt es noch eine Tour über Stock und Stein durch den King´s Canyon.

In Alice Springs hat uns die Zivilisation wieder, aber es herrscht eine schwer definierbare Atmosphäre. Die Spannung zwischen den Aborigines und den weißen Australiern ist mit Händen zu greifen. Als ich eine junge Frau mit Kind nach dem Weg frage, ignoriert sie mich. Im Hostel nimmt sich ein Aborigene-Kind einfach meine Müslirie-gel aus einem Regal. Alles nicht weiter schlimm, aber merkwürdig. Draußen gibt es einen „Christmas Carneval", also eigentlich einen Weihnachtsmarkt mit vielen Ständen, Eiscreme und live Musik. Ich bleibe natürlich bei einem Reggae-Konzert hängen. Da machen sich leider ein paar Aborigene-Männer zum Affen. Sie taumeln betrunken auf die Bühne, belästigen die Musiker und dann die Zuschauer, die im Halbkreis stehen und tanzen und lauschen. In Alice Springs scheinen die Gegensätze besonders heftig aufeinander zu prallen. Im Besucher-zentrum am Uluru-Felsen dagegen habe ich eher den Eindruck gehabt, dass man auf die Erfahrung der Aborigene Park Ranger baut. Auch in einigen Kunstgalerien bin ich begeistert von den Bildern, oft gepunktet und in Erdfarben gehalten. Dahinter stehen oft tragische Geschichten und Schicksale. Eine bekannte Künstlerin ist übrigens Deborah Bonar. Es soll die Ureinwohner schon vor 45.000 Jahren gegeben haben. Sie wurden von den weißen Einwanderern so fürchterlich behandelt, dass es heutzutage sogar einen offiziellen „sorry day" gibt, jedes Jahr im Mai. Aber die beiden Welten verstehen sich nur schlecht und recht.

In Melbourne gerate ich in ein „Fairtrade Festival" unter anderem mit fetziger Rock Musik. Ich wandere umher, ein Aborigene-Künstler beobachtet mich und „singt" mich telepathisch zu sich her. Wie auch immer, ich setze mich neben ihn und er erzählt mir von seinem Leben und seinen Bildern. Mit der Gesetzgebung ist er nicht einverstanden, was Wunder! Im „Australian Centre of the Moving Image" informiere ich mich übers Filmemachen und im „Immigration Museum" über die teils tragischen, teils glücklichen Geschichten der Einwanderer, bis hin zur „Whites only Policy" in den 70er Jahren.

An der Great Ocean Road möchte ich natürlich die Zwölf Apostel sehen, hoch im Meer aufragende bizarre Felsformationen, von denen wegen der Erosion nur noch acht stehen. Ein Helikopter steht sozusagen zufällig für mich bereit und ist bezahlbar. Also steige ich in das schwankende Gefährt und schaue mir die Felsen von oben an! Grandios!

Nun habe ich mich gen Osten vorgearbeitet und finde in Brisbane sehr wechselhaftes Wetter vor. Große Hitze, heftige Gewitter, sogar Hagel. Mit einer jungen Israelin bin ich im „Lone Pine Sanctuary" unterwegs. Dort darf man gegen teures Geld Koalas auf den Arm nehmen und dann ein Foto sein eigen nennen. Wir verzichten, dürfen das Tier aber trotzdem auf den Arm nehmen, ohne Foto! Koalas schlafen 20 Stunden am Tag, riechen nicht gut, haben ein kleines Gehirn, aber sie sehen nun mal knuddelig aus und haben ein weiches Fell.

Innerhalb von Australien gibt es drei Zeitzonen, so riesig ist das Land und natürlich habe ich noch lange nicht alles gesehen. Bei einer anderen Gelegenheit bietet sich eine Zwischenlandung in Sidney an.

Ein Backpacker hat mir eine bestimmte Jugendherberge empfohlen. Mit dem Airport Train fahre ich zum Circular Quay. Das liegt direkt am Hafen und von da kann ich die Herberge zu Fuß erreichen: ein brandneues, supermodernes Gebäude mit einer freigelegten archäologischen Ausgrabungsstätte im Erdgeschoss und einem Blick über Oper und Harbour Bridge von der Dachterrasse.

Bei einer Führung hinter die Kulissen der Oper kann ich wählen, ob ich jung oder alt sein möchte! Ich bekomme Ermäßigung als Rentnerin oder aber als Inhaberin des Jugendherbergsausweises. 1957 gewann der Däne Joern Utzon den Architekturwettbewerb, aber erst nach viel Streit wurde die Oper 1973 fertiggestellt. Bei der Führung dürfen wir sogar eine Weile bei einer Ballettprobe zuschauen.

In der Harbour Bridge erklimme ich im Inneren einen Pylon und genieße den phantastischen Blick. 1932 eröffnet, ist das Bauwerk auch heute noch imposant.

Ein Bummel im Stadtviertel „The Rocks" und ein Strandspaziergang am „Manly Beach" runden meinen Besuch ab.

Für Backpacker ist Australien ein teures Pflaster!

glückliche menschen

Vanuatu

Bei einer weltweiten Umfrage zu persönlicher Zufriedenheit, Lebenserwartung und Umweltbelastung schnitt das kleine Land Vanuatu bestens ab. Es besteht aus 80 Inseln, liegt östlich von Australien im Pazifik und hat ca. 300.000 Einwohner.

In der Hauptstadt Port Vila angekommen, habe ich glücklicherweise gleich Kontakt zu einem einheimischen Couchsurfer. Ich wohne in einem kleinen Hotel mit angeschlossenem Mehrbettzimmer. Es ist Samstag, der junge Mann hat Zeit, holt mich mit seinem Auto zu einer Inselrundfahrt ab und lädt mich zu einem Drink auf einer Terrasse am Meer ein. Da er in einem Tourismusbüro arbeitet, ist er natürlich bestens informiert. An einem Abend gehen wir zusammen zu einer Ausstellungseröffnung in einer französischen Galerie. Da spricht sogar der Präsident von Vanuatu. In welcher Sprache? Es gibt deren hundert und dazu drei Amtssprachen: Englisch, Französisch und Bislama. Letzteres ist Pidgin-Englisch. Z. B. nambawan = number one. Von der Ansprache verstehe ich natürlich kein Wort, aber die Atmosphäre ist offen und angenehm und die Kunstwerke gefallen mir. Sie erinnern mich ein wenig an die Kunst der Aborigenes in Australien; viele Erdfarben, viele Punkte.

In Vanuatu gibt es keine Bettler, keiner möchte einem etwas andrehen, die Leute lächeln und grüßen einen oft. Die Gerichtsbarkeit liegt zunächst bei den lokalen Chiefs und dann erst bei der Polizei. Die Traditionen leben, wie sehr sollte ich noch erfahren. Es gibt wilde Tänze und Trommeln, Verständigung mit Tönen vom Muschelhorn, handgeschnitzte Kanus, schwungvolle Sandzeichnungen und – ach ja – eine Frau kostet 10 Schweine! Gleichzeitig gibt es aber auch eine nationale Fluglinie, gutes Internet und ein erstaunliches Umweltbewusstsein.

Die Menschen in den Dörfern haben wenig Geld, aber jede Menge Land mit früchtetragenden Bäumen und reichen Gemüsegärten. Geht man so seines Weges, begegnet einem oft jemand mit einer Machete über der Schulter, das ist hier alltäglich. Ich lerne einen Telekom-Mitarbeiter kennen, der mich zu seiner Familie aufs Land schickt. Die lebt in einfachen Häusern mit Dächern aus Wellblech, das Wasser für Toilette und Bad schöpft man aus Tonnen, nachts lassen sie für wenige Stunden einen Generator laufen. Sie stellen mir ein Bett mit Moskitonetz zur Verfügung und schenken mir einen Vanuatu Island Dress. Das ist ein luftiges Kleid mit weiten Ärmeln und bunten Bändern, bei der Hitze ideal. Unter Mangobäumen sitzen wir und raspeln frische Kokosnuss, schälen Brotfrüchte und Mangos und bereiten Krabben in Kokosmilch zu. Da ich vergessen habe, mir Trinkwasser in Flaschen mitzubringen, koste ich sogar von ihrem Wasser aus der Zisterne und es passiert mir zum Glück nichts.

Noch rustikaler geht es auf der Insel Tanna zu. Zum Zeitpunkt meines Besuchs gibt es keine befestigten Straßen, kein Internet und keine Bankautomaten. Mein Quartier ist ein ziemlich roh gezimmerter Bungalow mit gelegentlich liebevollen Details wie einer kleinen Schnitzerei. Die Hauptattraktion ist der Vulkan Yasur. Man besucht ihn am besten in Begleitung und zum Sonnenuntergang. Man sucht sich eine windgeschützte Stelle hinter ein paar schwarzen Gesteinsbrocken, setzt sich in die weiche Vulkanasche und wartet … alle paar Minuten macht es laut BOOOFF, eine Lavafontäne schießt hoch, die Funken stieben in die Luft und danach steigt noch eine Rauchwolke auf. Ein aktiver Vulkan, direkt vor meinen Augen! So beeindruckend, da fehlen mir die Worte!

Und die Traditionen leben auf der Insel Tanna, so wie ich sie sonst nirgendwo auf der Welt gesehen habe. Die eine ist der „John Frum Day“ und die andere die Gesänge zum Neujahrstag.

Zum John Frum Day fahre ich mit einer kleinen Gruppe in ein Dorf an der Sulfur Bay. Es ist sehr schwer, diesen Kult zu beschreiben, geschweige denn zu verstehen. Es handelt sich um den sogenannten Cargo Kult einer Religionsgemeinschaft. Während und nach dem Zweiten Weltkrieg sind die Inselbewohner Europäern und Amerikanern begegnet und irgendwie besteht die Heilserwartung auch in materiellen Luxusgütern. Missionare wurden abgelehnt und der Wert der eigenen Bräuche erkannt. Der Erlöser heiße John Frum und komme aus Amerika. (Mein Lieblings-Reiseschriftsteller Andreas Altmann hat dort in diesem Zusammenhang eine kuriose Geschichte erlebt). Das Fest fängt mit einer Flaggenzeremonie an, dann marschieren „Soldaten“ in Phantasieuniformen und mit Bambusgewehren über der Schulter und es werden feierliche Reden gehalten. Danach gibt es Gesang und Tanz und allerlei spaßige Einlagen, ein bisschen wie Karneval. Was mich aber am allermeisten erstaunt, ist, dass es absolut nichts zu kaufen gibt: kein Stand mit Essen und Trinken, kein Schmuck oder sonstiger Krimskrams, keine Möglichkeit, Geld auszugeben. Wir sind vielleicht eine Handvoll europäischer Besucher, mehr nicht, und wir werden selbstverständlich zum Essen eingeladen, als der Erdofen geöffnet wird und es verführerisch duftet. Ein Bananenblatt als Teller, darauf ein Stück Fleisch und etwas Gemüse, das schmeckt! Ein großes Fest ohne jeglichen Kommerz … ob sich das wohl so erhalten wird, wer weiß?

Bei einer anderen Gelegenheit komme ich am Silvestertag auf der Insel Tanna an. Mein Vulkanführer vom letzten Mal holt mich vom kleinen Flughafen ab und bringt mich zu einem Onkel, der Bungalows vermietet. Das Wasser läuft nicht richtig, der Generator wird früh abgeschaltet, im Dorf nebenan wird nicht gefeiert. Was ist bloß los? In pechschwarzer Nacht ohne Strom und Wasser und ohne Orientierung allein zu Silvester in einem Häuschen am Meer das ist schon ein bisschen heftig! Aber ich sage mir, dass ich gesund bin, alle meine Papiere bei mir habe und dass morgen ein neuer Tag ist … und was für einer!

Eine Frau aus dem Dorf sorgt für mich und erklärt mir auch, dass wegen eines Todesfalls nicht gefeiert worden sei. Sie lädt mich zum Neujahrsgottesdienst ein: Vier Pfosten, ein Dach, frische Hibiskus-Blüten auf dem Altar, fertig ist die Kirche. Man sitzt auf Bambusstangen und gepredigt wird auf Bislama. Ich verstehe natürlich kein Wort, aber die fröhlichen Gesänge mit Gitarrenbegleitung erfreuen mein Herz. Zwei junge Frauen verschwinden unauffällig und kommen mit einem geflochtenen Blumenkranz zurück. Der ist für mich und der Priester holt mich nach vorne, fragt mich, wer ich bin und heißt mich willkommen!

Am Nachmittag werde ich Zeuge einer anderen einzigartigen Tradition. Als einzige Europäerin sitze ich mit den Frauen auf Bambusmatten und höre den „bonne année“ Chören zu. Eine große Gruppe Jugendlicher vom Nachbarort, in einem konzentrischen Haufen unter einem Baum stehend, singt mehrstimmig und stundenlang Neujahrslieder in mehreren lokalen Sprachen. Dabei werden sie von der einheimischen Dorfjugend geneckt: Mehl, Wasser und Erdfarben werden ihnen unter großem Gelächter in Haare und Kleider geschmiert. Für jedes Lied gibt es ein Geschenk in Form von Tüchern und Kleidungsstücken. Die Gruppe lässt sich schließlich erschöpft ins Gras sinken, wird bewirtet. Nun singen auch die Erwachsenen noch ein paar Lieder für alle und ein heiterer Nachmittag geht zu Ende. Im folgenden Jahr wird die Jugend dieses Dorfes dann im Nachbardorf singen und sich anstrengen und sich necken lassen.

Tanna ist einmalig, aber auch ein paar andere Inseln sind einen Besuch wert. Auf Nguna und Pele gibt es einfache Strandbungalows, die nachts mit Kerosinlaternen beleuchtet werden. Es gibt nur Feldwege und Trampelpfade und ich erklimme zusammen mit einer jungen Einheimischen einen erloschenen Vulkan. Oben werde ich mit einem Rundblick über mehrere Inseln belohnt. Einmal beobachte ich ein Motorboot voller Achtklässler, das auf dem Heimweg von der Schule auf der Nachbarinsel über das leuchtend türkisblaue Meer schippert. Und natürlich gehe ich schwimmen und schnorcheln so oft sich mir die Gelegenheit bietet. Mit einem Boot und einem Pick-up geht es zusammen mit den Marktfrauen und deren Gütern wieder zurück nach Port Vila.

Immer wieder bin ich im Nambawan Café zu Gast; man hört viel Reggaemusik und erzählt mir, dass sogar Alpha Blondy hier gespielt habe. Einmal schaue ich mir mit anderen Gästen einen Film an, als plötzlich die Stühle unter unseren Hintern zu wackeln anfangen. Und gleich ist der Spuk auch wieder vorbei. Der Wirt kommt und erzählt, dass es ein Erdbeben der Stärke 6,9 gewesen sei, au weia!

Es gibt noch eine etwas bizarre Tradition und zwar auf der Insel Pentecost. Das habe ich zwar nur in Dokumentarfilmen gesehen, interessant ist aber, dass die Idee des modernen Bungee-Springens dort entstanden sein soll. Von hohen Sprungtürmen stürzen sich Männer, nur mit Lianen an den Füßen gesichert, in die Tiefe. Es handelt sich wohl um ein Ernteritual. In Neuseeland habe ich in einem Bungeejumping-Zentrum einen Einführungsfilm gesehen, der dieses Ritual in Vanuatu kurz streift.

Auf dem Flug von Port Vila/Vanuatu nach Auckland/Neuseeland sind viele Wanderarbeiter, die zur „picking season" anreisen und für billiges Geld die Kiwis pflücken, die dann bei uns im Supermarkt landen.

mit dem magic bus unterwegs

Neuseeland

In der Jugendherberge in Auckland auf der Nordinsel Neuseelands bekomme ich eine Menge guter Informationen. So finde ich Wanderwege „from coast to coast", oder hinauf zum Mount Eden. Der Vulkankrater dort oben ist riesig und nach Maori-Glauben tabu. Mit anderen Backpackern gehe ich in einem Wald Glühwürmchen gucken; wir machen ein wenig Blödsinn und erschrecken uns in der Dunkelheit gegenseitig. Wie die kleinen Kinder! Und wieder einmal bin ich zufällig zur richtigen Zeit am richtigen Ort: Im Stadtpark von Auckland wird das große chinesische Neujahrsfest gefeiert. Es gibt einen Umzug mit langen, bunten Drachen und riesigen Laternen. Ich schaue mir, ohne viel davon zu verstehen, ein paar Kampfkunstvorführungen an und genieße Gesang und Tanz. Am Ende gibt es ein furioses Feuerwerk mit viel Ah und Oh von den Zuschauern.

Selbst bei diesem Fest und überall sonst gibt es Mülltrennung. In meiner Jugendherberge zähle ich nicht weniger als sieben verschiedene Abfallbehälter! Alles hier erscheint mir sauber und sicher.

Schön wäre es, wenn ich eine Maori-Familie kennenlernen könnte, aber das ergibt sich nicht so einfach. Die Kultur der Maori wird hier heftig vermarktet. Bei einer Show sehe ich sanfte und schöne Tänze von hübschen Maori-Frauen und als Gegensatz dazu den Haka-Tanz der Männer. Er dient zur Begrüßung der Gäste oder aber auch zur

Einschüchterung des Gegners. Die „All Blacks“, die neuseeländische Rugby Nationalmannschaft, führt den Haka vor jedem Spiel auf. Dabei werden als Teil des Rituals die Zungen herausgestreckt, auf die Schenkel geschlagen und mit den Füßen gestampft.

Im Vertrag von Waitangi wurden 1840 die Rechte der Maori und die der weißen Einwanderer festgelegt. Es gab eine englische und eine Maori-Version. Man kann sich denken, dass dies Konflikte bei der Auslegung verursachte.

Ein höchst heiliger Ort ist das Kap Reinga; es liegt hoch im Norden, wo sich die Tasmanische See und der Pazifik treffen. Von dort sollen die Seelen der toten Maori in ihre Heimat fliegen. Es gibt ein Aufforstungsprogramm und wer möchte, kann einen Baum pflanzen. Ich darf mir ein Bäumchen aussuchen, pflanze es ein und bekomme eine Karte mit den GPS-Daten, damit ich meinen Baum später wiederfinden könnte!

Unterwegs sehe ich immer mal wieder Maori-Gruppen auf öffentlichen Plätzen tanzen. Auch in Kunstmuseen sehe ich mir ihre Bilder an, oft in schwarz-weiß-rot und mit sanften, runden Formen. Und jetzt hat es eine Maori zur Außenministerin gebracht. Mein oberflächlicher Eindruck ist, dass die Maori als Ureinwohner ziemlich gut anerkannt sind. Jedenfalls weit besser als die Aborigenes in Australien.

Meine persönliche Sorge gilt zunächst meinem Fortkommen in Neuseeland. Viele Touristen sind mit einem Wohnmobil oder zumindest einem Mietwagen unterwegs. Das ist nichts für mich. Rezeptionisten in Jugendherbergen wissen oft gut Bescheid und so bekomme ich auch hier den entscheidenden Tipp: Magic Bus! Man bucht eine Tour und kann an vielen Punkten aussteigen und bleiben, solange man möchte. Dieses „Hop-on-Hop-off“-System habe ich auch schon in anderen Ländern erlebt. Das Besondere an Magic Bus ist jedoch, dass es neben dem Fahrer auch einen Begleiter gibt, der einem unterwegs touristische Angebote macht; und auch die nächste Übernachtung bucht. Alles nur, sofern man das möchte. Und unterwegs hält der Bus sogar mal an, wenn es jahrtausendealte Kauri-Bäume, Riesen-Farne, Wasserfälle, Seehunde oder besondere Felsformationen zu sehen gibt. Viel Information, viel Freiheit und eine junge, interessierte Klientel. Einige der jungen Leute kommen von „Work and Travel“ in Australien und wollen sich jetzt noch Neuseeland ansehen, bevor sie wieder heim nach Europa fliegen.

Da und dort kann man seinen Adrenalinspiegel heben und so manches Mal lasse ich mich darauf ein. Am 90-Mile-Beach brettere ich auf einem Sandboard eine steile Düne herunter. Zusammen mit einer kleinen Gruppe stapfe ich durch den Sand. Oben angekommen lausche ich den Anweisungen und schaue dann erst mal, wie es die anderen hinkriegen. Ich lege mich mit dem Bauch nach unten auf das Brett, strecke die Beine lang nach hinten und kann mit den Füßen bremsen oder steuern. Und ab geht es steil nach unten! Der Sand spritzt links und rechts weg und wenn die Düne abflacht, läuft die rasante Fahrt ganz sanft aus. Und gleich noch mal, juhuh!

Beim Bungeejumping von einer hohen Brücke aus schaue ich nur zu. Ich denke mal, dass es meinen Gelenken nicht gerade guttäte und außerdem muss ich mir und anderen nichts beweisen. Die ursprüngliche Idee zu dieser Aktivität kam übrigens von einer Insel in Vanuatu, wo junge Männer von einem hohen Gerüst springen, nur mit einer Liane an den Füßen gesichert. Dieses Mannbarkeits - und Fruchtbarkeitsritual findet im Juni statt und soll eine gute Yams-Ernte sichern.

Mich reizt das Angebot zum Fallschirmspringen in Taupo. Bei der Firma „Skydiving“ wird man nach der Aufnahme der Personalien erst mal gewogen, damit man der richtigen Person zum Tandemsprung zugeordnet werden kann. Ein Flugzeug bringt mich und fünf andere Mutige auf 3500 Meter Höhe. Dann gleitet die Tür auf und Paar für Paar fällt in die Tiefe. Ich bin an dem Springer hinter mir festgeschnallt und der schiebt uns beide über die Kante. Die Kräfte des freien Falls sind heftig; der Wind ist eiskalt und zerrt so sehr an einem, dass man sogar den Mund geschlossen halten soll. Fliegermütze, Brille und Handschuhe schützen vor der Kälte. Als der Fallschirm aufgeht, werden wir von der Waagrechten in die Senkrechte gezogen. Wir schweben fünf Minuten lang und um uns herum ist es ganz ruhig. Mein Tandemspringer wirbelt uns mal in die eine, mal in die andere Richtung und erklärt mir die Berge und Seen um uns herum. Er merkt, dass ich entspannt bin und hat Freude daran, mir alles zu zeigen. Und die Landung? Als wir der Erde wieder nahe sind, kommen zwei Mitarbeiter der Firma gerannt und ziehen den Fallschirm zu beiden Seiten nach hinten weg, damit er uns nicht auf den Kopf fällt. Mein Springer rennt, um zu landen und ich soll nur die Beine waagrecht ausstrecken. Und so lande ich sanft mit meinem Hintern im Gras! Herrlich!

Zurück in der Jugendherberge fragen mich ein paar meiner Mitreisenden gespannt, wie es denn gewesen sei. Ich sage am Anfang beim Sausen im freien Fall, sei mein erster Gedanke gewesen, dass ich mich jetzt wohl erkälte! Sie lachen und meinen, das höre sich nicht nach einem Adrenalinschub an! Na ja, für mich schon!

Die Herbergen sind hier bestens mit allem ausgestattet und auch entsprechend teuer. Preisgünstige Restaurants sind noch viel schwerer zu finden, was dazu führt, dass wir alle eine Tasche mit Lebensmitteln dabeihaben und Selbstversorger sind. Ich koche nicht besonders gerne unterwegs, aber mit wechselnden Mitreisenden in derselben Situation, kann es auch ganz unterhaltsam sein. Der eine hat Öl, der nächst Spaghetti übrig oder eine Karotte. Jemand lädt mich zum Wein ein oder wir sprechen uns manchmal auch vorher ab. Zwei Mädels wohnen einmal in einer anderen Herberge, aber sie laden mich zum Salat ein und ich bringe Nachtisch mit.

In Rotorua blubbert, dampft und stinkt es nach Schwefel und der Boden ist heiß unter den Füßen. Das machen die zahlreichen vulkanischen Thermalquellen. In einem Maoridorf kochen und heizen sie mit dieser Hitze aus der Natur.

In der Hauptstadt Wellington habe ich die Gelegenheit, als Zuschauer an einer Parlamentssitzung teilzunehmen. Die Themen sind die gleichen wie überall: Arbeitslosigkeit, Wirtschaftskrise, Schulbildung. Es wird heftig und lautstark debattiert, das hätte ich den eher zurückhaltenden Neuseeländern gar nicht zugetraut!

Mit der Fähre geht es weiter über die Cook Strait nach Nelson auf der Südinsel. Immer wieder begegne ich dem Jungvolk im Magic Bus. Mal wandern wir auf einem Gletscher, mal nehmen sie mich mit in die Disko, mal gibt es lange Wanderungen im Abel Tasman National Park. Es ist ein bisschen wie auf dem Jakobsweg: Jeder bewegt sich in seinem eigenen Rhythmus, aber man trifft sich immer wieder. Einmal aber wollen wir es nicht auf den Zufall ankommen lassen und vereinbaren ein Treffen in Queenstown. Das soll die Partystadt sein und da möchte man nicht alleine bleiben. Wir trinken Cocktails aus „teapots" und gehen tanzen und haben Spaß.

Am Milford Sound erwische ich einen sonnigen Tag und das Schiff fährt durch grandiose Fjordlandschaften mit schneebedeckten Bergen im Hintergrund. Einmal sind wir ganz nah an einem Wasserfall, dessen Gischt einen um 10 Jahre jünger machen soll, na dann … ein paar Mitreisende wären damit aber nicht einverstanden, denn dann wären sie ja wieder Kinder!

Beeindruckende Landschaften gibt es zuhauf, schließlich wurde hier auch „Der Herr der Ringe" gedreht.

Im kalten und windigen und schottisch geprägten Duneden darf ich in der Cadbury's Schokoladenfabrik Süßes probieren. Das nächste Naturerlebnis ist aber nicht weit. Der Lake Tekapo glitzert in einem milchigen, strahlenden Gletscher-Türkis und auf dem Mount Cook wartet ein galaktisches Erlebnis auf mich. Ein Bus bringt einen auf 3700 Meter Höhe. Die letzte Strecke zum Parkplatz legt man im Stockdunkeln nur mit den Parklichtern zurück. Angestellte der Sternwarte holen uns mit Taschenlampen ab. Kein Streulicht darf die Sicht durch die Teleskope ablenken. Und ich sehe doch tatsächlich den Saturn mit seinem Ring!

In Christchurch endet meine Reise. Eine Inderin ist bei mir in Deutschland zu Gast gewesen. Deren Schwester wohnt in dieser Stadt und ich kann sie besuchen; so klein ist die Welt! Und noch eine interessante Verbindung hat sich ergeben: In einer Herberge komme ich mit einem jungen Filmemacher aus Holland ins Gespräch. Der meldet sich später bei mir und reist doch tatsächlich zusammen mit einer dänischen Assistentin auf die Osterinsel zum Filmen, natürlich zu einem Termin, an dem ich auch gerade dort bin; so klein ist die Welt!

Kava und Gesang

Fidschi

Am Flughafen in Nadi/Fidschi werde ich von Couchsurfer Save mit einem herzlichen „bula" begrüßt. In seiner Familie werde ich auch gleich mit der Kava-Zeremonie bekanntgemacht. Eine getrocknete Kava-Wurzel wird im Mörser zerstampft und in einer großen Schüssel mit Wasser angerührt. Sieht aus wie Lehmbrühe und schmeckt auch so. Die Zunge wird ein wenig taub und der Effekt ist angenehm beruhigend. Das Schönste daran ist das gute Gemeinschaftsgefühl. Ein Mitglied der Familie ist sozusagen Herr über die Schüssel, taucht eine halbe Kokosnuss-Schale in die Flüssigkeit und reicht sie dem Ehrengast. Der muss leertrinken, klatscht in die Hände und sagt „bula", dann kommt die nächste Person in der Runde dran, immer reihum. Wenn es mir zu viel ist, kann ich aussetzen oder ich signalisiere, dass ich nur die halbe Schale voll haben möchte. So versammelt sich eine Gruppe um eine Kava-Schüssel und manchmal spielt auch jemand Gitarre und die Menschen singen mehrstimmig dazu. Was für ein wundervoller Empfang!

Die Häuser sind oft aus Holz und Wellblech und ich bekomme in dieser Familie immerhin ein richtiges Bett. Ansonsten findet das häusliche Leben weitgehend auf dem Boden statt. Wenn es Essen gibt, wird ein Tischtuch hingelegt und alle sitzen im Schneidersitz drumherum. Frau Menani und die drei Kinder sind freundliche Gastgeber. Noch traditioneller als in der Stadt Nadi geht es im Dorf Ovea Village zu. Da wohnt Saves Schwester mit Familie und auch sein Vater. Als der mit mir durch das Dorf streift, bleiben wir überall stehen, er erzählt etwas in einer lokalen Sprache und die Leute lachen. Wahrscheinlich sagt er, ich sei seine neue Frau! Die Menschen leben sehr einfach, überwiegend von den Früchten ihrer Felder und Gärten. Wegen des tropischen Klimas spielt sich das Leben weitgehend draußen ab und keiner ist allein. Die Großfamilie organisiert einen Kava-Abend zu meinem Abschied, es gibt ein paar großartige Sänger und wir sitzen bis morgens um vier zusammen.

Aber natürlich erkunde ich auch ein wenig die touristische Seite der Inseln. Save kümmert sich um ein paar Buchungen und ich schippere zuerst mal mit der „Spirit of the Pacific“ zu den südlichen Yasawas: Drawaqa und Naviti. Eine gut aufgelegte Crew singt und spielt oft für uns. Geschlafen wird in „bure“ genannten Hütten am Strand. Fackeln leuchten nachts den Weg. Wir dürfen und sollen Kassava pflanzen, gehen wandern, lernen tanzen und beschicken den “lovo“, einen Erdofen, mit Fleisch und Gemüse. Und ein Häuptling empfängt uns zu einer hochoffiziellen Kava-Zeremonie. Wie man sich dabei korrekt verhält, weiß ich ja schon. Und dann sind da die unendlichen Unterwasserwelten: Korallen in Pink, Lila und Hellgrün und welche, die aussehen wie mit Raureif überzogen. Fische mit einem schwarzen Punkt auf der Schwanzflosse, um Feinde zu täuschen, kobaltblaue Seesterne und ganze Schwärme von gestreiften Anemonenfischen. Nach der Reise nimmt mich ein netter Mann von der Crew mit nach Hause zu seiner Schwester und deren Familie, wo ich gastfreundlich empfangen und versorgt werde.

Die winzige Insel Caqalai kann man auf Trampelpfaden in 20 Minuten umrunden. Ich laufe fast immer barfuß, eine Uhr brauche ich auch nicht, denn das Muschelhorn ruft zu den Mahlzeiten. Die Dusche besteht aus einer hochgezogenen Wasserleitung, ein paar Steinplatten und geflochtenen Matten drumherum. Das Wasser läuft in den Sandboden und wenn es regnet, kommt noch mehr von oben.

Mit einem Taucherboot fahre ich mit hinaus, springe zusammen mit einem anderen Touristen mitten im Meer ins Wasser und hoffe, dass die Taucher uns nach einiger Zeit auch wiederfinden! Wir gehen zu zweit an einem Riff entlang schnorcheln, das ist schon beeindruckend, trotzdem bin ich froh, als das Boot uns wieder an Bord nimmt! Weniger abenteuerlich ist ein kleiner Ausflug zu einem unbewohnten Inselchen ganz in der Nähe. Zur richtigen Stunde, wenn Flut ist, lasse ich mich mit einem Bötchen auf die Höhe des Inselchens bringen, lege mich mit dem Schnorchel auf das Wasser und lasse mich von der Strömung zurück nach Caqalai treiben. Nur gelegentlich hebe ich den Kopf, damit ich eventuell die Richtung korrigieren kann und nicht an meiner Insel vorbeitreibe. Einfach runtergucken, es ist wie mein eigener kleiner Dokumentarfilm! Und ganz einfach kann ich auch direkt vom Ufer aus zu meinem kleinen Korallengarten schwimmen. Die wenigen Menschen, die auf der Insel wohnen sind, wen wundert's, sangesfreudig und sitzen gerne mit mir und anderen um ihre Kava-Schale. Einmal kommt eine ganze Tanzgruppe von der Nachbarinsel. Vom Kind bis zur Oma ist alles vertreten und nach der Vorstellung werden wir zum „hop hop" gebeten, wir tanzen alle mit.

Selten lasse ich mich zu einem Kauf verführen, aber die farbenfrohen Bilder eines einheimischen Rastas beeindrucken mich sehr und ich muss einfach eines haben. Er verpackt es mir aufgerollt in ein Stück Bambus, das er am Strand gefunden hat. Obwohl das Bambusstück im Salzwasser gelegen hat, auch so aussieht und nicht mehr keimfähig ist, wird es mir bei der streng kontrollierten Einreise später auf der Osterinsel abgenommen. Das Bild ist auf einem Blatt aus Pflanzenfaser gemalt, aber das ist zum Glück kein Problem.

Nach einem letzten Abend mit Kava und Gesang auf Caqalai („Anna is leaving") fahre ich mit Boot, Lkw und Bus zurück zu meiner Familie in Nadi. Dort heißt es „tonight you are sleeping with John" ??? Man stellt mir das Ehebett zur Verfügung und neben mir schläft der kleine Sohn John.

Ein wenig schaue ich hinter die Kulissen: Auf den Inseln gibt es viele Inder, die zwar keine Landrechte haben, dafür aber den Handel beherrschen. Das führt zu Spannungen. Save und seine Familie sind Christen und sehr religiös. Aber gerade deshalb haben wir ein langes Gespräch wegen Vorurteilen den Indern gegenüber.

Ein letztes Mal genieße ich die tropische Fülle. Mit den Kindern und einem Bruder besuche ich den Botanischen Garten. Als auf dem Rückweg, die Sonne brennt, flicht der junge Mann mir kurzerhand einen Hut aus den grünen Blättern am Wegesrand. Wie immer bedarf es des Fingerspitzengefühls, wenn ich bei einer armen Familie zu Gast bin. Ich schaue mich um und sehe, was fehlt und gehe es dann kaufen; diesmal Sprit für den Kochofen und Stoff für eine Schuluniform.

Zum Abschied gibt es noch einmal Kava und Gesang mit Familie und Nachbarn und dazu Gottes Segen. Einige Zeit später möchte mir Save gerne ein Strandtuch mit Fidschi-Muster nach Deutschland schicken. Bei der Post ist er schockiert über die Höhe des Portos. Was tun? Er wartet, bis ein deutscher Couchsurfer auftaucht und der tut ihm und mir den Gefallen: Der junge Mann nimmt das Tuch mit und schickt es mir von seinem Zuhause aus mit der deutschen Post. Das ist lieb!

Glückliches Polynesien

Cookinseln

Auf dem Weg nach Rarotonga, Cook, überquere ich die Datumsgrenze. Bin ich jetzt einen Tag jünger? Oder etwa älter? Das ist mir ziemlich gleichgültig, Hauptsache, ich weiß dann noch, welchen Tag wir heute haben!

Das Klima ist tropisch, die Menschen sprechen recht gut Englisch und die Preise sind verkraftbar. In meiner Backpacker-Unterkunft treffe ich deutlich weniger europäische Reisende an als sonstwo. Dafür kommen viele aus Neuseeland und Australien. Ein Bus verkehrt „clockwise" um die Insel, ein anderer „anticlockwise". Wenn man es nicht eilig hast, kann man eigentlich in jeden beliebigen Bus steigen und kommt immer ans Ziel!

Eine Tour mit „Pa" ist ein besonderes Erlebnis. Er ist ein polynesischer Pflanzenkundler und Heiler und führt mich zusammen mit einer kleinen Gruppe ins Landesinnere: steil aufragende Berge, überwucherte Bäume, andere mit feuerroten Blüten, Früchten, Nüssen; man braucht nur die Hand auszustrecken! Eine „cross-island-tour" fällt leider ins Wasser, stattdessen lädt mich „Pa" in sein Haus ein. Wir reden über Kunst, Familie, Reisen, aber auch über seine beeindruckenden Heilerfolge. Dabei spielt unter anderem die Frucht vom Noni-Baum eine Rolle. Sie soll zum Beispiel gegen Krebs helfen. In Europa kann man Noni-Saft kaufen. Mit einer gesundheitsfördernden Wirkung darf allerdings nicht geworben werden. „Pa" ist mit zwei Ärzten in Bayern befreundet und gibt mir ihre Adressen, falls ich oder meine Freunde einmal eine besondere Zuwendung brauchen. Zum Glück muss ich nicht geheilt werden. Und so schreite ich denn reich beschenkt mit einem Lächeln und einer Umarmung von dannen.

In 40 Minuten bringt mich ein Flugzeug zur traumhaften Nachbarinsel Aitutaki. Auch dort fühle ich mich wieder reich beschenkt von der Natur und den Menschen.

Auf einer Lagunentour mit einem Boot zeigt man uns, wie man aus Kokosblättern Körbe flicht. Ich habe mir gleich ein Körbchen gemacht und von ihm bei einer Pause auf dem „One-Foot-Island“ meinen Grillfisch mit tropischen Früchten gegessen So kann ich meinen „Teller“ nach dem Essen natürlich entsorgen. Beim Schnorcheln entdecke ich riesige Muscheln auf dem Meeresgrund. Dann werden wir nass von allen Seiten, denn ein heftiger tropischer Regenschauer geht nieder. Das ist nicht weiter schlimm, denn es ist warm und bald sind wir alle wieder trocken! Auf dem Boot lerne ich Sam, Hafenmeister und Tour-Unternehmer, kennen und dann stellt sich heraus, dass er im Strandbungalow neben mir wohnt. Er lädt mich zum Abendessen ein und sorgt später dafür, dass ich, zurück in Rarotonga, umsonst an einer abenteuerlichen Jeep-Tour in die Berge teilnehmen kann.

Noch auf Aitutaki lausche ich bei einem Sonntagsgottesdienst den mehrstimmigen und kraftvollen Gesängen der festlich geschmückten Männer und Frauen. Die Herrenhemden sind meist zweifarbig und mit polynesischen Pflanzenmotiven bedruckt, die breitkrempigen Strohhüte der Frauen sind oft noch mit frischen Blumen geschmückt. Was für ein fröhlicher Gottesdienst! Vor der Kirche spricht mich eine ältere Frau an und fragt, wo ich denn hier wohne. Sie wohnt bei ihrem Bruder mir direkt gegenüber und ist mit dem Moped da. „Hop on!“ Diese freundliche Einladung kann ich nicht ausschlagen und wir düsen zurück Richtung Strandbungalow.

Flug- und Busverbindungen sind gut und so kann ich mich aufmachen zu meinem nächsten Ziel in Ozeanien.

Tahiti

Tahiti ist nur eine der ungefähr hundert Inseln in Französisch- Polynesien. Weitere berühmte Inseln sind Bora Bora und die Marquesas. Landessprache ist Französisch, bezahlbare Restaurants und Unterkünfte sind schwer zu finden, die Pflanzenwelt ist bunt. Wie soll ich mich hier also orientieren und zurechtfinden?

In der Hauptstadt Papeete komme ich in einer Familienpension unter, wo es jeden Morgen eine fröhliche Runde zum Frühstück gibt. Aber ach! Alle sprechen Französisch! Das macht mir einige Mühe, dennoch komme ich schließlich zurecht. Ich möchte natürlich das Gauguin-Museum besuchen. Die Busverbindungen sind schlecht, ich solle trampen. Wie bitte? Das habe ich seit Menschengedenken nicht mehr gemacht! Also stehe ich etwas verunsichert am Straßenrand und strecke den Daumen raus. Ein Mann hält an und als es unterwegs zu regnen beginnt, macht er einen kleinen Umweg für mich und bringt mich direkt zum Eingang des Museums. Einmal mehr eine gute Erfahrung mit so einem „Engel ohne Flügel". Im Museum gibt es einige Information über Gauguins Leben, aber leider nur drei Original-Skizzen. Alle gezeigten Bilder sind Repliken. Trotzdem gewinne ich einen recht guten Eindruck von seinen Südseeträumen, von denen auch nicht alle in Erfüllung gegangen sind.

In Papeete gefällt mir die Ukulele Musik auf den Straßen, das leckere Kokoswasser in der Markthalle und die vielen blühenden Flammenbäume und Tulpenbäume. Besonders berühmt ist der Brotfruchtbaum. Er hat enorm große Blätter und sehr nahrhafte Früchte. Die sollten zur Ernährung von Sklaven benutzt werden und wurden von der „Bounty" befördert. Nachfahren der Meuterer auf der Bounty von 1789 leben heute auf Tahiti. Eine weitere berühmte Pflanze ist die Tiare, eine endemische Gardenie. Ihr Duft findet sich im Monoi-Öl, mit dem man sich zum Sonnenschutz den Körper einreiben kann.

Als brave Touristin gehe ich ins Meridien Hotel zu einer farbenprächtigen Tanzshow. Später tanze ich mit den Jungs von meiner Pension zu Reggae-Rhythmen am Strand: Every little thing is gonna be alright, this is my message to you-hu-hu …

Dass Tahiti zu meinen frühesten exotischen Träumen gehört hat, wird mir erst viele Jahre später bewusst. Mein Schwiegersohn Petero auf der Osterinsel summt bei der Gartenarbeit eine Melodie vor sich hin und ich werde hellhörig. Dieses Lied kenne ich doch von einer Schallplatte, die ich als Teenager zu Hause gehört habe und tatsächlich immer noch besitze: Wini-Wini, von den Tahiti-Tamourés. Wir suchen das Lied auf youtube, ich kann den deutschen Text mitsingen und Petero staunt. Meine Tochter Malena bestätigt, dass der Tamouré tatsächlich ein Südsee-Tanz ist und ich habe immer gedacht, das sei alles reine Phantasie. Das Lied und der Tanz sind wirklich Bestandteil der Kultur auf Tahiti. So schließt sich ein Kreis!

nachwort

Auf meinen Reisen in alle Welt fand ich einige Punkte, die vielen Menschen gemeinsam sind.

- Das Bedürfnis nach Verehrung und Anbetung: Geister, Ahnen, Gott, Allah, Buddha, Hindugötter …
- Der Wille zur Schönheit: Auch in der einfachsten Behausung findet man etwas Gemaltes, Geschnitztes, Angepflanztes. Auch Haare sind wichtig: Schnitt, Farbe, Zöpfe, Blumen …
- Kontakt, Kommunikation, Anerkennung: die sozialen Medien sind wichtig, Telefon und Internet. Und was sind sie alle stolz auf ihre Familien.
- Das Streben nach Wissen und Bildung: Haben viele Menschen auch keinen Zugang zu guten Schulen, so sind manche doch offen und neugierig und haben viele Fragen. Ein Lehrer in Myanmar hatte „The Trial“ von Franz Kafka in der Tasche und ein Mönch hatte Thomas Mann gelesen; da staunte ich!

Bleiben wir also neugierig!

verzeichnis illustrationen

Alle Fotos inkl. des Titelbildes sind Eigentum der Autorin. Die Tagebuch-Zeichnungen entstammen ihrer Feder und sind ebenfalls ihr Eigentum.

- Titelbild: Osterinsel Fest
- Seite 103 links: Couchsurfing *Trinidad*, Couchsurfing *Fidschi*;
- Seite 103 rechts: Oosterschelde *Kapverden*, *Senegal*, Katamaran *Australien*, *Vietnam*;
- Seite 104: Ciudad Bolivar *Venezuela*, San Roque *Ecuador*;
- Seite 105: Coro *Venezuela*;
- Seite 106: Santa Marta *Kolumbien*, Monasterio Arequipa, *Peru*;
- Seite 107: Tortuga Bay *Galapagos*;
- Seite 108: Isla del Sol *Bolivien*, San Pedro *Chile*;
- Seite 109: Cartagena *Kolumbien*;
- Seite 110: Steinmetze *Osterinsel*, Otavalo *Ecuador*;
- Seite 111: Moais *Osterinsel*, Leckeres auf den Cook Inseln, Tempelblume;
- Seite 112: Fest *Osterinsel*, Fest *Osterinsel*;
- Seite 113: *Osterinsel*, Taganga *Kolumbien*;
- Seite 114: Kandy *Sri Lanka*, Schnorcheln *Kolumbien*;
- Seite 115 links: *Guatemala*;
- Seite 115 rechts: *Kuba*, Abu Galum *Ägypten*;
- Seite 116: *Marokko*, Hochzeit *Indien*, *Indien*;
- Seite 117 links: Tempel *Sri Lanka*, im Norden von *Thailand*, *Neuseeland*;
- Seite 117 rechts: Bahnhof in Colombo *Sri Lanka*, *Vanuatu*, *Vietnam*, *Tahiti*;